Código Nacional de Procedimientos Penales
Ley Nacional de Mecanismos Alternativos de Solución de Controversias en Materia Penal
Ley Orgánica de la Fiscalía General de la República

***ACCESO GRATIS** a la Lectura en la Nube + Actualizaciones*

Para visualizar el libro electrónico en la nube de lectura envíe junto a su nombre y apellidos una fotografía del código de barras situado en la contraportada del libro y otra del ticket de compra a la dirección:

ebooktirant@tirant.com

En un máximo de 72 horas laborables le enviaremos el código de acceso con sus instrucciones.

Código Nacional de Procedimientos Penales

Ley Nacional de Mecanismos Alternativos de Solución de Controversias en Materia Penal

Ley Orgánica de la Fiscalía General de la República

8ª Edición

Edición y prólogo de

MIGUEL CARBONELL

tirant lo blanch

Ciudad de México, 2024

© EDITA: TIRANT LO BLANCH
DISTRIBUYE: TIRANT LO BLANCH MÉXICO
Av. Tamaulipas 150, Oficina 502
Hipódromo, Cuauhtémoc, 06100, Ciudad de México
Telf: +52 1 55 65502317
infomex@tirant.com
www.tirant.com/mex/
www.tirant.es
ISBN: 978-84-1197-620-6

Si tiene alguna queja o sugerencia, envíenos un mail a: *atencioncliente@tirant.com*. En caso de no ser atendida su sugerencia, por favor, lea en *www.tirant.net/index.php/empresa/politicas-de-empresa* nuestro Procedimiento de quejas.

Responsabilidad Social Corporativa: http://www.tirant.net/Docs/RSCTirant.pdf

ÍNDICE

LEY NACIONAL DE MECANISMOS ALTERNATIVOS DE SOLUCIÓN DE CONTROVERSIAS EN MATERIA PENAL

LEY DE LA FISCALÍA GENERAL DE LA REPÚBLICA

Prólogo

Miguel Carbonell

A partir de 2008, México emprendió una profunda reforma de su procedimiento penal. Dicha reforma abarca cada una de las etapas a través de las cuales se estructura tal procedimiento: la prevención de los delitos, su investigación, los juicios penales (que desde la reforma pasan a ser completamente orales) y la ejecución de las sanciones[1]. Se trata de un programa de cambio de gran calado, inédito en la historia jurídica de nuestro país y, quizá, de toda América Latina.

La reforma de nuestro procedimiento penal se articula en diversos momentos. El 18 de junio de 2008 se publica en el *Diario Oficial de la Federación* el decreto con las modificaciones constitucionales. El 8 de octubre de 2013 se vuelve a reformar la Constitución para permitir que exista legislación única, aplicable a nivel nacional, en tres diversas materias: procedimientos penales, mecanismos alternativos de solución de controversias y ejecución de sanciones penales. El 5 de marzo de 2014 se expide el Código Nacional de Procedimientos Penales (CNPP). Finalmente, el 29 de diciembre de 2014 se publica la Ley Nacional de Mecanismos Alternativos de Solución de Controversias en Materia Penal (LMASC). Los dos últimos ordenamientos citados son los que integran el presente volumen.

La unificación legislativa en esta materia supone, desde mi punto de vista, un gran avance, ya que permitirá unificar criterios de interpretación, capacitar con una base común a los aplicadores de las normas, redactar libros para formar a los estudiantes a lo largo y ancho del país, simplificará la tarea de los tribunales federales al momento de resolver amparos en materia penal, etcétera. Se trata, por tanto, de una modificación trascendente y positiva para la vida jurídica de la República.

---

1 He descrito el contenido de la reforma en Carbonell, Miguel, *Introducción a los juicios orales en materia penal*, México, Flores Editores, UNAM, 2015.

La expedición del Código Nacional de Procedimientos Penales es una gran oportunidad para los juristas mexicanos y para el conjunto del sistema jurídico mexicano. Se trata de un intento muy serio que persigue el siempre loable objetivo de mejorar de manera sustantiva nuestro procedimiento penal.

A partir de su promulgación se generan grandes retos de distinta naturaleza, ya que habrá que capacitar a los distintos actores, construir salas de audiencia oral, desarrollar sistemas que permitan la efectividad de las salidas alternas al juicio, mejorar la capacidad de respuesta de policías y ministerios públicos, y un largo etcétera.

Pero el requisito primero para que todo eso pueda darse reside en el simple hecho de que las normas del nuevo Código sean conocidas y difundidas con la mayor profundidad y amplitud que sean posibles. Este es el objetivo que se propone la presente publicación.

Respecto al tema de los mecanismos alternativos de solución de controversias, cabe recordar que la reforma constitucional de junio de 2008 incorporó al artículo 17 de nuestra Carta Magna un párrafo que señala lo siguiente: "Las leyes preverán mecanismos alternativos de solución de controversias. En materia penal regularán su aplicación, asegurarán la reparación del daño y establecerán los casos en los que se requerirá supervisión judicial".

Para comprender el significado profundo del párrafo quinto del artículo 17 que acabamos de transcribir hay que considerar que el éxito de un sistema de juicios orales reside en parte en la posibilidad efectiva de gestionar un volumen importante de causas penales. Si ese volumen excede la capacidad de gestión de los órganos acusadores o de los órganos judiciales entonces el sistema enfrentará enormes problemas, pues ante ese escenario es posible que las audiencias se difieran o se programen en periodos de tiempo muy extensos, anulando las ventajas que comporta un sistema de juicios orales.

Al respecto Mauricio Duce afirma: "La función más básica que un sistema de justicia criminal debe estar en condiciones de satisfacer es la capacidad de manejar razonablemente los casos que conoce, o bien, hacerse cargo del flujo de casos que recibe. En este sentido, la variable principal que condiciona el correcto funcionamiento de un sistema de justicia criminal es el manejo y el control del flujo de casos que recibe. En la medida que el sistema no desarrolle una política de control del flujo de casos que le permita dominar la carga de trabajo, resulta difícil que pueda operar dentro de parámetros mínimos de racionalidad y de calidad. En este sentido, la sobrecarga de trabajo de los sistemas de justicia criminal pareciera ser el principal foco de problemas para el funcionamiento de los mismos. Por estas razones, la mayoría de las reformas procesales establecieron un conjunto de criterios e instituciones que le permitan al Ministerio Público desarrollar una política de control de la carga de trabajo del sistema, con el objetivo de superar la situación que imponía la vigencia irrestricta del principio de legalidad en el contexto de los sistemas inquisitivos"[2].

En realidad, del correcto funcionamiento de los mecanismos alternativos depende por completo el éxito de la reforma penal mexicana. Si persisten las altas tasas de criminalidad que hemos visto en los años recientes, no hay ninguna posibilidad de que los tribunales puedan desahogar un número tan alto de juicios bajo los principios de la oralidad y todo lo que ello supone. Acudir a los medios alternativos se convierte en un imperativo para el buen funcionamiento del sistema, al menos en los casos en los que así se prevea por la legislación aplicable.

La creación y expansión de los métodos alternativos en materia penal (aunque no debemos olvidar que el artículo 17 ordena extenderlos a todas las materias), requiere de un profundo cambio en la mentalidad de los abogados mexicanos. En vez de pensar en términos de "litigiosidad", debemos ahora poner el énfasis en la necesidad de "resolver" los conflictos. Para llegar a buenas soluciones, tenemos que analizar en qué casos hay que agotar las etapas procedimentales y llegar a juicio, o bien en qué casos es mejor procurar una salida alternativa que nos produzca resultados más benéficos para todas las partes, tomando en consideración el costo que para ellas representa ir a juicio y el tiempo que puede transcurrir si optamos por el agotamiento de todas las etapas procesales.

Los abogados mexicanos deben aprender que no todo se va a litigar y que, en muchos casos, habrá que proponer y celebrar acuerdos entre las partes. Las escuelas y facultades de derecho están llamadas a explicar esta nueva forma de trabajo jurídico y a analizar con detalle las disposiciones que para tal efecto contienen tanto el CNPP como la LMASC que ahora presentamos.

---

2 Duce, Mauricio, "El ministerio público en la reforma procesal penal en América Latina: visión general del estado de los cambios", *Reforma judicial. Revista mexicana de justicia,* número 6, México, julio-diciembre de 2005, pp. 202-203.

Ambos ordenamientos requieren del desarrollo de nuevas destrezas de litigación por parte de todos los operadores del sistema y, en particular, por parte de los fiscales o ministerios públicos, y de los abogados defensores públicos o privados (incluyendo desde luego a quienes desempeñarán el papel de asesores jurídicos de las víctimas, figura creada precisamente por el CNPP).

Las referidas destrezas de litigación suponen que los abogados mexicanos sepan plantear adecuadamente una teoría del caso, que formulen buenos alegatos de apertura y de cierre, que dominen las técnicas de argumentación jurídica, que tengan un buen nivel de oratoria, etcétera. Son cosas que se enseñan en las escuelas y facultades de derecho, pero respecto de las cuales siempre se puede mejorar. Entre todos debemos procurar un nivel de excelencia en el manejo de las destrezas de litigación, que bajo el paradigma de los juicios orales son muy diferentes a lo que habíamos conocido con anterioridad.

El propósito de esta nueva edición del CNPP y de la LMASC se enfila precisamente en dicha dirección: creemos que solamente a través de una sólida formación profesional, de un inquebrantable compromiso ético y de una renovada capacidad técnica para la litigación por parte de los abogados, la ambiciosa reforma penal de 2008 se hará realidad. Las tareas pendientes son enormes, pero si cada uno ponemos de nuestra parte, en un tiempo corto podremos ver inmensos cambios (esperemos que muy positivos) en el procedimiento penal mexicano. Y eso es algo que millones de mexicanos agradecerán y reconocerán como una de las aportaciones más relevantes de las generaciones de abogados que trabajaron para lograrlos en las primeras décadas del siglo XXI. Si queremos que esto sea una realidad muy pronto, debemos poner manos a la obra enseguida. Depende de cada uno de nosotros.

Nota de actualización:

Al resolver la Acción de Inconstitucionalidad 130/2019 y su acumulada 136/2019, el Pleno de la Suprema Corte de Justicia de la Nación declaró en su sesión del 24 de noviembre de 2022 inconstitucionales con efectos generales los artículos 167 párrafo séptimo, 187 párrafo segundo, última parte y 192 párrafo tercero, todos del Código Nacional de Procedimientos Penales.

CÓDIGO NACIONAL DE PROCEDIMIENTOS PENALES

ÚLTIMA REFORMA PUBLICADA EN EL DIARIO OFICIAL DE LA FEDERACIÓN: 25 DE ABRIL DE 2023.

Código publicado en la Segunda Sección del Diario Oficial de la Federación, el miércoles 5 de marzo de 2014.

Al margen un sello con el Escudo Nacional, que dice: Estados Unidos Mexicanos.- Presidencia de la República.

ENRIQUE PEÑA NIETO, Presidente de los Estados Unidos Mexicanos, a sus habitantes sabed:

Que el Honorable Congreso de la Unión, se ha servido dirigirme el siguiente

DECRETO

EL CONGRESO GENERAL DE LOS ESTADOS UNIDOS MEXICANOS, D E C R E T A:

SE EXPIDE EL CÓDIGO NACIONAL DE PROCEDIMIENTOS PENALES

Artículo Único.- Se expide el Código Nacional de Procedimientos Penales.

CÓDIGO NACIONAL DE PROCEDIMIENTOS PENALES

LIBRO PRIMERO
DISPOSICIONES GENERALES

TÍTULO I
DISPOSICIONES PRELIMINARES

CAPÍTULO ÚNICO
ÁMBITO DE APLICACIÓN Y OBJETO

Artículo 1o. Ámbito de aplicación

Las disposiciones de este Código son de orden público y de observancia general en toda la República Mexicana, por los delitos que sean competencia de los órganos jurisdiccionales federales y locales en el marco de los principios y derechos consagrados en la Constitución Política de los Estados Unidos Mexicanos y en los Tratados Internacionales de los que el Estado mexicano sea parte.

Artículo 2o. Objeto del Código

Este Código tiene por objeto establecer las normas que han de observarse en la investigación, el procesamiento y la sanción de los delitos, para esclarecer los hechos, proteger al inocente, procurar que el culpable no quede impune y que se repare el daño, y así contribuir a asegurar el acceso a la justicia en la aplicación del derecho y resolver el conflicto que surja con motivo de la comisión del delito, en un marco de respeto a los derechos humanos reconocidos en la Constitución y en los Tratados Internacionales de los que el Estado mexicano sea parte.

Artículo 3o. Glosario

Para los efectos de este Código, según corresponda, se entenderá por:

I. Asesor jurídico: Los asesores jurídicos de las víctimas, federales y de las Entidades federativas;

II. Código: El Código Nacional de Procedimientos Penales;

III. Consejo: El Consejo de la Judicatura Federal, los Consejos de las Judicaturas de las Entidades federativas o el órgano judicial, con funciones propias del Consejo o su equivalente, que realice las funciones de administración, vigilancia y disciplina;

IV. Constitución: La Constitución Política de los Estados Unidos Mexicanos;

V. Defensor: El defensor público federal, defensor público o de oficio de las Entidades federativas, o defensor particular;

VI. Entidades federativas: Las partes integrantes de la Federación a que se refiere el artículo 43 de la Constitución;

VII. Juez de control: El Órgano jurisdiccional del fuero federal o del fuero común que interviene desde el principio del procedimiento y hasta el dictado del auto de apertura a juicio, ya sea local o federal;

VIII. Ley Orgánica: La Ley Orgánica del Poder Judicial de la Federación o la Ley Orgánica del Poder Judicial de cada Entidad federativa;

IX. Ministerio Público: El Ministerio Público de la Federación o al Ministerio Público de las Entidades federativas;

X. Órgano jurisdiccional: El Juez de control, el Tribunal de enjuiciamiento o el Tribunal de alzada ya sea del fuero federal o común;

(ADICIONADA, D.O.F. 25 DE ABRIL DE 2023)

XI. Perspectiva de Género: Concepto que se refiere a la metodología y los mecanismos que permiten identificar, cuestionar y valorar la discriminación, desigualdad y exclusión de las mujeres, que se pretende justificar con base en las diferencias biológicas entre mujeres y hombres, así como las acciones que deben emprenderse para actuar sobre los factores de género y crear las condiciones de cambio que permitan avanzar en la construcción de la igualdad de género;

XII. Policía: Los cuerpos de Policía especializados en la investigación de delitos del fuero federal o del fuero común, así como los cuerpos de seguridad pública de los fueros federal o común, que en el ámbito de sus respectivas competencias actúan todos bajo el mando y la conducción del Ministerio Público para efectos de la investigación, en términos de lo que disponen la Constitución, este Código y demás disposiciones aplicables;

XIII. Procurador: El titular del Ministerio Público de la Federación o del Ministerio Público de las Entidades federativas o los Fiscales Generales en las Entidades federativas;

XIV. Procuraduría: La Procuraduría General de la República, las Procuradurías Generales de Justicia y Fiscalías Generales de las Entidades federativas;

XV. Tratados: Los Tratados Internacionales en los que el Estado mexicano sea parte;

XVI. Tribunal de enjuiciamiento: El Órgano jurisdiccional del fuero federal o del fuero común integrado por uno o tres juzgadores, que interviene después del auto de apertura a juicio oral, hasta el dictado y explicación de sentencia, y

XVII. Tribunal de alzada: El Órgano jurisdiccional integrado por uno o tres magistrados, que resuelve la apelación, federal o de las Entidades federativas.

TÍTULO II
PRINCIPIOS Y DERECHOS EN EL PROCEDIMIENTO

CAPÍTULO I
PRINCIPIOS EN EL PROCEDIMIENTO

Artículo 4o. Características y principios rectores

El proceso penal será acusatorio y oral, en él se observarán los principios de publicidad, contradicción, concentración, continuidad e inmediación y aquellos previstos en la Constitución, Tratados y demás leyes.

Este Código y la legislación aplicable establecerán las excepciones a los principios antes señalados, de conformidad con lo previsto en la Constitución. En todo momento, las autoridades deberán respetar y proteger tanto la dignidad de la víctima como la dignidad del imputado.

Artículo 5o. Principio de publicidad

Las audiencias serán públicas, con el fin de que a ellas accedan no sólo las partes que intervienen en el procedimiento sino también el público en general, con las excepciones previstas en este Código.

Los periodistas y los medios de comunicación podrán acceder al lugar en el que se desarrolle la audiencia en los casos y condiciones que determine el Órgano jurisdiccional conforme a lo dispuesto por la Constitución, este Código y los acuerdos generales que emita el Consejo.

Artículo 6o. Principio de contradicción

Las partes podrán conocer, controvertir o confrontar los medios de prueba, así como oponerse a las peticiones y alegatos de la otra parte, salvo lo previsto en este Código.

Artículo 7o. Principio de continuidad

Las audiencias se llevarán a cabo de forma continua, sucesiva y secuencial, salvo los casos excepcionales previstos en este Código.

Artículo 8o. Principio de concentración

Las audiencias se desarrollarán preferentemente en un mismo día o en días consecutivos hasta su conclusión, en los términos previstos en este Código, salvo los casos excepcionales establecidos en este ordenamiento.

Asimismo, las partes podrán solicitar la acumulación de procesos distintos en aquellos supuestos previstos en este Código.

Artículo 9o. Principio de inmediación

Toda audiencia se desarrollará íntegramente en presencia del Órgano jurisdiccional, así como de las partes que deban de intervenir en la misma, con las excepciones previstas en este Código. En ningún caso, el Órgano jurisdiccional podrá delegar en persona alguna la admisión, el desahogo o la valoración de las pruebas, ni la emisión y explicación de la sentencia respectiva.

Artículo 10. Principio de igualdad ante la ley

Todas las personas que intervengan en el procedimiento penal recibirán el mismo trato y tendrán las mismas oportunidades para sostener la acusación o la defensa. No se admitirá discriminación motivada por origen étnico o nacional, género, edad, discapacidad, condición social, condición de salud, religión, opinión, preferencia sexual, estado civil o cualquier otra que atente contra la dignidad humana y tenga por objeto anular o menoscabar los derechos y las libertades de las personas.

Las autoridades velarán por que las personas en las condiciones o circunstancias señaladas en el párrafo anterior, sean atendidas a fin de garantizar la igualdad sobre la base de la equidad en el ejercicio de sus derechos. En el caso de las personas con discapacidad, deberán preverse ajustes razonables al procedimiento cuando se requiera.

Artículo 11. Principio de igualdad entre las partes

Se garantiza a las partes, en condiciones de igualdad, el pleno e irrestricto ejercicio de los derechos previstos en la Constitución, los Tratados y las leyes que de ellos emanen.

Artículo 12. Principio de juicio previo y debido proceso

Ninguna persona podrá ser condenada a una pena ni sometida a una medida de seguridad, sino en virtud de resolución dictada por un Órgano jurisdiccional previamente establecido, conforme a leyes expedidas con anterioridad al hecho, en un proceso sustanciado de manera imparcial y con apego estricto a los derechos humanos previstos en la Constitución, los Tratados y las leyes que de ellos emanen.

Artículo 13. Principio de presunción de inocencia

Toda persona se presume inocente y será tratada como tal en todas las etapas del procedimiento, mientras no se declare su responsabilidad mediante sentencia emitida por el Órgano jurisdiccional, en los términos señalados en este Código.

Artículo 14. Principio de prohibición de doble enjuiciamiento

La persona condenada, absuelta o cuyo proceso haya sido sobreseído, no podrá ser sometida a otro proceso penal por los mismos hechos.

CAPÍTULO II
DERECHOS EN EL PROCEDIMIENTO

Artículo 15. Derecho a la intimidad y a la privacidad

En todo procedimiento penal se respetará el derecho a la intimidad de cualquier persona que intervenga en él, asimismo se protegerá la información que se refiere a la vida privada y los datos personales, en los términos y con las excepciones que fijan la Constitución, este Código y la legislación aplicable.

Artículo 16. Justicia pronta

Toda persona tendrá derecho a ser juzgada dentro de los plazos legalmente establecidos. Los servidores públicos de las instituciones de procuración e impartición de justicia deberán atender las solicitudes de las partes con prontitud, sin causar dilaciones injustificadas.

Artículo 17. Derecho a una defensa y asesoría jurídica adecuada e inmediata

La defensa es un derecho fundamental e irrenunciable que asiste a todo imputado, no obstante, deberá ejercerlo siempre con la asistencia de su Defensor o a través de éste. El Defensor deberá ser licenciado en derecho o abogado titulado, con cédula profesional.

Se entenderá por una defensa técnica, la que debe realizar el Defensor particular que el imputado elija libremente o el Defensor público que le corresponda, para que le asista desde su detención y a lo largo de todo el procedimiento, sin perjuicio de los actos de defensa material que el propio imputado pueda llevar a cabo.

La víctima u ofendido tendrá derecho a contar con un Asesor jurídico gratuito en cualquier etapa del procedimiento, en los términos de la legislación aplicable.

Corresponde al Órgano jurisdiccional velar sin preferencias ni desigualdades por la defensa adecuada y técnica del imputado.

Artículo 18. Garantía de ser informado de sus derechos

Todas las autoridades que intervengan en los actos iniciales del procedimiento deberán velar porque tanto el imputado como la víctima u ofendido conozcan los derechos que le reconocen en ese momento procedimental la Constitución, los Tratados y las leyes que de ellos emanen, en los términos establecidos en el presente Código.

Artículo 19. Derecho al respeto a la libertad personal

Toda persona tiene derecho a que se respete su libertad personal, por lo que nadie podrá ser privado de la misma, sino en virtud de mandamiento dictado por la autoridad judicial o de conformidad con las demás causas y condiciones que autorizan la Constitución y este Código.

La autoridad judicial sólo podrá autorizar como medidas cautelares, o providencias precautorias restrictivas de la libertad, las que estén establecidas en este Código y en las leyes especiales. La prisión preventiva será de carácter excepcional y su aplicación se regirá en los términos previstos en este Código.

TÍTULO III
COMPETENCIA

CAPÍTULO I
GENERALIDADES

Artículo 20. Reglas de competencia

Para determinar la competencia territorial de los Órganos jurisdiccionales federales o locales, según corresponda, se observarán las siguientes reglas:

I. Los Órganos jurisdiccionales del fuero común tendrán competencia sobre los hechos punibles cometidos dentro de la circunscripción judicial en la que ejerzan sus funciones, conforme a la distribución y las disposiciones establecidas por su Ley Orgánica, o en su defecto, conforme a los acuerdos expedidos por el Consejo;

II. Cuando el hecho punible sea del orden federal, conocerán los Órganos jurisdiccionales federales;

III. Cuando el hecho punible sea del orden federal pero exista competencia concurrente, deberán conocer los Órganos jurisdiccionales del fuero común, en los términos que dispongan las leyes;

IV. En caso de concurso de delitos, el Ministerio Público de la Federación podrá conocer de los delitos del fuero común que tengan conexidad con delitos federales cuando lo considere conveniente, asimismo los Órganos jurisdiccionales federales, en su caso, tendrán competencia para juzgarlos. Para la aplicación de sanciones y medidas de seguridad en delitos del fuero común, se atenderá a la legislación de su fuero de origen. En tanto la Federación no ejerza dicha facultad, las autoridades estatales estarán obligadas a asumir su competencia en términos de la fracción primera de este artículo;

V. Cuando el hecho punible haya sido cometido en los límites de dos circunscripciones judiciales, será competente el Órgano jurisdiccional del fuero común o federal, según sea el caso, que haya prevenido en el conocimiento de la causa;

VI. Cuando el lugar de comisión del hecho punible sea desconocido, será competente el Órgano jurisdiccional del fuero común o federal, según sea el caso, de la circunscripción judicial dentro de cuyo territorio haya sido detenido el imputado, a menos que haya prevenido el Órgano jurisdiccional de la circunscripción judicial donde resida. Si, posteriormente, se descubre el lugar de comisión del hecho punible, continuará la causa el Órgano jurisdiccional de este último lugar;

VII. Cuando el hecho punible haya iniciado su ejecución en un lugar y consumado en otro, el conocimiento corresponderá al Órgano jurisdiccional de cualquiera de los dos lugares, y

VIII. Cuando el hecho punible haya comenzado su ejecución o sea cometido en territorio extranjero y se siga cometiendo o produzca sus efectos en territorio nacional, en términos de la legislación aplicable, será competencia del Órgano jurisdiccional federal.

Artículo 21. Facultad de atracción de los delitos cometidos contra la libertad de expresión

En los casos de delitos del fuero común cometidos contra algún periodista, persona o instalación, que dolosamente afecten, limiten o menoscaben el derecho a la información o las libertades de expresión o imprenta, el Ministerio Público de la Federación podrá ejercer la facultad de atracción para conocerlos y perseguirlos, y los Órganos jurisdiccionales federales tendrán, asimismo, competencia para juzgarlos. Esta facultad se ejercerá cuando se presente alguna de las siguientes circunstancias:

I. Existan indicios de que en el hecho constitutivo de delito haya participado algún servidor público de los órdenes estatal o municipal;

II. En la denuncia o querella u otro requisito equivalente, la víctima u ofendido hubiere señalado como probable autor o partícipe a algún servidor público de los órdenes estatal o municipal;

III. Se trate de delitos graves así calificados por este Código y legislación aplicable para prisión preventiva oficiosa;

IV. La vida o integridad física de la víctima u ofendido se encuentre en riesgo real;

V. Lo solicite la autoridad competente de la Entidad federativa de que se trate;

VI. Los hechos constitutivos de delito impacten de manera trascendente al ejercicio del derecho a la información o a las libertades de expresión o imprenta;

VII. En la Entidad federativa en la que se hubiere realizado el hecho constitutivo de delito o se hubieren manifestado sus resultados, existan circunstancias objetivas y generalizadas de riesgo para el ejercicio del derecho a la información o las libertades de expresión o imprenta;

VIII. El hecho constitutivo de delito trascienda el ámbito de una o más Entidades federativas, o

IX. Por sentencia o resolución de un órgano previsto en cualquier Tratado, se hubiere determinado la responsabilidad internacional del Estado mexicano por defecto u omisión en la investigación, persecución o enjuiciamiento de delitos contra periodistas, personas o instalaciones que afecten, limiten o menoscaben el derecho a la información o las libertades de expresión o imprenta.

En cualquiera de los supuestos anteriores, la víctima u ofendido podrá solicitar al Ministerio Público de la Federación el ejercicio de la facultad de atracción.

Artículo 22. Competencia por razón de seguridad

Será competente para conocer de un asunto un Órgano jurisdiccional distinto al del lugar de la comisión del delito, o al que resultare competente con motivo de las reglas antes señaladas, cuando atendiendo a las características del hecho investigado, por razones de seguridad en las prisiones o por otras que impidan garantizar el desarrollo adecuado del proceso.

Lo anterior es igualmente aplicable para los casos en que por las mismas razones la autoridad judicial, a petición de parte, estime necesario trasladar a un imputado a algún centro de reclusión de máxima seguridad, en el que será competente el Órgano jurisdiccional del lugar en que se ubique dicho centro.

(REFORMADO, D.O.F. 17 DE JUNIO DE 2016)

Con el objeto de que los procesados por delitos federales puedan cumplir su medida cautelar en los centros penitenciarios más cercanos al lugar en el que se desarrolla su procedimiento, las entidades federativas deberán aceptar internarlos en los centros penitenciarios locales con el fin de llevar a cabo su debido proceso, salvo la regla prevista en el párrafo anterior y en los casos en que sean procedentes medidas especiales de seguridad no disponibles en dichos centros.

Artículo 23. Competencia auxiliar

Cuando el Ministerio Público o el Órgano jurisdiccional actúe en auxilio de otra jurisdicción en la práctica de diligencias urgentes, debe resolver conforme a lo dispuesto en este Código.

Artículo 24. Autorización judicial para diligencias urgentes

El Juez de control que resulte competente para conocer de los actos o cualquier otra medida que requiera de control judicial previo, se pronunciará al respecto durante el procedimiento correspondiente; sin embargo, cuando estas actuaciones debieran efectuarse fuera de su jurisdicción y se tratare de diligencias que requieran atención urgente, el Ministerio Público podrá pedir la autorización directamente al Juez de control competente en aquel lugar; en este caso, una vez realizada la diligencia, el Ministerio Público lo informará al Juez de control competente en el procedimiento correspondiente.

CAPÍTULO II
INCOMPETENCIA

Artículo 25. Tipos o formas de incompetencia

La incompetencia puede decretarse por declinatoria o por inhibitoria.

La parte que opte por uno de estos medios no lo podrá abandonar y recurrir al otro, ni tampoco los podrá emplear simultánea ni sucesivamente, debiendo sujetarse al resultado del que se hubiere elegido.

La incompetencia procederá a petición del Ministerio Público, el imputado o su Defensor, la víctima u ofendido o su Asesor jurídico y será resuelta en audiencia con las formalidades previstas en este Código.

Artículo 26. Reglas de incompetencia

Para la decisión de la incompetencia se observarán las siguientes reglas:

I. Las que se susciten entre Órganos jurisdiccionales de la Federación se decidirán a favor del que haya prevenido, conforme a las reglas previstas en este Código y en la Ley Orgánica del Poder Judicial de la Federación y si hay dos o más competentes, a favor del que haya prevenido;

II. Las que se susciten entre los Órganos jurisdiccionales de una misma Entidad federativa se decidirán conforme a las reglas previstas en este Código y en la Ley Orgánica aplicable, y si hay dos o más competentes a favor del que haya prevenido, o

III. Las que se susciten entre la Federación y una o más Entidades federativas o entre dos o más Entidades federativas entre sí, se decidirán por el Poder Judicial Federal en los términos de su Ley Orgánica.

El Órgano jurisdiccional que resulte competente podrá confirmar, modificar, revocar, o en su caso reponer bajo su criterio y responsabilidad, cualquier tipo de acto procesal que estime pertinente conforme a lo previsto en este Código.

Dirimida la incompetencia, el imputado, en su caso, será puesto inmediatamente a disposición del Órgano jurisdiccional que resulte competente, así como los antecedentes que obren en poder del Órgano jurisdiccional incompetente.

Artículo 27. Procedencia de incompetencia por declinatoria

En cualquier etapa del procedimiento, salvo las excepciones previstas en este Código, el Órgano jurisdiccional que reconozca su incompetencia remitirá los registros correspondientes al que considere competente y, en su caso, pondrá también a su disposición al imputado.

La declinatoria se podrá promover por escrito, o de forma oral, en cualquiera de las audiencias ante el Órgano jurisdiccional que conozca del asunto hasta antes del auto de apertura a juicio, pidiéndole que se abstenga del conocimiento del mismo y que remita el caso y sus registros al que estime competente.

Si la incompetencia es del Órgano jurisdiccional deberá promoverse dentro del plazo de tres días siguientes a que surta sus efectos la notificación de la resolución que fije la fecha para la realización de la audiencia de juicio. En este supuesto, se promoverá ante el Juez de control que fijó la competencia del Tribunal de enjuiciamiento, sin perjuicio de ser declarada de oficio.

No se podrá promover la declinatoria en los casos previstos de competencia en razón de seguridad.

Artículo 28. Procedencia de incompetencia por inhibitoria

En cualquier etapa del procedimiento, la inhibitoria se tramitará a petición de cualquiera de las partes ante el Órgano jurisdiccional que crea competente para que se avoque al conocimiento del asunto; en caso de ser procedente, el Órgano jurisdiccional que reconozca su incompetencia remitirá los registros correspondientes al que se determine competente y, en su caso, pondrá también a su disposición al imputado.

La inhibitoria se podrá promover por escrito, o de forma oral, en audiencia ante el Juez de control que se considere debe conocer del asunto hasta antes de que se dicte auto de apertura a juicio.

Si la incompetencia es del Tribunal de enjuiciamiento, deberá promover la incompetencia dentro del plazo de tres días siguientes a que surta sus efectos la notificación de la resolución que fije la fecha para la realización de la audiencia de juicio. En este supuesto, se promoverá ante el Tribunal de enjuiciamiento que se considere debe conocer del asunto.

No se podrá promover la inhibitoria en los casos previstos de competencia en razón de seguridad.

Artículo 29. Actuaciones urgentes ante Juez de control incompetente

La competencia por declinatoria o inhibitoria no podrá resolverse sino hasta después de que se practiquen las actuaciones que no admitan demora como las providencias precautorias y, en caso de que exista detenido, cuando se haya resuelto sobre la legalidad de la detención, formulado la imputación, resuelto la procedencia de las medidas cautelares solicitadas y la vinculación a proceso.

El Juez de control incompetente por declinatoria o inhibitoria enviará de oficio los registros y en su caso, pondrá a disposición al imputado del Juez de control competente después de haber practicado las diligencias urgentes enunciadas en el párrafo anterior.

Si la autoridad judicial a quien se remitan las actuaciones no admite la competencia, devolverá los registros al declinante; si éste insiste en rechazarla, elevará las diligencias practicadas ante el Órgano jurisdiccional competente, de conformidad con lo que establezca la Ley Orgánica respectiva, con el propósito de que se pronuncie sobre quién deba conocer. Ningún Órgano jurisdiccional puede promover competencia a favor de su superior en grado.

CAPÍTULO III
ACUMULACIÓN Y SEPARACIÓN DE PROCESOS

Artículo 30. Causas de acumulación y conexidad

Para los efectos de este Código, habrá acumulación de procesos cuando:

I. Se trate de concurso de delitos;

II. Se investiguen delitos conexos;

III. En aquellos casos seguidos contra los autores o partícipes de un mismo delito, o

IV. Se investigue un mismo delito cometido en contra de diversas personas.

Se entenderá que existe conexidad de delitos cuando se hayan cometido simultáneamente por varias personas reunidas, o por varias personas en diversos tiempos y lugares en virtud de concierto entre ellas, o para procurarse los medios para cometer otro, para facilitar su ejecución, para consumarlo o para asegurar la impunidad.

Existe concurso real cuando con pluralidad de conductas se cometen varios delitos. Existe concurso ideal cuando con una sola conducta se cometen varios delitos. No existirá concurso cuando se trate de delito continuado en términos de la legislación aplicable. En estos casos se harán saber los elementos indispensables de cada clasificación jurídica y la clase de concurso correspondiente.

Artículo 31. Competencia en la acumulación

Cuando dos o más procesos sean susceptibles de acumulación, y se sigan por diverso Órgano jurisdiccional, será competente el que corresponda, de conformidad con las reglas generales previstas en este Código, ponderando en todo momento la competencia en razón de seguridad; en caso de que persista la duda, será competente el que conozca del delito cuya punibilidad sea mayor. Si los delitos establecen la misma punibilidad, la competencia será del que conozca de los actos procesales más antiguos, y si éstos comenzaron en la misma fecha, el que previno primero. Para efectos de este artículo, se entenderá que previno quien dictó la primera resolución del procedimiento.

Artículo 32. Término para decretar la acumulación

La acumulación podrá decretarse hasta antes de que se dicte el auto de apertura a juicio.

Artículo 33. Sustanciación de la acumulación

Promovida la acumulación, el Juez de control citará a las partes a una audiencia que deberá tener lugar dentro de los tres días siguientes, en la que podrán manifestarse y hacer las observaciones que estimen pertinentes respecto de la cuestión debatida y sin más trámite se resolverá en la misma lo que corresponda.

Artículo 34. Efectos de la acumulación

Si se resuelve la acumulación, el Juez de control solicitará la remisión de los registros, y en su caso, que se ponga a su disposición inmediatamente al imputado o imputados.

El Juez de control notificará a aquellos que tienen una medida cautelar diversa a la prisión preventiva la obligación de presentarse en un término perentorio ante él, así como a la víctima u ofendido.

Artículo 35. Separación de los procesos

Podrá ordenarse la separación de procesos cuando concurran las siguientes circunstancias:

I. Cuando la solicite una de las partes antes del auto de apertura al juicio, y

II. Cuando el Juez de control estime que de continuar la acumulación el proceso se demoraría.

La separación de procesos se promoverá en la misma forma que la acumulación. La separación se podrá promover hasta antes de la audiencia de juicio.

Decretada la separación de procesos, conocerá de cada asunto el Juez de control que conocía antes de haberse efectuado la acumulación. Si dicho juzgador es diverso del que decretó la separación de procesos, no podrá rehusarse a conocer del caso, sin perjuicio de que pueda suscitarse una cuestión de competencia.

La resolución del Juez de control que declare improcedente la separación de procesos, no admitirá recurso alguno.

CAPÍTULO IV
EXCUSAS, RECUSACIONES E IMPEDIMENTOS

Artículo 36. Excusa o recusación

Los jueces y magistrados deberán excusarse o podrán ser recusados para conocer de los asuntos en que intervengan por cualquiera de las causas de impedimento que se establecen en este Código, mismas que no podrán dispensarse por voluntad de las partes.

Artículo 37. Causas de impedimento

Son causas de impedimento de los jueces y magistrados:

I. Haber intervenido en el mismo procedimiento como Ministerio Público, Defensor, Asesor jurídico, denunciante o querellante, o haber ejercido la acción penal particular; haber actuado como perito, consultor técnico, testigo o tener interés directo en el procedimiento;

II. Ser cónyuge, concubina o concubinario, conviviente, tener parentesco en línea recta sin limitación de grado, en línea colateral por consanguinidad y por afinidad hasta el segundo grado con alguno de los interesados, o que éste cohabite o haya cohabitado con alguno de ellos;

III. Ser o haber sido tutor, curador, haber estado bajo tutela o curatela de alguna de las partes, ser o haber sido administrador de sus bienes por cualquier título;

IV. Cuando él, su cónyuge, concubina, concubinario, conviviente, o cualquiera de sus parientes en los grados que expresa la fracción II de este artículo, tenga un juicio pendiente iniciado con anterioridad con alguna de las partes;

V. Cuando él, su cónyuge, concubina, concubinario, conviviente, o cualquiera de sus parientes en los grados que expresa la fracción II de este artículo, sea acreedor, deudor, arrendador, arrendatario o fiador de alguna de las partes, o tengan alguna sociedad con éstos;

VI. Cuando antes de comenzar el procedimiento o durante éste, haya presentado él, su cónyuge, concubina, concubinario, conviviente o cualquiera de sus parientes en los grados que expresa la fracción II de este artículo, querella, denuncia, demanda o haya entablado cualquier acción legal en contra de alguna de las partes, o cuando antes de comenzar el procedimiento hubiera sido denunciado o acusado por alguna de ellas;

VII. Haber dado consejos o manifestado extrajudicialmente su opinión sobre el procedimiento o haber hecho promesas que impliquen parcialidad a favor o en contra de alguna de las partes;

VIII. Cuando él, su cónyuge, concubina, concubinario, conviviente o cualquiera de sus parientes en los grados que expresa la fracción II de este artículo, hubiera recibido o reciba beneficios de alguna de las partes o si, después de iniciado el procedimiento, hubiera recibido presentes o dádivas independientemente de cuál haya sido su valor, o

IX. Para el caso de los jueces del Tribunal de enjuiciamiento, haber fungido como Juez de control en el mismo procedimiento.

Artículo 38. Excusa

Cuando un Juez o Magistrado advierta que se actualiza alguna de las causas de impedimento, se declarará separado del asunto sin audiencia de las partes y remitirá los registros al Órgano jurisdiccional competente, de conformidad con lo que establezca la Ley Orgánica, para que resuelva quién debe seguir conociendo del mismo.

Artículo 39. Recusación

Cuando el Juez o Magistrado no se excuse a pesar de tener algún impedimento, procederá la recusación.

Artículo 40. Tiempo y forma de recusar

La recusación debe interponerse ante el propio Juez o Magistrado recusado, por escrito y dentro de las cuarenta y ocho horas siguientes a que se tuvo conocimiento del impedimento. Se interpondrá oralmente si se conoce en el curso de una audiencia y en ella se indicará, bajo pena de inadmisibilidad, la causa en que se justifica y los medios de prueba pertinentes.

Toda recusación que sea notoriamente improcedente o sea promovida de forma extemporánea será desechada de plano.

Artículo 41. Trámite de recusación

Interpuesta la recusación, el recusado remitirá el registro de lo actuado y los medios de prueba ofrecidos al Órgano jurisdiccional competente, de conformidad con lo que establezca la Ley Orgánica para que la califique.

Recibido el escrito, se pedirá informe al juzgador recusado, quien lo rendirá dentro del plazo de veinticuatro horas, señalándosele fecha y hora para realizar la audiencia dentro de los tres días siguientes a que se recibió el informe, misma que se celebrará con las partes que comparezcan, las que podrán hacer uso de la palabra sin que se admitan réplicas.

Concluido el debate, el Órgano jurisdiccional competente resolverá de inmediato sobre la legalidad de la causa de recusación que se hubiere señalado y, contra la misma, no habrá recurso alguno.

Artículo 42. Efectos de la recusación y excusa

El Juez o Magistrado recusado se abstendrá de seguir conociendo de la audiencia correspondiente, ordenará la suspensión de la misma y sólo podrá realizar aquellos actos de mero trámite o urgentes que no admitan dilación.

La sustitución del Juez o Magistrado se determinará en los términos que señale la Ley Orgánica.

Artículo 43. Impedimentos del Ministerio Público y de peritos

El Ministerio Público y los peritos deberán excusarse o podrán ser recusados por las mismas causas previstas para los jueces o magistrados.

La excusa o la recusación será resuelta por la autoridad que resulte competente de acuerdo con las disposiciones aplicables, previa realización de la investigación que se estime conveniente.

TÍTULO IV
ACTOS PROCEDIMENTALES

CAPÍTULO I
FORMALIDADES

Artículo 44. Oralidad de las actuaciones procesales

Las audiencias se desarrollarán de forma oral, pudiendo auxiliarse las partes con documentos o con cualquier otro medio. En la práctica de las actuaciones procesales se utilizarán los medios técnicos disponibles que permitan darle mayor agilidad, exactitud y autenticidad a las mismas, sin perjuicio de conservar registro de lo acontecido.

El Órgano jurisdiccional propiciará que las partes se abstengan de leer documentos completos o apuntes de sus actuaciones que demuestren falta de argumentación y desconocimiento del asunto. Sólo se podrán leer registros de la investigación para apoyo de memoria, así como para demostrar o superar contradicciones; la parte interesada en dar lectura a algún documento o registro, solicitará al juzgador que presida la audiencia, autorización para proceder a ello indicando específicamente el motivo de su solicitud conforme lo establece este artículo, sin que ello sea motivo de que se reemplace la argumentación oral.

Artículo 45. Idioma

Los actos procesales deberán realizarse en idioma español.

Cuando las personas no hablen o no entiendan el idioma español, deberá proveerse traductor o intérprete, y se les permitirá hacer uso de su propia lengua o idioma, al igual que las personas que tengan algún impedimento para darse a entender. En el caso de que el imputado no hable o entienda el idioma español deberá ser asistido por traductor o intérprete para comunicarse con su Defensor en las entrevistas que con él mantenga. El imputado podrá nombrar traductor o intérprete de su confianza, por su cuenta.

Si se trata de una persona con algún tipo de discapacidad, tiene derecho a que se le facilite un intérprete o aquellos medios tecnológicos que le permitan obtener de forma comprensible la información solicitada o, a falta de éstos, a alguien que sepa comunicarse con ella. En los actos de comunicación, los Órganos jurisdiccionales deberán tener certeza de que la persona con discapacidad ha sido informada de las decisiones judiciales que deba conocer y de que comprende su alcance. Para ello deberá utilizarse el medio que, según el caso, garantice que tal comprensión exista.

Cuando a solicitud fundada de la persona con discapacidad, o a juicio de la autoridad competente, sea necesario adoptar otras medidas para salvaguardar su derecho a ser debidamente asistida, la persona con discapacidad podrá recibir asistencia en materia de estenografía proyectada, en los términos de la ley de la materia, por un intérprete de lengua de señas o a través de cualquier otro medio que permita un entendimiento cabal de todas y cada una de las actuaciones.

Los medios de prueba cuyo contenido se encuentra en un idioma distinto al español deberán ser traducidos y, a fin de dar certeza jurídica sobre las manifestaciones del declarante, se dejará registro de su declaración en el idioma de origen.

En el caso de los miembros de pueblos o comunidades indígenas, se les nombrará intérprete que tenga conocimiento de su lengua y cultura, aun cuando hablen el español, si así lo solicitan.

El Órgano jurisdiccional garantizará el acceso a traductores e intérpretes que coadyuvarán en el proceso según se requiera.

Artículo 46. Declaraciones e interrogatorios con intérpretes y traductores

Las personas serán interrogadas en idioma español, mediante la asistencia de un traductor o intérprete. En ningún caso las partes o los testigos podrán ser intérpretes.

Artículo 47. Lugar de audiencias

El Órgano jurisdiccional celebrará las audiencias en la sala que corresponda, excepto si ello puede provocar una grave alteración del orden público, no garantiza la defensa de alguno de los intereses comprometidos en el procedimiento u obstaculiza seriamente su realización, en cuyo caso se celebrarán en el lugar que para tal efecto designe el Órgano jurisdiccional y bajo las medidas de seguridad que éste determine, de conformidad con lo que establezca la legislación aplicable.

Artículo 48. Tiempo

Los actos procesales podrán ser realizados en cualquier día y a cualquier hora, sin necesidad de previa habilitación. Se registrará el lugar, la hora y la fecha en que se cumplan. La omisión de estos datos no hará nulo el acto, salvo que no pueda determinarse, de acuerdo con los datos del registro u otros conexos, la fecha en que se realizó.

Artículo 49. Protesta

Dentro de cualquier audiencia y antes de que toda persona mayor de dieciocho años de edad inicie su declaración, con excepción del imputado, se le informará de las sanciones penales que la ley establece a los que se conducen con falsedad, se nieguen a declarar o a otorgar la protesta de ley; acto seguido se le tomará protesta de decir verdad.

A quienes tengan entre doce años de edad y menos de dieciocho, se les informará que deben conducirse con verdad en sus manifestaciones ante el Órgano jurisdiccional, lo que se hará en presencia de la persona que ejerza la patria potestad o tutela y asistencia legal pública o privada, y se les explicará que, de conducirse con falsedad, incurrirán en una conducta tipificada como delito en la ley penal y se harán acreedores a una medida de conformidad con las disposiciones aplicables.

A las personas menores de doce años de edad y a los imputados que deseen declarar se les exhortará para que se conduzcan con verdad.

Artículo 50. Acceso a las carpetas digitales

Las partes siempre tendrán acceso al contenido de las carpetas digitales consistente en los registros de las audiencias y complementarios. Dichos registros también podrán ser consultados por terceros cuando dieren cuenta de actuaciones que fueren públicas, salvo que durante el proceso el Órgano jurisdiccional restrinja el acceso para evitar que se afecte su normal sustanciación, el principio de presunción de inocencia o los derechos a la privacidad o a la intimidad de las partes, o bien, se encuentre expresamente prohibido en la ley de la materia.

El Órgano jurisdiccional autorizará la expedición de copias de los contenidos de las carpetas digitales o de la parte de ellos que le fueren solicitados por las partes.

Artículo 51. Utilización de medios electrónicos

(ADICIONADO, D.O.F. 17 DE JUNIO DE 2016)

Durante todo el proceso penal, se podrán utilizar los medios electrónicos en todas las actuaciones para facilitar su operación, incluyendo el informe policial; así como también podrán instrumentar, para la presentación de denuncias o querellas en línea que permitan su seguimiento.

La videoconferencia en tiempo real u otras formas de comunicación que se produzcan con nuevas tecnologías podrán ser utilizadas para la recepción y transmisión de medios de prueba y la realización de actos procesales, siempre y cuando se garantice previamente la identidad de los sujetos que intervengan en dicho acto.

CAPÍTULO II
AUDIENCIAS

Artículo 52. Disposiciones comunes

Los actos procedimentales que deban ser resueltos por el Órgano jurisdiccional se llevarán a cabo mediante audiencias, salvo los casos de excepción que prevea este Código. Las cuestiones debatidas en una audiencia deberán ser resueltas en ella.

Artículo 53. Disciplina en las audiencias

El orden en las audiencias estará a cargo del Órgano jurisdiccional. Toda persona que altere el orden en éstas podrá ser acreedora a una medida de apremio sin perjuicio de que se pueda solicitar su retiro de la sala de audiencias y su puesta a disposición de la autoridad competente.

Antes y durante las audiencias, el imputado tendrá derecho a comunicarse con su Defensor, pero no con el público. Si infringe esa disposición, el Órgano jurisdiccional podrá imponerle una medida de apremio.

Si alguna persona del público se comunica o intenta comunicarse con alguna de las partes, el Órgano jurisdiccional podrá ordenar que sea retirada de la audiencia e imponerle una medida de apremio.

Artículo 54. Identificación de declarantes

Previo a cualquier audiencia, se llevará a cabo la identificación de toda persona que vaya a declarar, para lo cual deberá proporcionar su nombre, apellidos, edad y domicilio. Dicho registro lo llevará a cabo el personal auxiliar de la sala, dejando constancia de la manifestación expresa de la voluntad del declarante de hacer públicos, o no, sus datos personales.

Artículo 55. Restricciones de acceso a las audiencias

El Órgano jurisdiccional podrá, por razones de orden o seguridad en el desarrollo de la audiencia, prohibir el ingreso a:

I. Personas armadas, salvo que cumplan funciones de vigilancia o custodia;

II. Personas que porten distintivos gremiales o partidarios;

III. Personas que porten objetos peligrosos o prohibidos o que no observen las disposiciones que se establezcan, o

IV. Cualquier otra que el Órgano jurisdiccional considere como inapropiada para el orden o seguridad en el desarrollo de la audiencia.

El Órgano jurisdiccional podrá limitar el ingreso del público a una cantidad determinada de personas, según la capacidad de la sala de audiencia, así como de conformidad con las disposiciones aplicables.

Los periodistas, o los medios de comunicación acreditados, deberán informar de su presencia al Órgano jurisdiccional con el objeto de ubicarlos en un lugar adecuado para tal fin y deberán abstenerse de grabar y transmitir por cualquier medio la audiencia.

Artículo 56. Presencia del imputado en las audiencias

Las audiencias se realizarán con la presencia ininterrumpida de quien o quienes integren el Órgano jurisdiccional y de las partes que intervienen en el proceso, salvo disposición en contrario. El imputado no podrá retirarse de la audiencia sin autorización del Órgano jurisdiccional.

El imputado asistirá a la audiencia libre en su persona y ocupará un asiento a lado de su defensor. Sólo en casos excepcionales podrán disponerse medidas de seguridad que impliquen su confinamiento en un cubículo aislado en la sala de audiencia, cuando ello sea una medida indispensable para salvaguardar la integridad física de los intervinientes en la audiencia.

Si el imputado se rehúsa a permanecer en la audiencia, será custodiado en una sala próxima, desde la que pueda seguir la audiencia, y representado para todos los efectos por su Defensor. Cuando sea necesario para el desarrollo de la audiencia, se le hará comparecer para la realización de actos particulares en los cuales su presencia resulte imprescindible.

Artículo 57. Ausencia de las partes

En el caso de que estuvieren asignados varios Defensores o varios Ministerios Públicos, la presencia de cualquiera de ellos bastará para celebrar la audiencia respectiva.

El Defensor no podrá renunciar a su cargo conferido ni durante las audiencias ni una vez notificado de ellas.

Si el Defensor no comparece a la audiencia, o se ausenta de la misma sin causa justificada, se considerará abandonada la defensa y se procederá a su reemplazo con la mayor prontitud por el Defensor público que le sea designado, salvo que el imputado designe de inmediato otro Defensor.

Si el Ministerio Público no comparece a la audiencia o se ausenta de la misma, se procederá a su remplazo dentro de la misma audiencia. Para tal efecto se notificará por cualquier medio a su superior jerárquico para que lo designe de inmediato.

El Ministerio Público sustituto o el nuevo Defensor podrán solicitar al Órgano jurisdiccional que aplace el inicio de la audiencia o suspenda la misma por un plazo que no podrá exceder de diez días para la adecuada preparación de su intervención en el juicio. El Órgano jurisdiccional resolverá considerando la complejidad del caso, las circunstancias de la ausencia de la defensa o del Ministerio Público y las posibilidades de aplazamiento.

En el caso de que el Defensor, Asesor jurídico o el Ministerio Público se ausenten de la audiencia sin causa justificada, se les impondrá una multa de diez a cincuenta días de salario mínimo vigente, sin perjuicio de las sanciones administrativas o penales que correspondan.

Si la víctima u ofendido no concurren, o se retiran de la audiencia, la misma continuará sin su presencia, sin perjuicio de que pueda ser citado a comparecer en calidad de testigo.

En caso de que la víctima u ofendido constituido como coadyuvante se ausente, o se retire de la audiencia intermedia o de juicio, se le tendrá por desistido de sus pretensiones.

Si el Asesor jurídico de la víctima u ofendido abandona su asesoría, o ésta es deficiente, el Órgano jurisdiccional le informará a la víctima u ofendido su derecho a nombrar a otro Asesor jurídico. Si la víctima u ofendido no quiere o no puede nombrar un Asesor jurídico, el Órgano jurisdiccional lo informará a la instancia correspondiente para efecto de que se designe a otro, y en caso de ausencia, y de manera excepcional, lo representará el Ministerio Público.

El Órgano jurisdiccional deberá imponer las medidas de apremio necesarias para garantizar que las partes comparezcan en juicio.

Artículo 58. Deberes de los asistentes

Quienes asistan a la audiencia deberán permanecer en la misma respetuosamente, en silencio y no podrán introducir instrumentos que permitan grabar imágenes de video, sonidos o gráficas. Tampoco podrán portar armas ni adoptar un comportamiento intimidatorio, provocativo, contrario al decoro, ni alterar o afectar el desarrollo de la audiencia.

Artículo 59. De los medios de apremio

Para asegurar el orden en las audiencias o restablecerlo cuando hubiere sido alterado, así como para garantizar la observancia de sus decisiones en audiencia, el Órgano jurisdiccional podrá aplicar indistintamente cualquiera de los medios de apremio establecidos en este Código.

Artículo 60. Hechos delictivos surgidos en audiencia

Si durante la audiencia se advierte que existen elementos que hagan presumir la existencia de un hecho delictivo distinto del que constituye la materia del procedimiento, el Órgano jurisdiccional lo hará del conocimiento del Ministerio Público competente y le remitirá el registro correspondiente.

Artículo 61. Registro de las audiencias

Todas las audiencias previstas en este Código serán registradas por cualquier medio tecnológico que tenga a su disposición el Órgano jurisdiccional.

La grabación o reproducción de imágenes o sonidos se considerará como parte de las actuaciones y registros y se conservarán en resguardo del Poder Judicial para efectos del conocimiento de otros órganos distintos que conozcan del mismo procedimiento y de las partes, garantizando siempre su conservación.

Artículo 62. Asistencia del imputado a las audiencias

Si el imputado se encuentra privado de su libertad, el Órgano jurisdiccional determinará las medidas especiales de seguridad o los mecanismos necesarios para garantizar el adecuado desarrollo de la audiencia: impedir la fuga o la realización de actos de violencia de parte del imputado o en su contra.

Si la persona está en libertad, asistirá a la audiencia el día y hora en que se determine; en caso de no presentarse, el Órgano jurisdiccional podrá imponerle un medio de apremio y en su caso, previa solicitud del Ministerio Público, ordenar su comparecencia.

Cuando el imputado haya sido vinculado a proceso, se encuentre en libertad, deje de asistir a una audiencia, el Ministerio Público solicitará al Órgano jurisdiccional la imposición de una medida cautelar o la modificación de la ya impuesta.

Artículo 63. Notificación en audiencia

Las resoluciones del Órgano jurisdiccional serán dictadas en forma oral, con expresión de sus fundamentos y motivaciones, quedando los intervinientes en ellas y quienes estaban obligados a asistir formalmente notificados de su emisión, lo que constará en el registro correspondiente en los términos previstos en este Código.

Artículo 64. Excepciones al principio de publicidad

El debate será público, pero el Órgano jurisdiccional podrá resolver excepcionalmente, aun de oficio, que se desarrolle total o parcialmente a puerta cerrada, cuando:

I. Pueda afectar la integridad de alguna de las partes, o de alguna persona citada para participar en él;

II. La seguridad pública o la seguridad nacional puedan verse gravemente afectadas;

III. Peligre un secreto oficial, particular, comercial o industrial, cuya revelación indebida sea punible;

IV. El Órgano jurisdiccional estime conveniente;

V. Se afecte el Interés Superior del Niño y de la Niña en términos de lo establecido por los Tratados y las leyes en la materia, o

VI. Esté previsto en este Código o en otra ley.

La resolución que decrete alguna de estas excepciones será fundada y motivada constando en el registro de la audiencia.

Artículo 65. Continuación de audiencia pública

Una vez desaparecida la causa de excepción prevista en el artículo anterior, se permitirá ingresar nuevamente al público y, el juzgador que presida la audiencia de juicio, informará brevemente sobre el resultado esencial de los actos desarrollados a puerta cerrada.

Artículo 66. Intervención en la audiencia

En las audiencias, el imputado podrá defenderse por sí mismo y deberá estar asistido por un licenciado en derecho o abogado titulado que haya elegido o se le haya designado como Defensor.

El Ministerio Público, el imputado o su Defensor, así como la víctima u ofendido y su Asesor jurídico, podrán intervenir y replicar cuantas veces y en el orden que lo autorice el Órgano jurisdiccional.

El imputado o su Defensor podrán hacer uso de la palabra en último lugar, por lo que el Órgano jurisdiccional que preside la audiencia preguntará siempre al imputado o su Defensor, antes de cerrar el debate o la audiencia misma, si quieren hacer uso de la palabra, concediéndosela en caso afirmativo.

CAPÍTULO III
RESOLUCIONES JUDICIALES

Artículo 67. Resoluciones judiciales

La autoridad judicial pronunciará sus resoluciones en forma de sentencias y autos. Dictará sentencia para decidir en definitiva y poner término al procedimiento y autos en todos los demás casos. Las resoluciones judiciales deberán mencionar a la autoridad que resuelve, el lugar y la fecha en que se dictaron y demás requisitos que este Código prevea para cada caso.

Los autos y resoluciones del Órgano jurisdiccional serán emitidos oralmente y surtirán sus efectos a más tardar al día siguiente. Deberán constar por escrito, después de su emisión oral, los siguientes:

I. Las que resuelven sobre providencias precautorias;

II. Las órdenes de aprehensión y comparecencia;

III. La de control de la detención;

IV. La de vinculación a proceso;

V. La de medidas cautelares;

VI. La de apertura a juicio;

VII. Las que versen sobre sentencias definitivas de los procesos especiales y de juicio;

VIII. Las de sobreseimiento, y

IX. Las que autorizan técnicas de investigación con control judicial previo.

En ningún caso, la resolución escrita deberá exceder el alcance de la emitida oralmente, surtirá sus efectos inmediatamente y deberá dictarse de forma inmediata a su emisión en forma oral, sin exceder de veinticuatro horas, salvo disposición que establezca otro plazo.

Las resoluciones de los tribunales colegiados se tomarán por mayoría de votos. En el caso de que un Juez o Magistrado no esté de acuerdo con la decisión adoptada por la mayoría, deberá emitir su voto particular y podrá hacerlo en la propia audiencia, expresando sucintamente su opinión y deberá formular dentro de los tres días siguientes la versión escrita de su voto para ser integrado al fallo mayoritario.

Artículo 68. Congruencia y contenido de autos y sentencias

Los autos y las sentencias deberán ser congruentes con la petición o acusación formulada y contendrán de manera concisa los antecedentes, los puntos a resolver y que estén debidamente fundados y motivados; deberán ser claros, concisos y evitarán formulismos innecesarios, privilegiando el esclarecimiento de los hechos.

Artículo 69. Aclaración

En cualquier momento, el Órgano jurisdiccional, de oficio o a petición de parte, podrá aclarar los términos oscuros, ambiguos o contradictorios en que estén emitidas las resoluciones judiciales, siempre que tales aclaraciones no impliquen una modificación o alteración del sentido de la resolución.

En la misma audiencia, después de dictada la resolución y hasta dentro de los tres días posteriores a la notificación, las partes podrán solicitar su aclaración, la cual, si procede, deberá efectuarse dentro de las veinticuatro horas siguientes. La solicitud suspenderá el término para interponer los recursos que procedan.

Artículo 70. Firma

Las resoluciones escritas serán firmadas por los jueces o magistrados. No invalidará la resolución el hecho de que el juzgador no la haya firmado oportunamente, siempre que la falta sea suplida y no exista ninguna duda sobre su participación en el acto que debió suscribir, sin perjuicio de la responsabilidad disciplinaria a que haya lugar.

Artículo 71. Copia auténtica

Se considera copia auténtica al documento o registro del original de las sentencias, o de otros actos procesales, que haya sido certificado por la autoridad autorizada para tal efecto.

Cuando, por cualquier causa se destruya, se pierda o sea sustraído el original de las sentencias o de otros actos procesales, la copia auténtica tendrá el valor de aquéllos. Para tal fin, el Órgano jurisdiccional ordenará a quien tenga la copia entregarla, sin perjuicio del derecho de obtener otra en forma gratuita cuando así lo solicite. La reposición del original de la sentencia o de otros actos procesales también podrá efectuarse utilizando los archivos informáticos o electrónicos del juzgado.

Cuando la sentencia conste en medios informáticos, electrónicos, magnéticos o producidos por nuevas tecnologías, la autenticación de la autorización del fallo por el Órgano jurisdiccional, se hará constar a través del medio o forma más adecuada, de acuerdo con el propio sistema utilizado.

Artículo 72. Restitución y renovación

Si no existe copia de las sentencias o de otros actos procesales el Órgano jurisdiccional ordenará que se repongan, para lo cual recibirá de las partes los datos y medios de prueba que evidencien su preexistencia y su contenido. Cuando esto sea imposible, ordenará la renovación de los mismos, señalando el modo de realizarla.

CAPÍTULO IV
COMUNICACIÓN ENTRE AUTORIDADES

Artículo 73. Regla general de la comunicación entre autoridades

El Órgano jurisdiccional o el Ministerio Público, de manera fundada y motivada, podrán solicitar el auxilio a otra autoridad para la práctica de un acto procedimental. Dicha solicitud podrá realizarse por cualquier medio que garantice su autenticidad. La autoridad requerida colaborará y tramitará sin demora los requerimientos que reciba.

Artículo 74. Colaboración procesal

Los actos de colaboración entre el Ministerio Público o la Policía con autoridades federales o de alguna Entidad federativa, se sujetarán a lo previsto en la Constitución, en el presente Código, así como a las disposiciones contenidas en otras normas y convenios de colaboración que se hayan emitido o suscrito de conformidad con ésta.

Artículo 75. Exhortos y requisitorias

Cuando tengan que practicarse actos procesales fuera del ámbito territorial del Órgano jurisdiccional que conozca del asunto, éste solicitará su cumplimiento por medio de exhorto, si la autoridad requerida es de la misma jerarquía que la requirente, o por medio de requisitoria, si ésta es inferior. La comunicación que deba hacerse a autoridades no judiciales se hará por cualquier medio de comunicación expedito y seguro que garantice su autenticidad, siendo aplicable en lo conducente lo previsto en el artículo siguiente.

Artículo 76. Empleo de los medios de comunicación

Para el envío de oficios, exhortos o requisitorias, el Órgano jurisdiccional, el Ministerio Público, o la Policía, podrán emplear cualquier medio de comunicación idóneo y ágil que ofrezca las condiciones razonables de seguridad, de autenticidad y de confirmación posterior en caso de ser necesario, debiendo expresarse, con toda claridad, la actuación que ha de practicarse, el nombre del imputado si fuere posible, el delito de que se trate, el número único de causa, así como el fundamento de la providencia y, en caso necesario, el aviso de que se mandará la información: el oficio de colaboración y el exhorto o requisitoria que ratifique el mensaje. La autoridad requirente deberá cerciorarse de que el requerido recibió la comunicación que se le dirigió y el receptor resolverá lo conducente, acreditando el origen de la petición y la urgencia de su atención.

Artículo 77. Plazo para el cumplimiento de exhortos y requisitorias

Los exhortos o requisitorias se proveerán dentro de las veinticuatro horas siguientes a su recepción y se despacharán dentro de los tres días siguientes, a no ser que las actuaciones que se hayan de practicar exijan necesariamente mayor tiempo, en cuyo caso, el Juez de control fijará el que crea conveniente y lo notificará al requirente, indicando las razones existentes para la ampliación. Si el Juez de control requerido estima que no es procedente la práctica del acto solicitado, lo hará saber al requirente dentro de las veinticuatro horas siguientes a la recepción de la solicitud, con indicación expresa de las razones que tenga para abstenerse de darle cumplimiento.

Si el Juez de control exhortado o requerido estimare que no debe cumplimentarse el acto solicitado, porque el asunto no resulta ser de su competencia o si tuviere dudas sobre su procedencia, podrá comunicarse con el Órgano jurisdiccional exhortante o requirente, oirá al Ministerio Público y resolverá dentro de los tres días siguientes, promoviendo, en su caso, la competencia respectiva.

Cuando se cumpla una orden de aprehensión, el exhortado o requerido pondrá al detenido, sin dilación alguna, a disposición del Órgano jurisdiccional que libró aquella. Si no fuere posible poner al detenido inmediatamente a disposición del exhortante o requirente, el requerido dará vista al Ministerio Público para que formule la imputación; se decidirá sobre las medidas cautelares que se le soliciten y resolverá su vinculación a proceso, remitirá las actuaciones y, en su caso, al detenido, al Órgano jurisdiccional que haya librado el exhorto dentro de las veinticuatro horas siguientes a la determinación de fondo que adopte.

Cuando un Juez de control no pueda dar cumplimiento al exhorto o requisitoria, por hallarse en otra jurisdicción la persona o las cosas que sean objeto de la diligencia, lo remitirá al Juez de control del lugar en que aquélla o éstas se encuentren, y lo hará saber al exhortante o requirente dentro de las veinticuatro horas siguientes. Si el Juez de control que recibe el exhorto o requisitoria del juzgador originalmente exhortado, resuelve desahogarlo, una vez hecho lo devolverá directamente al exhortante.

Las autoridades exhortadas o requeridas remitirán las diligencias o actos procesales practicados o requeridos por cualquier medio que garantice su autenticidad.

Artículo 78. Exhortos de tribunales extranjeros

(REFORMADO PRIMER PÁRRAFO, D.O.F. 17 DE JUNIO DE 2016)

Las solicitudes que provengan de tribunales extranjeros, deberán ser tramitadas de conformidad con el Título XI del presente Código.

Toda solicitud que se reciba del extranjero en idioma distinto del español deberá acompañarse de su traducción.

Artículo 79. Exhortos internacionales que requieran homologación

Los exhortos internacionales que se reciban sólo requerirán homologación cuando implique ejecución coactiva sobre personas, bienes o derechos. Los exhortos relativos a notificaciones, recepción de pruebas y a otros asuntos de mero trámite se diligenciarán sin formar incidente.

Artículo 80. Actos procesales en el extranjero

Los exhortos que se remitan al extranjero serán comunicaciones oficiales escritas que contendrán la petición de realización de las actuaciones necesarias en el procedimiento en que se expidan. Dichas comunicaciones contendrán los datos e información necesaria, las constancias y demás anexos procedentes según sea el caso.

Los exhortos serán transmitidos al Órgano jurisdiccional requerido a través de los funcionarios consulares o agentes diplomáticos, o por la autoridad competente del Estado requirente o requerido según sea el caso.

Podrá encomendarse la práctica de diligencias en países extranjeros a los funcionarios consulares de la República por medio de oficio.

Artículo 81. Demora o rechazo de requerimientos

Cuando la cumplimentación de un requerimiento de cualquier naturaleza fuere demorada o rechazada injustificadamente, la autoridad requirente podrá dirigirse al superior jerárquico de la autoridad que deba cumplimentar dicho requerimiento a fin de que, de considerarlo procedente, ordene o gestione su tramitación inmediata.

CAPÍTULO V
NOTIFICACIONES Y CITACIONES

Artículo 82. Formas de notificación

Las notificaciones se practicarán personalmente, por lista, estrado o boletín judicial según corresponda y por edictos:

I. Personalmente podrán ser:

a) En Audiencia;

b) Por alguno de los medios tecnológicos señalados por el interesado o su representante legal;

c) En las instalaciones del Órgano jurisdiccional, o

d) En el domicilio que éste establezca para tal efecto. Las realizadas en domicilio se harán de conformidad con las reglas siguientes:

1) El notificador deberá cerciorarse de que se trata del domicilio señalado. Acto seguido, se requerirá la presencia del interesado o su representante legal. Una vez que cualquiera de ellos se haya identificado, le entregará copia del auto o la resolución que deba notificarse y recabará su firma, asentando los datos del documento oficial con el que se identifique. Asimismo, se deberán asentar en el acta de notificación, los datos de identificación del servidor público que la practique;

2) De no encontrarse el interesado o su representante legal en la primera notificación, el notificador dejará citatorio con cualquier persona que se encuentre en el domicilio, para que el interesado espere a una hora fija del día hábil siguiente. Si la persona a quien haya de notificarse no atendiere el citatorio, la notificación se entenderá con cualquier persona que se encuentre en el domicilio en que se realice la diligencia y, de negarse ésta a recibirla o en caso de encontrarse cerrado el domicilio, se realizará por instructivo que se fijará en un lugar visible del domicilio, y

3) En todos los casos deberá levantarse acta circunstanciada de la diligencia que se practique;

II. Lista, Estrado o Boletín Judicial según corresponda, y

III. Por edictos, cuando se desconozca la identidad o domicilio del interesado, en cuyo caso se publicará por una sola ocasión en el medio de publicación oficial de la Federación o de las Entidades federativas y en un periódico de circulación nacional, los cuales deberán contener un resumen de la resolución que deba notificarse.

Las notificaciones previstas en la fracción I de este artículo surtirán efectos al día siguiente en que hubieren sido practicadas y las efectuadas en las fracciones II y III surtirán efectos el día siguiente de su publicación.

Artículo 83. Medios de notificación

Los actos que requieran una intervención de las partes se podrán notificar mediante fax y correo electrónico, debiendo imprimirse copia de envío y recibido, y agregarse al registro, o bien se guardará en el sistema electrónico existente para tal efecto; asimismo, podrá notificarse a las partes por teléfono o cualquier otro medio, de conformidad con las disposiciones previstas en las leyes orgánicas o, en su caso, los acuerdos emitidos por los órganos competentes, debiendo dejarse constancia de ello.

El uso de los medios a que hace referencia este artículo, deberá asegurar que las notificaciones se hagan en el tiempo establecido y se transmita con claridad, precisión y en forma completa el contenido de la resolución o de la diligencia ordenada.

En la notificación de las resoluciones judiciales se podrá aceptar el uso de la firma digital.

Artículo 84. Regla general sobre notificaciones

Las resoluciones deberán notificarse personalmente a quien corresponda, dentro de las veinticuatro horas siguientes a que se hayan dictado. Se tendrán por notificadas las personas que se presenten a la audiencia donde se dicte la resolución o se desahoguen las respectivas diligencias.

Cuando la notificación deba hacerse a una persona con discapacidad o cualquier otra circunstancia que le impida comprender el alcance de la notificación, deberá realizarse en los términos establecidos en el presente Código.

Artículo 85. Lugar para las notificaciones

Al comparecer en el procedimiento, las partes deberán señalar domicilio dentro del lugar en donde éste se sustancie y en su caso, manifestarse sobre la forma más conveniente para ser notificados conforme a los medios establecidos en este Código.

El Ministerio Público, Defensor y Asesor jurídico, cuando éstos últimos sean públicos, serán notificados en sus respectivas oficinas, siempre que éstas se encuentren dentro de la jurisdicción del Órgano jurisdiccional que ordene la notificación, salvo que hayan presentado solicitud de ser notificadas por fax, por correo electrónico, por teléfono o por cualquier otro medio. En caso de que las oficinas se encuentren fuera de la jurisdicción, deberán señalar domicilio dentro de dicha jurisdicción.

Si el imputado estuviere detenido, será notificado en el lugar de su detención.

Las partes que no señalaren domicilio o el medio para ser notificadas o no informen de su cambio, serán notificadas de conformidad con lo señalado en la fracción II del artículo 82 de este Código.

Artículo 86. Notificaciones a Defensores o Asesores jurídicos

Cuando se designe Defensor o Asesor jurídico y éstos sean particulares, las notificaciones deberán ser dirigidas a éstos, sin perjuicio de notificar al imputado y a la víctima u ofendido, según sea el caso, cuando la ley o la naturaleza del acto así lo exijan.

Cuando el imputado tenga varios Defensores, deberá notificarse al representante común, en caso de que lo hubiere, sin perjuicio de que otros acudan a la oficina del Ministerio Público o del Órgano jurisdiccional para ser notificados. La misma disposición se aplicará a los Asesores jurídicos.

Artículo 87. Forma especial de notificación

La notificación realizada por medios electrónicos surtirá efecto el mismo día a aquel en que por sistema se confirme que recibió el archivo electrónico correspondiente.

Asimismo, podrá notificarse mediante otros sistemas autorizados en la ley de la materia, siempre que no causen indefensión. También podrá notificarse por correo certificado y el plazo correrá a partir del día siguiente hábil en que fue recibida la notificación.

Artículo 88. Nulidad de la notificación

La notificación podrá ser nula cuando cause indefensión y no se cumplan las formalidades previstas en el presente Código.

Artículo 89. Validez de la notificación

Si a pesar de no haberse hecho la notificación en la forma prevista en este ordenamiento, la persona que deba ser notificada se muestra sabedora de la misma, ésta surtirá efectos legales.

Artículo 90. Citación

Toda persona está obligada a presentarse ante el Órgano jurisdiccional o ante el Ministerio Público, cuando sea citada. Quedan exceptuados de esa obligación el Presidente de la República y los servidores públicos a que se refieren los párrafos primero y quinto del artículo 111 de la Constitución, el Consejero Jurídico del Ejecutivo, los magistrados y jueces y las personas imposibilitadas físicamente ya sea por su edad, por enfermedad grave o alguna otra que dificulte su comparecencia.

Cuando haya que examinar a los servidores públicos o a las personas señaladas en el párrafo anterior, el Órgano jurisdiccional dispondrá que dicho testimonio sea desahogado en el juicio por sistemas de reproducción a distancia de imágenes y sonidos o cualquier otro medio que permita su trasmisión, en sesión privada.

La citación a quien desempeñe un empleo, cargo o comisión en el servicio público, distintos a los señalados en este artículo, se hará por conducto del superior jerárquico respectivo, a menos que para garantizar el éxito de la comparecencia se requiera que la citación se realice en forma distinta.

En el caso de cualquier persona que se haya desempeñado como servidor público y no sea posible su localización, el Órgano jurisdiccional solicitará a la institución donde haya prestado sus servicios la información del domicilio, número telefónico, y en su caso, los datos necesarios para su localización, a efecto de que comparezca a la audiencia respectiva.

Artículo 91. Forma de realizar las citaciones

Cuando sea necesaria la presencia de una persona para la realización de un acto procesal, la autoridad que conoce del asunto deberá ordenar su citación mediante oficio, correo certificado o telegrama con aviso de entrega en el domicilio proporcionado, cuando menos con cuarenta y ocho horas de anticipación a la celebración del acto.

También podrá citarse por teléfono al testigo o perito que haya manifestado expresamente su voluntad para que se le cite por este medio, siempre que haya proporcionado su número, sin perjuicio de que si no es posible realizar tal citación, se pueda realizar por alguno de los otros medios señalados en este Capítulo.

En caso de que las partes ofrezcan como prueba a un testigo o perito, deberán presentarlo el día y hora señalados, salvo que soliciten al Órgano jurisdiccional que por su conducto sea citado en virtud de que se encuentran imposibilitados para su comparecencia debido a la naturaleza de las circunstancias.

En caso de que las partes, estando obligadas a presentar a sus testigos o peritos, no cumplan con dicha comparecencia, se les tendrá por desistidos de la prueba, a menos que justifiquen la imposibilidad que se tuvo para presentarlos, dentro de las veinticuatro horas siguientes a la fecha fijada para la comparecencia de sus testigos o peritos.

La citación deberá contener:

I. La autoridad y el domicilio ante la que deberá presentarse;

II. El día y hora en que debe comparecer;

III. El objeto de la misma;

IV. El procedimiento del que se deriva;

V. La firma de la autoridad que la ordena, y

VI. El apercibimiento de la imposición de un medio de apremio en caso de incumplimiento.

Artículo 92. Citación al imputado

Siempre que sea requerida la presencia del imputado para realizar un acto procesal por el Órgano jurisdiccional, según corresponda, lo citará junto con su Defensor a comparecer.

La citación deberá contener, además de los requisitos señalados en el artículo anterior, el domicilio, el número telefónico y en su caso, los datos necesarios para comunicarse con la autoridad que ordene la citación.

Artículo 93. Comunicación de actuaciones del Ministerio Público

Cuando en el curso de una investigación el Ministerio Público deba comunicar alguna actuación a una persona, podrá hacerlo por cualquier medio que garantice la recepción del mensaje. Serán aplicables, en lo que corresponda, las disposiciones de este Código.

CAPÍTULO VI
PLAZOS

Artículo 94. Reglas generales

Los actos procedimentales serán cumplidos en los plazos establecidos, en los términos que este Código autorice.

Los plazos sujetos al arbitrio judicial serán determinados conforme a la naturaleza del procedimiento y a la importancia de la actividad que se deba de desarrollar, teniendo en cuenta los derechos de las partes.

No se computarán los días sábados, los domingos ni los días que sean determinados inhábiles por los ordenamientos legales aplicables, salvo que se trate de los actos relativos a providencias precautorias, puesta del imputado a disposición del Órgano jurisdiccional, resolver la legalidad de la detención, formulación de la imputación, resolver sobre la procedencia de las medidas cautelares en su caso y decidir sobre la procedencia de su vinculación a proceso, para tal efecto todos los días se computarán como hábiles.

Con la salvedad de la excepción prevista en el párrafo anterior, los demás plazos que venzan en día inhábil, se tendrán por prorrogados hasta el día hábil siguiente.

Los plazos establecidos en horas correrán de momento a momento y los establecidos en días a partir del día en que surte efectos la notificación.

Artículo 95. Renuncia o abreviación

Las partes en cuyo favor se haya establecido un plazo podrán renunciar a él o consentir su abreviación mediante manifestación expresa. En caso de que el plazo sea común para las partes, para proceder en los mismos términos, todos los interesados deberán expresar su voluntad en el mismo sentido.

Cuando sea el Ministerio Público el que renuncie a un plazo o consienta en su abreviación, deberá oírse a la víctima u ofendido para que manifieste lo que a su interés convenga.

Artículo 96. Reposición del plazo

La parte que no haya podido observar un plazo por causa no atribuible a él, podrá solicitar de manera fundada y motivada su reposición total o parcial, con el fin de realizar el acto omitido o ejercer la facultad concedida por la ley, dentro de las veinticuatro horas siguientes a aquel en que el perjudicado tenga conocimiento fehaciente del acto cuya reposición del plazo se pretenda. El Órgano jurisdiccional podrá ordenar la reposición una vez que haya escuchado a las partes.

CAPÍTULO VII
NULIDAD DE ACTOS PROCEDIMENTALES

Artículo 97. Principio general

Cualquier acto realizado con violación de derechos humanos será nulo y no podrá ser saneado, ni convalidado y su nulidad deberá ser declarada de oficio por el Órgano jurisdiccional al momento de advertirla o a petición de parte en cualquier momento.

Los actos ejecutados en contravención de las formalidades previstas en este Código podrán ser declarados nulos, salvo que el defecto haya sido saneado o convalidado, de acuerdo con lo señalado en el presente Capítulo.

Artículo 98. Solicitud de declaración de nulidad sobre actos ejecutados en contravención de las formalidades

La solicitud de declaración de nulidad deberá estar fundada y motivada y presentarse por escrito dentro de los dos días siguientes a aquel en que el perjudicado tenga conocimiento fehaciente del acto cuya invalidación se pretenda. Si el vicio se produjo en una actuación realizada en audiencia y el afectado estuvo presente, deberá presentarse verbalmente antes del término de la misma audiencia.

En caso de que el acto declarado nulo se encuentre en los supuestos establecidos en la parte final del artículo 101 de este Código, se ordenará su reposición.

Artículo 99. Saneamiento

Los actos ejecutados con inobservancia de las formalidades previstas en este Código podrán ser saneados, reponiendo el acto, rectificando el error o realizando el acto omitido a petición del interesado.

La autoridad judicial que constate un defecto formal saneable en cualquiera de sus actuaciones, lo comunicará al interesado y le otorgará un plazo para corregirlo, el cual no será mayor de tres días. Si el acto no quedare saneado en dicho plazo, el Órgano jurisdiccional resolverá lo conducente.

La autoridad judicial podrá corregir en cualquier momento de oficio, o a petición de parte, los errores puramente formales contenidos en sus actuaciones o resoluciones, respetando siempre los derechos y garantías de los intervinientes.

Se entenderá que el acto se ha saneado cuando, no obstante la irregularidad, ha conseguido su fin respecto de todos los interesados.

Artículo 100. Convalidación

(REFORMADO PRIMER PÁRRAFO, D.O.F. 17 DE JUNIO DE 2016)

Los actos ejecutados con inobservancia de las formalidades previstas en este Código que afectan al Ministerio Público, la víctima u ofendido o el imputado, quedarán convalidados cuando:

I. Las partes hayan aceptado, expresa o tácitamente, los efectos del acto;

(REFORMADA, D.O.F. 17 DE JUNIO DE 2016)

II. Ninguna de las partes hayan solicitado su saneamiento en los términos previstos en este Código, o

III. Dentro de las veinticuatro horas siguientes de haberse realizado el acto, la parte que no hubiere estado presente o participado en él no solicita su saneamiento. En caso de que por las especiales circunstancias del caso no hubiera sido posible advertir en forma oportuna el defecto en la realización del acto procesal, el interesado deberá solicitar en forma justificada el saneamiento del acto, dentro de las veinticuatro horas siguientes a que haya tenido conocimiento del mismo.

(REFORMADO, D.O.F. 17 DE JUNIO DE 2016)

Lo anterior, siempre y cuando no se afecten derechos fundamentales del imputado o la víctima u ofendido.

Artículo 101. Declaración de nulidad

Cuando haya sido imposible sanear o convalidar un acto, en cualquier momento el Órgano jurisdiccional, a petición de parte, en forma fundada y motivada, deberá declarar su nulidad, señalando en su resolución los efectos de la declaratoria de nulidad, debiendo especificar los actos a los que alcanza la nulidad por su relación con el acto anulado. El Tribunal de enjuiciamiento no podrá declarar la nulidad de actos realizados en las etapas previas al juicio, salvo las excepciones previstas en este Código.

Para decretar la nulidad de un acto y disponer su reposición, no basta la simple infracción de la norma, sino que se requiere, además, que:

I. Se haya ocasionado una afectación real a alguna de las partes, y

II. Que la reposición resulte esencial para garantizar el cumplimiento de los derechos o los intereses del sujeto afectado.

Artículo 102. Sujetos legitimados

Sólo podrá solicitar la declaración de nulidad el interviniente perjudicado por un vicio en el procedimiento, siempre que no hubiere contribuido a causarlo.

CAPÍTULO VIII
GASTOS DE PRODUCCIÓN DE PRUEBA

Artículo 103. Gastos de producción de prueba

Tratándose de la prueba pericial, el Órgano jurisdiccional ordenará, a petición de parte, la designación de peritos de instituciones públicas, las que estarán obligadas a practicar el peritaje correspondiente, siempre que no exista impedimento material para ello.

CAPÍTULO IX
MEDIOS DE APREMIO

Artículo 104. Imposición de medios de apremio

El Órgano jurisdiccional y el Ministerio Público podrán disponer de los siguientes medios de apremio para el cumplimiento de los actos que ordenen en el ejercicio de sus funciones:

I. El Ministerio Público contará con las siguientes medidas de apremio:

a) Amonestación;

b) Multa de veinte a mil días de salario mínimo vigente en el momento y lugar en que se cometa la falta que amerite una medida de apremio. Tratándose de jornaleros, obreros y trabajadores que perciban salario mínimo, la multa no deberá exceder de un día de salario y tratándose de trabajadores no asalariados, de un día de su ingreso;

c) Auxilio de la fuerza pública, o

d) Arresto hasta por treinta y seis horas;

II. El Órgano jurisdiccional contará con las siguientes medidas de apremio:

a) Amonestación;

b) Multa de veinte a cinco mil días de salario mínimo vigente en el momento y lugar en que se cometa la falta que amerite una medida de apremio. Tratándose de jornaleros, obreros y trabajadores que perciban salario mínimo, la multa no deberá exceder de un día de salario y tratándose de trabajadores no asalariados, de un día de su ingreso;

c) Auxilio de la fuerza pública, o

d) Arresto hasta por treinta y seis horas.

El Órgano jurisdiccional también podrá ordenar la expulsión de las personas de las instalaciones donde se lleve a cabo la diligencia.

La resolución que determine la imposición de medidas de apremio deberá estar fundada y motivada.

La imposición del arresto sólo será procedente cuando haya mediado apercibimiento del mismo y éste sea debidamente notificado a la parte afectada.

El Órgano jurisdiccional y el Ministerio Público podrán dar vista a las autoridades competentes para que se determinen las responsabilidades que en su caso procedan en los términos de la legislación aplicable.

TÍTULO V
SUJETOS DEL PROCEDIMIENTO Y SUS AUXILIARES

CAPÍTULO I
DISPOSICIONES COMUNES

Artículo 105. Sujetos de procedimiento penal

Son sujetos del procedimiento penal los siguientes:

I. La víctima u ofendido;

II. El Asesor jurídico;

III. El imputado;

IV. El Defensor;

V. El Ministerio Público;

VI. La Policía;

VII. El Órgano jurisdiccional, y

VIII. La autoridad de supervisión de medidas cautelares y de la suspensión condicional del proceso.

Los sujetos del procedimiento que tendrán la calidad de parte en los procedimientos previstos en este Código, son el imputado y su Defensor, el Ministerio Público, la víctima u ofendido y su Asesor jurídico.

Artículo 106. Reserva sobre la identidad

En ningún caso se podrá hacer referencia o comunicar a terceros no legitimados la información confidencial relativa a los datos personales de los sujetos del procedimiento penal o de cualquier persona relacionada o mencionada en éste.

Toda violación al deber de reserva por parte de los servidores públicos, será sancionada por la legislación aplicable.

En los casos de personas sustraídas de la acción de la justicia, se admitirá la publicación de los datos que permitan la identificación del imputado para ejecutar la orden judicial de aprehensión o de comparecencia.

Artículo 107. Probidad

Los sujetos del procedimiento que intervengan en calidad de parte, deberán conducirse con probidad, evitando los planteamientos dilatorios de carácter formal o cualquier abuso en el ejercicio de las facultades o derechos que este Código les concede.

El Órgano jurisdiccional procurará que en todo momento se respete la regularidad del procedimiento, el ejercicio de las facultades o derechos en términos de ley y la buena fé.

CAPÍTULO II
VÍCTIMA U OFENDIDO

Artículo 108. Víctima u ofendido

Para los efectos de este Código, se considera víctima del delito al sujeto pasivo que resiente directamente sobre su persona la afectación producida por la conducta delictiva. Asimismo, se considerará ofendido a la persona física o moral titular del bien jurídico lesionado o puesto en peligro por la acción u omisión prevista en la ley penal como delito.

En los delitos cuya consecuencia fuera la muerte de la víctima o en el caso en que ésta no pudiera ejercer personalmente los derechos que este Código le otorga, se considerarán como ofendidos, en el siguiente orden, el o la cónyuge, la concubina o concubinario, el conviviente, los parientes por consanguinidad en la línea recta ascendente o descendente sin limitación de grado, por afinidad y civil, o cualquier otra persona que tenga relación afectiva con la víctima.

La víctima u ofendido, en términos de la Constitución y demás ordenamientos aplicables, tendrá todos los derechos y prerrogativas que en éstas se le reconocen.

Artículo 109. Derechos de la víctima u ofendido

En los procedimientos previstos en este Código, la víctima u ofendido tendrán los siguientes derechos:

I. A ser informado de los derechos que en su favor le reconoce la Constitución;

(REFORMADA, D.O.F. 25 DE ABRIL DE 2023)

II. A que el Ministerio Público y sus auxiliares así como el Órgano jurisdiccional les faciliten el acceso a la justicia y les presten los servicios que constitucionalmente tienen encomendados con legalidad, honradez, lealtad, imparcialidad, profesionalismo, eficiencia y perspectiva de género y con la debida diligencia;

III. A contar con información sobre los derechos que en su beneficio existan, como ser atendidos por personal del mismo sexo, o del sexo que la víctima elija, cuando así lo requieran y recibir desde la comisión del delito atención médica y psicológica de urgencia, así como asistencia jurídica a través de un Asesor jurídico;

IV. A comunicarse, inmediatamente después de haberse cometido el delito con un familiar, e incluso con su Asesor jurídico;

V. A ser informado, cuando así lo solicite, del desarrollo del procedimiento penal por su Asesor jurídico, el Ministerio Público y/o, en su caso, por el Juez o Tribunal;

VI. A ser tratado con respeto y dignidad;

VII. A contar con un Asesor jurídico gratuito en cualquier etapa del procedimiento, en los términos de la legislación aplicable;

VIII. A recibir trato sin discriminación a fin de evitar que se atente contra la dignidad humana y se anulen o menoscaben sus derechos y libertades, por lo que la protección de sus derechos se hará sin distinción alguna;

IX. A acceder a la justicia de manera pronta, gratuita e imparcial respecto de sus denuncias o querellas;

X. A participar en los mecanismos alternativos de solución de controversias;

XI. A recibir gratuitamente la asistencia de un intérprete o traductor desde la denuncia hasta la conclusión del procedimiento penal, cuando la víctima u ofendido pertenezca a un grupo étnico o pueblo indígena o no conozca o no comprenda el idioma español;

XII. En caso de tener alguna discapacidad, a que se realicen los ajustes al procedimiento penal que sean necesarios para salvaguardar sus derechos;

XIII. A que se le proporcione asistencia migratoria cuando tenga otra nacionalidad;

XIV. A que se le reciban todos los datos o elementos de prueba pertinentes con los que cuente, tanto en la investigación como en el proceso, a que se desahoguen las diligencias correspondientes, y a intervenir en el juicio e interponer los recursos en los términos que establece este Código;

XV. A intervenir en todo el procedimiento por sí o a través de su Asesor jurídico, conforme lo dispuesto en este Código;

XVI. A que se le provea protección cuando exista riesgo para su vida o integridad personal;

XVII. A solicitar la realización de actos de investigación que en su caso correspondan, salvo que el Ministerio Público considere que no es necesario, debiendo fundar y motivar su negativa;

XVIII. A recibir atención médica y psicológica o a ser canalizado a instituciones que le proporcionen estos servicios, así como a recibir protección especial de su integridad física y psíquica cuando así lo solicite, o cuando se trate de delitos que así lo requieran;

XIX. A solicitar medidas de protección, providencias precautorias y medidas cautelares;

XX. A solicitar el traslado de la autoridad al lugar en donde se encuentre, para ser interrogada o participar en el acto para el cual fue citada, cuando por su edad, enfermedad grave o por alguna otra imposibilidad física o psicológica se dificulte su comparecencia, a cuyo fin deberá requerir la dispensa, por sí o por un tercero, con anticipación;

XXI. A impugnar por sí o por medio de su representante, las omisiones o negligencia que cometa el Ministerio Público en el desempeño de sus funciones de investigación, en los términos previstos en este Código y en las demás disposiciones legales aplicables;

XXII. A tener acceso a los registros de la investigación durante el procedimiento, así como a obtener copia gratuita de éstos, salvo que la información esté sujeta a reserva así determinada por el Órgano jurisdiccional;

XXIII. A ser restituido en sus derechos, cuando éstos estén acreditados;

XXIV. A que se le garantice la reparación del daño durante el procedimiento en cualquiera de las formas previstas en este Código;

XXV. A que se le repare el daño causado por la comisión del delito, pudiendo solicitarlo directamente al Órgano jurisdiccional, sin perjuicio de que el Ministerio Público lo solicite;

XXVI. Al resguardo de su identidad y demás datos personales cuando sean menores de edad, se trate de delitos de violación contra la libertad y el normal desarrollo psicosexual, violencia familiar, secuestro, trata de personas o cuando a juicio del Órgano jurisdiccional sea necesario para su protección, salvaguardando en todo caso los derechos de la defensa;

XXVII. A ser notificado del desistimiento de la acción penal y de todas las resoluciones que finalicen el procedimiento, de conformidad con las reglas que establece este Código;

XXVIII. A solicitar la reapertura del proceso cuando se haya decretado su suspensión, y

XXIX. Los demás que establezcan este Código y otras leyes aplicables.

En el caso de que las víctimas sean personas menores de dieciocho años, el Órgano jurisdiccional o el Ministerio Público tendrán en cuenta los principios del interés superior de los niños o adolescentes, la prevalencia de sus derechos, su protección integral y los derechos consagrados en la Constitución, en los Tratados, así como los previstos en el presente Código.

Para los delitos que impliquen violencia contra las mujeres, se deberán observar todos los derechos que en su favor establece la Ley General de Acceso de las Mujeres a una Vida Libre de Violencia y demás disposiciones aplicables.

Artículo 110. Designación de Asesor jurídico

En cualquier etapa del procedimiento, las víctimas u ofendidos podrán designar a un Asesor jurídico, el cual deberá ser licenciado en derecho o abogado titulado, quien deberá acreditar su profesión desde el inicio de su intervención mediante cédula profesional. Si la víctima u ofendido no puede designar uno particular, tendrá derecho a uno de oficio.

Cuando la víctima u ofendido perteneciere a un pueblo o comunidad indígena, el Asesor jurídico deberá tener conocimiento de su lengua y cultura y, en caso de que no fuere posible, deberá actuar asistido de un intérprete que tenga dicho conocimiento.

La intervención del Asesor jurídico será para orientar, asesorar o intervenir legalmente en el procedimiento penal en representación de la víctima u ofendido.

En cualquier etapa del procedimiento, las víctimas podrán actuar por sí o a través de su Asesor jurídico, quien sólo promoverá lo que previamente informe a su representado. El Asesor jurídico intervendrá en representación de la víctima u ofendido en igualdad de condiciones que el Defensor.

Artículo 111. Restablecimiento de las cosas al estado previo

En cualquier estado del procedimiento, la víctima u ofendido podrá solicitar al Órgano jurisdiccional, ordene como medida provisional, cuando la naturaleza del hecho lo permita, la restitución de sus bienes, objetos, instrumentos o productos del delito, o la reposición o restablecimiento de las cosas al estado que tenían antes del hecho, siempre que haya suficientes elementos para decidirlo.

CAPÍTULO III
IMPUTADO

Artículo 112. Denominación

Se denominará genéricamente imputado a quien sea señalado por el Ministerio Público como posible autor o partícipe de un hecho que la ley señale como delito.

Además, se denominará acusado a la persona contra quien se ha formulado acusación y sentenciado a aquel sobre quien ha recaído una sentencia aunque no haya sido declarada firme.

Artículo 113. Derechos del imputado

El imputado tendrá los siguientes derechos:

I. A ser considerado y tratado como inocente hasta que se demuestre su responsabilidad;

II. A comunicarse con un familiar y con su Defensor cuando sea detenido, debiendo brindarle el Ministerio Público todas las facilidades para lograrlo;

III. A declarar o a guardar silencio, en el entendido que su silencio no podrá ser utilizado en su perjuicio;

IV. A estar asistido de su Defensor al momento de rendir su declaración, así como en cualquier otra actuación y a entrevistarse en privado previamente con él;

V. A que se le informe, tanto en el momento de su detención como en su comparecencia ante el Ministerio Público o el Juez de control, los hechos que se le imputan y los derechos que le asisten, así como, en su caso, el motivo de la privación de su libertad y el servidor público que la ordenó, exhibiéndosele, según corresponda, la orden emitida en su contra;

VI. A no ser sometido en ningún momento del procedimiento a técnicas ni métodos que atenten contra su dignidad, induzcan o alteren su libre voluntad;

VII. A solicitar ante la autoridad judicial la modificación de la medida cautelar que se le haya impuesto, en los casos en que se encuentre en prisión preventiva, en los supuestos señalados por este Código;

(REFORMADA, D.O.F. 17 DE JUNIO DE 2016)

VIII. A tener acceso él y su defensa, salvo las excepciones previstas en la ley, a los registros de la investigación, así como a obtener copia gratuita, registro fotográfico o electrónico de los mismos, en términos de los artículos 218 y 219 de este Código.

IX. A que se le reciban los medios pertinentes de prueba que ofrezca, concediéndosele el tiempo necesario para tal efecto y auxiliándosele para obtener la comparecencia de las personas cuyo testimonio solicite y que no pueda presentar directamente, en términos de lo establecido por este Código;

X. A ser juzgado en audiencia por un Tribunal de enjuiciamiento, antes de cuatro meses si se tratare de delitos cuya pena máxima no exceda de dos años de prisión, y antes de un año si la pena excediere de ese tiempo, salvo que solicite mayor plazo para su defensa;

XI. A tener una defensa adecuada por parte de un licenciado en derecho o abogado titulado, con cédula profesional, al cual elegirá libremente incluso desde el momento de su detención y, a falta de éste, por el Defensor público que le corresponda, así como a reunirse o entrevistarse con él en estricta confidencialidad;

XII. A ser asistido gratuitamente por un traductor o intérprete en el caso de que no comprenda o hable el idioma español; cuando el imputado perteneciere a un pueblo o comunidad indígena, el Defensor deberá tener conocimiento de su lengua y cultura y, en caso de que no fuere posible, deberá actuar asistido de un intérprete de la cultura y lengua de que se trate;

XIII. A ser presentado ante el Ministerio Público o ante el Juez de control, según el caso, inmediatamente después de ser detenido o aprehendido;

XIV. A no ser expuesto a los medios de comunicación;

XV. A no ser presentado ante la comunidad como culpable;

XVI. A solicitar desde el momento de su detención, asistencia social para los menores de edad o personas con discapacidad cuyo cuidado personal tenga a su cargo;

XVII. A obtener su libertad en el caso de que haya sido detenido, cuando no se ordene la prisión preventiva, u otra medida cautelar restrictiva de su libertad;

XVIII. A que se informe a la embajada o consulado que corresponda cuando sea detenido, y se le proporcione asistencia migratoria cuando tenga nacionalidad extranjera, y

XIX. Los demás que establezca este Código y otras disposiciones aplicables.

Los plazos a que se refiere la fracción X de este artículo, se contarán a partir de la audiencia inicial hasta el momento en que sea dictada la sentencia emitida por el Órgano jurisdiccional competente.

Cuando el imputado tenga a su cuidado menores de edad, personas con discapacidad, o adultos mayores que dependan de él, y no haya otra persona que pueda ejercer ese cuidado, el Ministerio Público deberá canalizarlos a instituciones de asistencia social que correspondan, a efecto de recibir la protección.

Artículo 114. Declaración del imputado

El imputado tendrá derecho a declarar durante cualquier etapa del procedimiento. En este caso, podrá hacerlo ante el Ministerio Público o ante el Órgano jurisdiccional, con pleno respeto a los derechos que lo amparan y en presencia de su Defensor.

En caso que el imputado manifieste a la Policía su deseo de declarar sobre los hechos que se investigan, ésta deberá comunicar dicha situación al Ministerio Público para que se reciban sus manifestaciones con las formalidades previstas en este Código.

CAPÍTULO IV
DEFENSOR

Artículo 115. Designación de Defensor

El Defensor podrá ser designado por el imputado desde el momento de su detención, mismo que deberá ser licenciado en derecho o abogado titulado con cédula profesional. A falta de éste o ante la omisión de su designación, será nombrado el Defensor público que corresponda.

La intervención del Defensor no menoscabará el derecho del imputado de intervenir, formular peticiones y hacer las manifestaciones que estime pertinentes.

Artículo 116. Acreditación

Los Defensores designados deberán acreditar su profesión ante el Órgano jurisdiccional desde el inicio de su intervención en el procedimiento, mediante cédula profesional legalmente expedida por la autoridad competente.

Artículo 117. Obligaciones del Defensor

Son obligaciones del Defensor:

I. Entrevistar al imputado para conocer directamente su versión de los hechos que motivan la investigación, a fin de ofrecer los datos y medios de prueba pertinentes que sean necesarios para llevar a cabo una adecuada defensa;

II. Asesorar al imputado sobre la naturaleza y las consecuencias jurídicas de los hechos punibles que se le atribuyen;

III. Comparecer y asistir jurídicamente al imputado en el momento en que rinda su declaración, así como en cualquier diligencia o audiencia que establezca la ley;

IV. Analizar las constancias que obren en la carpeta de investigación, a fin de contar con mayores elementos para la defensa;

V. Comunicarse directa y personalmente con el imputado, cuando lo estime conveniente, siempre y cuando esto no altere el desarrollo normal de las audiencias;

VI. Recabar y ofrecer los medios de prueba necesarios para la defensa;

VII. Presentar los argumentos y datos de prueba que desvirtúen la existencia del hecho que la ley señala como delito, o aquellos que permitan hacer valer la procedencia de alguna causal de inimputabilidad, sobreseimiento o excluyente de responsabilidad a favor del imputado y la prescripción de la acción penal o cualquier otra causal legal que sea en beneficio del imputado;

VIII. Solicitar el no ejercicio de la acción penal;

IX. Ofrecer los datos o medios de prueba en la audiencia correspondientes y promover la exclusión de los ofrecidos por el Ministerio Público o la víctima u ofendido cuando no se ajusten a la ley;

X. Promover a favor del imputado la aplicación de mecanismos alternativos de solución de controversias o formas anticipadas de terminación del proceso penal, de conformidad con las disposiciones aplicables;

XI. Participar en la audiencia de juicio, en la que podrá exponer sus alegatos de apertura, desahogar las pruebas ofrecidas, controvertir las de los otros intervinientes, hacer las objeciones que procedan y formular sus alegatos finales;

XII. Mantener informado al imputado sobre el desarrollo y seguimiento del procedimiento o juicio;

XIII. En los casos en que proceda, formular solicitudes de procedimientos especiales;

XIV. Guardar el secreto profesional en el desempeño de sus funciones;

XV. Interponer los recursos e incidentes en términos de este Código y de la legislación aplicable y, en su caso, promover el juicio de Amparo;

XVI. Informar a los imputados y a sus familiares la situación jurídica en que se encuentre su defensa, y

XVII. Las demás que señalen las leyes.

Artículo 118. Nombramiento posterior

Durante el transcurso del procedimiento el imputado podrá designar a un nuevo Defensor, sin embargo, hasta en tanto el nuevo Defensor no comparezca a aceptar el cargo conferido, el Órgano jurisdiccional o el Ministerio Público le designarán al imputado un Defensor público, a fin de no dejarlo en estado de indefensión.

Artículo 119. Inadmisibilidad y apartamiento

En ningún caso podrá nombrarse como Defensor del imputado a cualquier persona que sea coimputada del acusado, haya sido sentenciada por el mismo hecho o imputada por ser autor o partícipe del encubrimiento o favorecimiento del mismo hecho.

Artículo 120. Renuncia y abandono

Cuando el Defensor renuncie o abandone la defensa, el Ministerio Público o el Órgano jurisdiccional le harán saber al imputado que tiene derecho a designar a otro Defensor; sin embargo, en tanto no lo designe o no quiera o no pueda nombrarlo, se le designará un Defensor público.

Artículo 121. Garantía de la Defensa técnica

Siempre que el Órgano jurisdiccional advierta que existe una manifiesta y sistemática incapacidad técnica del Defensor, prevendrá al imputado para que designe otro.

Si se trata de un Defensor privado, el imputado contará con tres días para designar un nuevo Defensor. Si prevenido el imputado, no se designa otro, un Defensor público será asignado para colaborar en su defensa.

Si se trata de un Defensor público, con independencia de la responsabilidad en que incurriere, se dará vista al superior jerárquico para los efectos de sustitución.

En ambos casos se otorgará un término que no excederá de diez días para que se desarrolle una defensa adecuada a partir del acto que suscitó el cambio.

Artículo 122. Nombramiento del Defensor público

(REFORMADO, D.O.F. 17 DE JUNIO DE 2016)

Cuando el imputado no pueda o se niegue a designar un Defensor particular, el Ministerio Público solicitará a la autoridad competente se nombre un Defensor público; si es ante el Órgano jurisdiccional éste designará al defensor público, que lleve la representación de la defensa desde el primer acto en que intervenga. Será responsabilidad del defensor la oportuna comparecencia.

Artículo 123. Número de Defensores

El imputado podrá designar el número de Defensores que considere conveniente, los cuales, en las audiencias, tomarán la palabra en orden y deberán actuar en todo caso con respeto.

Artículo 124. Defensor común

La defensa de varios imputados en un mismo proceso por un Defensor común no será admisible, a menos que se acredite que no existe incompatibilidad ni conflicto de intereses de las defensas de los imputados. Si se autoriza el Defensor común y la incompatibilidad se advierte en el curso del proceso, será corregida de oficio y se proveerá lo necesario para reemplazar al Defensor.

Artículo 125. Entrevista con los detenidos

El imputado que se encuentre detenido por cualquier circunstancia, antes de rendir declaración tendrá derecho a entrevistarse oportunamente y en forma privada con su Defensor, cuando así lo solicite, en el lugar que para tal efecto se designe. La autoridad del conocimiento tiene la obligación de implementar todo lo necesario para el libre ejercicio de este derecho.

Artículo 126. Entrevista con otras personas

Si antes de una audiencia, con motivo de su preparación, el Defensor tuviera necesidad de entrevistar a una persona o interviniente del procedimiento que se niega a recibirlo, podrá solicitar el auxilio judicial, explicándole las razones por las que se hace necesaria la entrevista. El Órgano jurisdiccional, en caso de considerar fundada la solicitud, expedirá la orden para que dicha persona sea entrevistada por el Defensor en el lugar y tiempo que aquélla establezca o el propio Órgano jurisdiccional determine. Esta autorización no se concederá en aquellos casos en que, a solicitud del Ministerio Público, el Órgano jurisdiccional estime que la víctima o los testigos deben estar sujetos a protocolos especiales de protección.

CAPÍTULO V
MINISTERIO PÚBLICO

Artículo 127. Competencia del Ministerio Público

Compete al Ministerio Público conducir la investigación, coordinar a las Policías y a los servicios periciales durante la investigación, resolver sobre el ejercicio de la acción penal en la forma establecida por la ley y, en su caso, ordenar las diligencias pertinentes y útiles para demostrar, o no, la existencia del delito y la responsabilidad de quien lo cometió o participó en su comisión.

Artículo 128. Deber de lealtad

El Ministerio Público deberá actuar durante todas las etapas del procedimiento en las que intervenga con absoluto apego a lo previsto en la Constitución, en este Código y en la demás legislación aplicable.

El Ministerio Público deberá proporcionar información veraz sobre los hechos, sobre los hallazgos en la investigación y tendrá el deber de no ocultar a los intervinientes elemento alguno que pudiera resultar favorable para la posición que ellos asumen, sobre todo cuando resuelva no incorporar alguno de esos elementos al procedimiento, salvo la reserva que en determinados casos la ley autorice en las investigaciones.

Artículo 129. Deber de objetividad y debida diligencia

La investigación debe ser objetiva y referirse tanto a los elementos de cargo como de descargo y conducida con la debida diligencia, a efecto de garantizar el respeto de los derechos de las partes y el debido proceso.

Al concluir la investigación complementaria puede solicitar el sobreseimiento del proceso, o bien, en la audiencia de juicio podrá concluir solicitando la absolución o una condena más leve que aquella que sugiere la acusación, cuando en ésta surjan elementos que conduzcan a esa conclusión, de conformidad con lo previsto en este Código.

Durante la investigación, tanto el imputado como su Defensor, así como la víctima o el ofendido, podrán solicitar al Ministerio Público todos aquellos actos de investigación que consideraren pertinentes y útiles para el esclarecimiento de los hechos. El Ministerio Público dentro del plazo de tres días resolverá sobre dicha solicitud. Para tal efecto, podrá disponer que se lleven a cabo las diligencias que se estimen conducentes para efectos de la investigación.

El Ministerio Público podrá, con pleno respeto a los derechos que lo amparan y en presencia del Defensor, solicitar la comparecencia del imputado y/u ordenar su declaración, cuando considere que es relevante para esclarecer la existencia del hecho delictivo y la probable participación o intervención.

Artículo 130. Carga de la prueba

La carga de la prueba para demostrar la culpabilidad corresponde a la parte acusadora, conforme lo establezca el tipo penal.

Artículo 131. Obligaciones del Ministerio Público

Para los efectos del presente Código, el Ministerio Público tendrá las siguientes obligaciones:

I. Vigilar que en toda investigación de los delitos se cumpla estrictamente con los derechos humanos reconocidos en la Constitución y en los Tratados;

II. Recibir las denuncias o querellas que le presenten en forma oral, por escrito, o a través de medios digitales, incluso mediante denuncias anónimas en términos de las disposiciones legales aplicables, sobre hechos que puedan constituir algún delito;

III. Ejercer la conducción y el mando de la investigación de los delitos, para lo cual deberá coordinar a las Policías y a los peritos durante la misma;

IV. Ordenar o supervisar, según sea el caso, la aplicación y ejecución de las medidas necesarias para impedir que se pierdan, destruyan o alteren los indicios, una vez que tenga noticia del mismo, así como cerciorarse de que se han seguido las reglas y protocolos para su preservación y procesamiento;

(REFORMADA, D.O.F. 25 DE ABRIL DE 2023)

V. Iniciar la investigación correspondiente cuando así proceda y, en su caso, ordenar la recolección de indicios y medios de prueba que deberán servir para sus respectivas resoluciones y las del Órgano jurisdiccional, así como recabar los elementos necesarios que determinen el daño causado por el delito y la cuantificación del mismo para los efectos de su reparación. Cuando se trate del delito de feminicidio se deberán aplicar los protocolos previstos para tales efectos;

VI. Ejercer funciones de investigación respecto de los delitos en materias concurrentes, cuando ejerza la facultad de atracción y en los demás casos que las leyes lo establezcan;

VII. Ordenar a la Policía y a sus auxiliares, en el ámbito de su competencia, la práctica de actos de investigación conducentes para el esclarecimiento del hecho delictivo, así como analizar las que dichas autoridades hubieren practicado;

VIII. Instruir a las Policías sobre la legalidad, pertinencia, suficiencia y contundencia de los indicios recolectados o por recolectar, así como las demás actividades y diligencias que deben ser llevadas a cabo dentro de la investigación;

IX. Requerir informes o documentación a otras autoridades y a particulares, así como solicitar la práctica de peritajes y diligencias para la obtención de otros medios de prueba;

X. Solicitar al Órgano jurisdiccional la autorización de actos de investigación y demás actuaciones que sean necesarias dentro de la misma;

XI. Ordenar la detención y la retención de los imputados cuando resulte procedente en los términos que establece este Código;

XII. Brindar las medidas de seguridad necesarias, a efecto de garantizar que las víctimas u ofendidos o testigos del delito puedan llevar a cabo la identificación del imputado sin riesgo para ellos;

XIII. Determinar el archivo temporal y el no ejercicio de la acción penal, así como ejercer la facultad de no investigar en los casos autorizados por este Código;

XIV. Decidir la aplicación de criterios de oportunidad en los casos previstos en este Código;

XV. Promover las acciones necesarias para que se provea la seguridad y proporcionar el auxilio a víctimas, ofendidos, testigos, jueces, magistrados, agentes del Ministerio Público, Policías, peritos y, en general, a todos los sujetos que con motivo de su intervención en el procedimiento, cuya vida o integridad corporal se encuentren en riesgo inminente;

XVI. Ejercer la acción penal cuando proceda;

XVII. Poner a disposición del Órgano jurisdiccional a las personas detenidas dentro de los plazos establecidos en el presente Código;

XVIII. Promover la aplicación de mecanismos alternativos de solución de controversias o formas anticipadas de terminación del proceso penal, de conformidad con las disposiciones aplicables;

XIX. Solicitar las medidas cautelares aplicables al imputado en el proceso, en atención a las disposiciones conducentes y promover su cumplimiento;

XX. Comunicar al Órgano jurisdiccional y al imputado los hechos, así como los datos de prueba que los sustentan y la fundamentación jurídica, atendiendo al objetivo o finalidad de cada etapa del procedimiento;

XXI. Solicitar a la autoridad judicial la imposición de las penas o medidas de seguridad que correspondan;

XXII. Solicitar el pago de la reparación del daño a favor de la víctima u ofendido del delito, sin perjuicio de que éstos lo pudieran solicitar directamente;

(REFORMADA, D.O.F. 25 DE ABRIL DE 2023)

XXIII. Actuar en estricto apego a los principios de legalidad, objetividad, eficiencia, profesionalismo, honradez, perspectiva de género y respeto a los derechos humanos reconocidos en la Constitución;

(ADICIONADA, D.O.F. 25 DE ABRIL DE 2023)

XXIII Bis. Tratándose de delitos por razón de género, se deberá investigar con perspectiva de género, y

XXIV. Las demás que señale este Código y otras disposiciones aplicables.

CAPÍTULO VI
POLICÍA

Artículo 132. Obligaciones del Policía

(REFORMADO PRIMER PÁRRAFO, D.O.F. 25 DE ABRIL DE 2023)

El Policía actuará bajo la conducción y mando del Ministerio Público en la investigación de los delitos en estricto apego a los principios de legalidad, objetividad, eficiencia, profesionalismo, honradez, perspectiva de género y respeto a los derechos humanos reconocidos en la Constitución.

Para los efectos del presente Código, el Policía tendrá las siguientes obligaciones:

I. Recibir las denuncias sobre hechos que puedan ser constitutivos de delito e informar al Ministerio Público por cualquier medio y de forma inmediata de las diligencias practicadas;

II. Recibir denuncias anónimas e inmediatamente hacerlo del conocimiento del Ministerio Público a efecto de que éste coordine la investigación;

III. Realizar detenciones en los casos que autoriza la Constitución, haciendo saber a la persona detenida los derechos que ésta le otorga;

IV. Impedir que se consumen los delitos o que los hechos produzcan consecuencias ulteriores. Especialmente estará obligada a realizar todos los actos necesarios para evitar una agresión real, actual o inminente y sin derecho en protección de bienes jurídicos de los gobernados a quienes tiene la obligación de proteger;

V. Actuar bajo el mando del Ministerio Público en el aseguramiento de bienes relacionados con la investigación de los delitos;

VI. Informar sin dilación por cualquier medio al Ministerio Público sobre la detención de cualquier persona, e inscribir inmediatamente las detenciones en el registro que al efecto establezcan las disposiciones aplicables;

VII. Practicar las inspecciones y otros actos de investigación, así como reportar sus resultados al Ministerio Público. En aquellos que se requiera autorización judicial, deberá solicitarla a través del Ministerio Público;

VIII. Preservar el lugar de los hechos o del hallazgo y en general, realizar todos los actos necesarios para garantizar la integridad de los indicios. En su caso deberá dar aviso a la Policía con capacidades para procesar la escena del hecho y al Ministerio Público conforme a las disposiciones previstas en este Código y en la legislación aplicable;

IX. Recolectar y resguardar objetos relacionados con la investigación de los delitos, en los términos de la fracción anterior;

X. Entrevistar a las personas que pudieran aportar algún dato o elemento para la investigación;

XI. Requerir a las autoridades competentes y solicitar a las personas físicas o morales, informes y documentos para fines de la investigación. En caso de negativa, informará al Ministerio Público para que determine lo conducente;

XII. Proporcionar atención a víctimas u ofendidos o testigos del delito. Para tal efecto, deberá:

a) Prestar protección y auxilio inmediato, de conformidad con las disposiciones aplicables;

b) Informar a la víctima u ofendido sobre los derechos que en su favor se establecen;

(REFORMADO, D.O.F. 25 DE ABRIL DE 2023)

c) Procurar que reciban atención médica y psicológica cuando sea necesaria;

(REFORMADO, D.O.F. 25 DE ABRIL DE 2023)

d) Adoptar las medidas que se consideren necesarias, en el ámbito de su competencia, tendientes a evitar que se ponga en peligro su integridad física y psicológica, y

(ADICIONADO, D.O.F. 25 DE ABRIL DE 2023)

e) Tratándose de delitos por razón de género, deberá actuar con perspectiva de género.

(ADICIONADA, D.O.F. 25 DE ABRIL DE 2023)

XII Bis. Cuando se trate de delitos por motivo de género se deberán aplicar los protocolos previstos para tales efectos;

XIII. Dar cumplimiento a los mandamientos ministeriales y jurisdiccionales que les sean instruidos;

XIV. Emitir el informe policial y demás documentos, de conformidad con las disposiciones aplicables. Para tal efecto se podrá apoyar en los conocimientos que resulten necesarios, sin que ello tenga el carácter de informes periciales, y

XV. Las demás que le confieran este Código y otras disposiciones aplicables.

CAPÍTULO VII
JUECES Y MAGISTRADOS

Artículo 133. Competencia jurisdiccional

Para los efectos de este Código, la competencia jurisdiccional comprende a los siguientes órganos:

I. Juez de control, con competencia para ejercer las atribuciones que este Código le reconoce desde el inicio de la etapa de investigación hasta el dictado del auto de apertura a juicio;

II. Tribunal de enjuiciamiento, que preside la audiencia de juicio y dictará la sentencia, y

III. Tribunal de alzada, que conocerá de los medios de impugnación y demás asuntos que prevé este Código.

Artículo 134. Deberes comunes de los jueces

En el ámbito de sus respectivas competencias y atribuciones, son deberes comunes de los jueces y magistrados, los siguientes:

I. Resolver los asuntos sometidos a su consideración con la debida diligencia, dentro de los términos previstos en la ley y con sujeción a los principios que deben regir el ejercicio de la función jurisdiccional;

II. Respetar, garantizar y velar por la salvaguarda de los derechos de quienes intervienen en el procedimiento;

III. Guardar reserva sobre los asuntos relacionados con su función, aun después de haber cesado en el ejercicio del cargo;

IV. Atender oportuna y debidamente las peticiones dirigidas por los sujetos que intervienen dentro del procedimiento penal;

V. Abstenerse de presentar en público al imputado o acusado como culpable si no existiera condena;

(REFORMADA, D.O.F. 25 DE ABRIL DE 2023)

VI. Mantener el orden en las salas de audiencias;

(REFORMADA, D.O.F. 25 DE ABRIL DE 2023)

VI Bis. Tratándose de delitos por razón de género, se deberá juzgar con perspectiva de género;

(ADICIONADA, D.O.F. 25 DE ABRIL DE 2023)

VI Ter. Cuando se trate de delitos por motivo de género se deberán aplicar los protocolos para juzgar con perspectiva de género, y

VII. Los demás establecidos en la Ley Orgánica, en este Código y otras disposiciones aplicables.

Artículo 135. La queja y su procedencia

Procederá queja en contra del juzgador de primera instancia por no realizar un acto procesal dentro del plazo señalado por este Código. La queja podrá ser promovida por cualquier parte del procedimiento y se tramitará sin perjuicio de las otras consecuencias legales que tenga la omisión del juzgador.

(REFORMADO, D.O.F. 17 DE JUNIO DE 2016)

La queja será interpuesta ante el Órgano jurisdiccional omiso; éste tiene un plazo de veinticuatro horas para subsanar dicha omisión, o bien, realizar un informe breve y conciso sobre las razones por las cuales no se ha verificado el acto procesal o la formalidad exigidos por la norma omitida y remitir el recurso y dicho informe al Órgano jurisdiccional competente.

(REFORMADO, D.O.F. 17 DE JUNIO DE 2016)

La autoridad jurisdiccional competente tramitará y resolverá en un plazo no mayor a tres días en los términos de las disposiciones aplicables.

(REFORMADO, D.O.F. 17 DE JUNIO DE 2016)

En ningún caso, el Órgano jurisdiccional competente para resolver la queja podrá ordenar al Órgano Jurisdiccional omiso los términos y las condiciones en que deberá subsanarse la omisión, debiéndose limitar su resolución a que se realice el acto omitido.

CAPÍTULO VIII
AUXILIARES DE LAS PARTES

Artículo 136. Consultores técnicos

Si por las circunstancias del caso, las partes que intervienen en el procedimiento consideran necesaria la asistencia de un consultor en una ciencia, arte o técnica, así lo plantearán al Órgano jurisdiccional. El consultor técnico podrá acompañar en las audiencias a la parte con quien colabora, para apoyarla técnicamente.

TÍTULO VI
MEDIDAS DE PROTECCIÓN DURANTE LA INVESTIGACIÓN, FORMAS DE CONDUCCIÓN DEL IMPUTADO AL PROCESO Y MEDIDAS CAUTELARES

CAPÍTULO I
MEDIDAS DE PROTECCIÓN Y PROVIDENCIAS PRECAUTORIAS

Artículo 137. Medidas de protección

El Ministerio Público, bajo su más estricta responsabilidad, ordenará fundada y motivadamente la aplicación de las medidas de protección idóneas cuando estime que el imputado representa un riesgo inminente en contra de la seguridad de la víctima u ofendido. Son medidas de protección las siguientes:

I. Prohibición de acercarse o comunicarse con la víctima u ofendido;

II. Limitación para asistir o acercarse al domicilio de la víctima u ofendido o al lugar donde se encuentre;

III. Separación inmediata del domicilio;

IV. La entrega inmediata de objetos de uso personal y documentos de identidad de la víctima que tuviera en su posesión el probable responsable;

V. La prohibición de realizar conductas de intimidación o molestia a la víctima u ofendido o a personas relacionados con ellos;

VI. Vigilancia en el domicilio de la víctima u ofendido;

VII. Protección policial de la víctima u ofendido;

VIII. Auxilio inmediato por integrantes de instituciones policiales, al domicilio en donde se localice o se encuentre la víctima u ofendido en el momento de solicitarlo;

IX. Traslado de la víctima u ofendido a refugios o albergues temporales, así como de sus descendientes, y

X. El reingreso de la víctima u ofendido a su domicilio, una vez que se salvaguarde su seguridad.

Dentro de los cinco días siguientes a la imposición de las medidas de protección previstas en las fracciones I, II y III deberá celebrarse audiencia en la que el juez podrá cancelarlas, o bien, ratificarlas o modificarlas mediante la imposición de las medidas cautelares correspondientes.

En caso de incumplimiento de las medidas de protección, el Ministerio Público podrá imponer alguna de las medidas de apremio previstas en este Código.

En la aplicación de estas medidas tratándose de delitos por razón de género, se aplicarán de manera supletoria la Ley General de Acceso de las Mujeres a una Vida Libre de Violencia.

Artículo 138. Providencias precautorias para la restitución de derechos de la víctima

Para garantizar la reparación del daño, la víctima, el ofendido o el Ministerio Público, podrán solicitar al juez las siguientes providencias precautorias:

I. El embargo de bienes, y

II. La inmovilización de cuentas y demás valores que se encuentren dentro del sistema financiero.

El juez decretará las providencias precautorias, siempre y cuando, de los datos de prueba expuestos por el Ministerio Público y la víctima u ofendido, se desprenda la posible reparación del daño y la probabilidad de que el imputado será responsable de repararlo.

Decretada la providencia precautoria, podrá revisarse, modificarse, sustituirse o cancelarse a petición del imputado o de terceros interesados, debiéndose escuchar a la víctima u ofendido y al Ministerio Público.

Las providencias precautorias serán canceladas si el imputado garantiza o paga la reparación del daño; si fueron decretadas antes de la audiencia inicial y el Ministerio Público no las promueve, o no solicita orden de aprehensión en el término que señala este Código; si se declara fundada la solicitud de cancelación de embargo planteada por la persona en contra de la cual se decretó o de un tercero, o si se dicta sentencia absolutoria, se decreta el sobreseimiento o se absuelve de la reparación del daño.

La providencia precautoria se hará efectiva a favor de la víctima u ofendido cuando la sentencia que condene a reparar el daño cause ejecutoria. El embargo se regirá en lo conducente por las reglas generales del embargo previstas en el Código Federal de Procedimientos Civiles.

Artículo 139. Duración de las medidas de protección y providencias precautorias

La imposición de las medidas de protección y de las providencias precautorias tendrá una duración máxima de sesenta días naturales, prorrogables hasta por treinta días.

Cuando hubiere desaparecido la causa que dio origen a la medida decretada, el imputado, su Defensor o en su caso el Ministerio Público, podrán solicitar al Juez de control que la deje sin efectos.

CAPÍTULO II
LIBERTAD DURANTE LA INVESTIGACIÓN

Artículo 140. Libertad durante la investigación

En los casos de detención por flagrancia, cuando se trate de delitos que no merezcan prisión preventiva oficiosa y el Ministerio Público determine que no solicitará prisión preventiva como medida cautelar, podrá disponer la libertad del imputado o imponerle una medida de protección en los términos de lo dispuesto por este Código.

Cuando el Ministerio Público decrete la libertad del imputado, lo prevendrá a fin de que se abstenga de molestar o afectar a la víctima u ofendido y a los testigos del hecho, a no obstaculizar la investigación y comparecer cuantas veces sea citado para la práctica de diligencias de investigación, apercibiéndolo con imponerle medidas de apremio en caso de desobediencia injustificada.

CAPÍTULO III
FORMAS DE CONDUCCIÓN DEL IMPUTADO AL PROCESO

SECCIÓN I
CITATORIO, ÓRDENES DE COMPARECENCIA Y APREHENSIÓN

Artículo 141. Citatorio, orden de comparecencia y aprehensión

Cuando se haya presentado denuncia o querella de un hecho que la ley señale como delito, el Ministerio Público anuncie que obran en la carpeta de investigación datos que establezcan que se ha cometido ese hecho y exista la probabilidad de que el imputado lo haya cometido o participado en su comisión, el Juez de control, a solicitud del Ministerio Público, podrá ordenar:

I. Citatorio al imputado para la audiencia inicial;

II. Orden de comparecencia, a través de la fuerza pública, en contra del imputado que habiendo sido citado previamente a una audiencia no haya comparecido, sin justificación alguna, y

III. Orden de aprehensión en contra de una persona cuando el Ministerio Público advierta que existe la necesidad de cautela.

En la clasificación jurídica que realice el Ministerio Público se especificará el tipo penal que se atribuye, el grado de ejecución del hecho, la forma de intervención y la naturaleza dolosa o culposa de la conducta, sin perjuicio de que con posterioridad proceda la reclasificación correspondiente.

También podrá ordenarse la aprehensión de una persona cuando resista o evada la orden de comparecencia judicial y el delito que se le impute merezca pena privativa de la libertad.

La autoridad judicial declarará sustraído a la acción de la justicia al imputado que, sin causa justificada, no comparezca a una citación judicial, se fugue del establecimiento o lugar donde esté detenido o se ausente de su domicilio sin aviso, teniendo la obligación de darlo. En cualquier caso, la declaración dará lugar a la emisión de una orden de aprehensión en contra del imputado que se haya sustraído de la acción de la justicia.

El Juez podrá dictar orden de reaprehensión en caso de que el Ministerio Público lo solicite para detener a un imputado cuya extradición a otro país hubiera dado lugar a la suspensión de un procedimiento penal, cuando en el Estado requirente el procedimiento para el cual fue extraditado haya concluido.

El Ministerio Público podrá solicitar una orden de aprehensión en el caso de que se incumpla una medida cautelar, en los términos del artículo 174, y el Juez de control la podrá dictar en el caso de que lo estime estrictamente necesario.

Artículo 142. Solicitud de las órdenes de comparecencia o de aprehensión

En la solicitud de orden de comparecencia o de aprehensión se hará una relación de los hechos atribuidos al imputado, sustentada en forma precisa en los registros correspondientes y se expondrán las razones por las que considera que se actualizaron las exigencias señaladas en el artículo anterior.

Las solicitudes se formularán por cualquier medio que garantice su autenticidad, o en audiencia privada con el Juez de control.

Artículo 143. Resolución sobre solicitud de orden de aprehensión o comparecencia

(REFORMADO PRIMER PÁRRAFO, D.O.F. 17 DE JUNIO DE 2016)

El Juez de control resolverá la solicitud de orden de aprehensión o comparecencia en audiencia, o a través del sistema informático; en ambos casos con la debida secrecía, y se pronunciará sobre cada uno de los elementos planteados en la solicitud.

(ADICIONADO, D.O.F. 17 DE JUNIO DE 2016)

En el primer supuesto, la solicitud deberá ser resuelta en la misma audiencia, que se fijará dentro de las veinticuatro horas a partir de la solicitud, exclusivamente con la presencia del Ministerio Público.

(ADICIONADO, D.O.F. 17 DE JUNIO DE 2016)

En el segundo supuesto, dentro de un plazo máximo de veinticuatro horas, siguientes al momento en que se haya recibido la solicitud.

En caso de que la solicitud de orden de aprehensión o comparecencia no reúna alguno de los requisitos exigibles, el Juez de control prevendrá en la misma audiencia o por el sistema informático al Ministerio Público para que haga las precisiones o aclaraciones correspondientes, ante lo cual el Juez de control podrá dar una clasificación jurídica distinta a los hechos que se planteen o a la participación que tuvo el imputado en los mismos. No se concederá la orden de aprehensión cuando el Juez de control considere que los hechos que señale el Ministerio Público en su solicitud resulten no constitutivos de delito.

Si la resolución se registra por medios diversos al escrito, los puntos resolutivos de la orden de aprehensión deberán transcribirse y entregarse al Ministerio Público.

Artículo 144. Desistimiento de la acción penal

El Ministerio Público podrá solicitar el desistimiento de la acción penal en cualquier etapa del procedimiento, hasta antes de dictada la resolución de segunda instancia.

La solicitud de desistimiento debe contar con la autorización del Titular de la Procuraduría o del funcionario que en él delegue esa facultad.

El Ministerio Público expondrá brevemente en audiencia ante el Juez de control, Tribunal de enjuiciamiento o Tribunal de alzada, los motivos del desistimiento de la acción penal. La autoridad judicial resolverá de manera inmediata y decretará el sobreseimiento.

En caso de desistimiento de la acción penal, la victima u ofendido podrán impugnar la resolución emitida por el Juez de control, Tribunal de enjuiciamiento o Tribunal de alzada.

Artículo 145. Ejecución y cancelación de la orden de comparecencia y aprehensión

La orden de aprehensión se entregará física o electrónicamente al Ministerio Público, quien la ejecutará por conducto de la Policía. Los agentes policiales que ejecuten una orden judicial de aprehensión pondrán al detenido inmediatamente a disposición del Juez de control que hubiere expedido la orden, en área distinta a la destinada para el cumplimiento de la prisión preventiva o de sanciones privativas de libertad, informando a éste acerca de la fecha, hora y lugar en que ésta se efectuó, debiendo a su vez, entregar al imputado una copia de la misma.

Los agentes policiales deberán informar de inmediato al Ministerio Público sobre la ejecución de la orden de aprehensión para efectos de que éste solicite la celebración de la audiencia inicial a partir de la formulación de imputación.

Los agentes policiales que ejecuten una orden judicial de comparecencia pondrán al imputado inmediatamente a disposición del Juez de control que hubiere expedido la orden, en la sala donde ha de formularse la imputación, en la fecha y hora señalada para tales efectos. La Policía deberá informar al Ministerio Público acerca de la fecha, hora y lugar en que se cumplió la orden, debiendo a su vez, entregar al imputado una copia de la misma.

Cuando por cualquier razón la Policía no pudiera ejecutar la orden de comparecencia, deberá informarlo al Juez de control y al Ministerio Público, en la fecha y hora señaladas para celebración de la audiencia inicial.

El Ministerio Público podrá solicitar la cancelación de una orden de aprehensión o la reclasificación de la conducta o hecho por los cuales hubiese ejercido la acción penal, cuando estime su improcedencia por la aparición de nuevos datos.

La solicitud de cancelación deberá contar con la autorización del titular de la Procuraduría o del funcionario que en él delegue esta facultad.

El Ministerio Público solicitará audiencia privada ante el Juez de control en la que formulará su petición exponiendo los nuevos datos; el Juez de control resolverá de manera inmediata.

La cancelación no impide que continúe la investigación y que posteriormente vuelva a solicitarse orden de aprehensión, salvo que por la naturaleza del hecho en que se funde la cancelación, deba sobreseerse el proceso.

La cancelación de la orden de aprehensión podrá ser apelada por la víctima o el ofendido.

SECCIÓN II
FLAGRANCIA Y CASO URGENTE

Artículo 146. Supuestos de flagrancia

Se podrá detener a una persona sin orden judicial en caso de flagrancia. Se entiende que hay flagrancia cuando:

I. La persona es detenida en el momento de estar cometiendo un delito, o

II. Inmediatamente después de cometerlo es detenida, en virtud de que:

a) Es sorprendida cometiendo el delito y es perseguida material e ininterrumpidamente, o

b) Cuando la persona sea señalada por la víctima u ofendido, algún testigo presencial de los hechos o quien hubiere intervenido con ella en la comisión del delito y cuando tenga en su poder instrumentos, objetos, productos del delito o se cuente con información o indicios que hagan presumir fundadamente que intervino en el mismo.

Para los efectos de la fracción II, inciso b), de este precepto, se considera que la persona ha sido detenida en flagrancia por señalamiento, siempre y cuando, inmediatamente después de cometer el delito no se haya interrumpido su búsqueda o localización.

Artículo 147. Detención en caso de flagrancia

Cualquier persona podrá detener a otra en la comisión de un delito flagrante, debiendo entregar inmediatamente al detenido a la autoridad más próxima y ésta con la misma prontitud al Ministerio Público.

Los cuerpos de seguridad pública estarán obligados a detener a quienes cometan un delito flagrante y realizarán el registro de la detención.

La inspección realizada por los cuerpos de seguridad al imputado deberá conducirse conforme a los lineamientos establecidos para tal efecto en el presente Código.

En este caso o cuando reciban de cualquier persona o autoridad a una persona detenida, deberán ponerla de inmediato ante el Ministerio Público, quien realizará el registro de la hora a la cual lo están poniendo a disposición.

Artículo 148. Detención en flagrancia por delitos que requieran querella

Cuando se detenga a una persona por un hecho que pudiera constituir un delito que requiera querella de la parte ofendida, será informado inmediatamente quien pueda presentarla. Se le concederá para tal efecto un plazo razonable, de acuerdo con las circunstancias del caso, que en ningún supuesto podrá ser mayor de doce horas, contadas a partir de que la víctima u ofendido fue notificado o de veinticuatro horas a partir de su detención en caso de que no fuera posible su localización. Si transcurridos estos plazos no se presenta la querella, el detenido será puesto en libertad de inmediato.

En caso de que la víctima u ofendido tenga imposibilidad física de presentar su querella, se agotará el plazo legal de detención del imputado. En este caso serán los parientes por consanguinidad hasta el tercer grado o por afinidad en primer grado, quienes podrán legitimar la querella, con independencia de que la víctima u ofendido la ratifique o no con posterioridad.

Artículo 149. Verificación de flagrancia del Ministerio Público

En los casos de flagrancia, el Ministerio Público deberá examinar las condiciones en las que se realizó la detención inmediatamente después de que la persona sea puesta a su disposición. Si la detención no fue realizada conforme a lo previsto en la Constitución y en este Código, dispondrá la libertad inmediata de la persona y, en su caso, velará por la aplicación de las sanciones disciplinarias o penales que correspondan.

Así también, durante el plazo de retención el Ministerio Público analizará la necesidad de dicha medida y realizará los actos de investigación que considere necesarios para, en su caso, ejercer la acción penal.

Artículo 150. Supuesto de caso urgente

Sólo en casos urgentes el Ministerio Público podrá, bajo su responsabilidad y fundando y expresando los datos de prueba que motiven su proceder, ordenar la detención de una persona, siempre y cuando concurran los siguientes supuestos:

I. Existan datos que establezcan la existencia de un hecho señalado como delito grave y que exista la probabilidad de que la persona lo cometió o participó en su comisión. Se califican como graves, para los efectos de la detención por caso urgente, los delitos señalados como de prisión preventiva oficiosa en este Código o en la legislación aplicable así como aquellos cuyo término medio aritmético sea mayor de cinco años de prisión;

II. Exista riesgo fundado de que el imputado pueda sustraerse de la acción de la justicia, y

III. Por razón de la hora, lugar o cualquier otra circunstancia, no pueda ocurrir ante la autoridad judicial, o que de hacerlo, el imputado pueda evadirse.

Los delitos previstos en la fracción I de este artículo, se considerarán graves, aún tratándose de tentativa punible.

Los oficiales de la Policía que ejecuten una orden de detención por caso urgente, deberán hacer el registro de la detención y presentar inmediatamente al imputado ante el Ministerio Público que haya emitido dicha orden, quien procurará que el imputado sea presentado sin demora ante el Juez de control.

El Juez de control determinará la legalidad del mandato del Ministerio Público y su cumplimiento al realizar el control de la detención. La violación de esta disposición será sancionada conforme a las disposiciones aplicables y la persona detenida será puesta en inmediata libertad.

Para los efectos de este artículo, el término medio aritmético es el cociente que se obtiene de sumar la pena de prisión mínima y la máxima del delito consumado que se trate y dividirlo entre dos.

Artículo 151. Asistencia consular

(REFORMADO PRIMER PÁRRAFO, D.O.F. 17 DE JUNIO DE 2016)

En el caso de que el detenido sea extranjero, el Ministerio Público le hará saber sin demora y le garantizará su derecho a recibir asistencia consular, por lo que se le permitirá comunicarse a las Embajadas o Consulados del país respecto de los que sea nacional; y deberá notificar a las propias Embajadas o Consulados la detención de dicha persona, registrando constancia de ello, salvo que el imputado acompañado de su Defensor expresamente solicite que no se realice esta notificación.

El Ministerio Público y la Policía deberán informar a quien lo solicite, previa identificación, si un extranjero está detenido y, en su caso, la autoridad a cuya disposición se encuentre y el motivo.

Artículo 152. Derechos que asisten al detenido

Las autoridades que ejecuten una detención por flagrancia o caso urgente deberán asegurarse de que la persona tenga pleno y claro conocimiento del ejercicio de los derechos citados a continuación, en cualquier etapa del período de custodia:

I. El derecho a informar a alguien de su detención;

II. El derecho a consultar en privado con su Defensor;

III. El derecho a recibir una notificación escrita que establezca los derechos establecidos en las fracciones anteriores y las medidas que debe tomar para la obtención de asesoría legal;

IV. El derecho a ser colocado en una celda en condiciones dignas y con acceso a aseo personal;

V. El derecho a no estar detenido desnudo o en prendas íntimas;

VI. Cuando, para los fines de la investigación sea necesario que el detenido entregue su ropa, se le proveerán prendas de vestir, y

VII. El derecho a recibir atención clínica si padece una enfermedad física, se lesiona o parece estar sufriendo de un trastorno mental.

CAPÍTULO IV
MEDIDAS CAUTELARES

SECCIÓN I
DISPOSICIONES GENERALES

Artículo 153. Reglas generales de las medidas cautelares

Las medidas cautelares serán impuestas mediante resolución judicial, por el tiempo indispensable para asegurar la presencia del imputado en el procedimiento, garantizar la seguridad de la víctima u ofendido o del testigo, o evitar la obstaculización del procedimiento.

Corresponderá a las autoridades competentes de la Federación y de las entidades federativas, para medidas cautelares, vigilar que el mandato de la autoridad judicial sea debidamente cumplido.

Artículo 154. Procedencia de medidas cautelares

El Juez podrá imponer medidas cautelares a petición del Ministerio Público o de la víctima u ofendido, en los casos previstos por este Código, cuando ocurran las circunstancias siguientes:

I. Formulada la imputación, el propio imputado se acoja al término constitucional, ya sea éste de una duración de setenta y dos horas o de ciento cuarenta y cuatro, según sea el caso, o

II. Se haya vinculado a proceso al imputado.

(REFORMADO, D.O.F. 17 DE JUNIO DE 2016)

En caso de que el Ministerio Público, la víctima, el asesor jurídico, u ofendido, solicite una medida cautelar durante el plazo constitucional, dicha cuestión deberá resolverse inmediatamente después de formulada la imputación. Para tal efecto, las partes podrán ofrecer aquellos medios de prueba pertinentes para analizar la procedencia de la medida solicitada, siempre y cuando la misma sea susceptible de ser desahogada en las siguientes veinticuatro horas.

Artículo 155. Tipos de medidas cautelares

A solicitud del Ministerio Público o de la víctima u ofendido, el juez podrá imponer al imputado una o varias de las siguientes medidas cautelares:

I. La presentación periódica ante el juez o ante autoridad distinta que aquél designe;

II. La exhibición de una garantía económica;

III. El embargo de bienes;

IV. La inmovilización de cuentas y demás valores que se encuentren dentro del sistema financiero;

V. La prohibición de salir sin autorización del país, de la localidad en la cual reside o del ámbito territorial que fije el juez;

VI. El sometimiento al cuidado o vigilancia de una persona o institución determinada o internamiento a institución determinada;

VII. La prohibición de concurrir a determinadas reuniones o acercarse o ciertos lugares;

VIII. La prohibición de convivir, acercarse o comunicarse con determinadas personas, con las víctimas u ofendidos o testigos, siempre que no se afecte el derecho de defensa;

IX. La separación inmediata del domicilio;

X. La suspensión temporal en el ejercicio del cargo cuando se le atribuye un delito cometido por servidores públicos;

XI. La suspensión temporal en el ejercicio de una determinada actividad profesional o laboral;

XII. La colocación de localizadores electrónicos;

XIII. El resguardo en su propio domicilio con las modalidades que el juez disponga, o

XIV. La prisión preventiva.

Las medidas cautelares no podrán ser usadas como medio para obtener un reconocimiento de culpabilidad o como sanción penal anticipada.

Artículo 156. Proporcionalidad

El Juez de control, al imponer una o varias de las medidas cautelares previstas en este Código, deberá tomar en consideración los argumentos que las partes ofrezcan o la justificación que el Ministerio Público realice, aplicando el criterio de mínima intervención según las circunstancias particulares de cada persona, en términos de lo dispuesto en el artículo 19 de la Constitución.

Para determinar la idoneidad y proporcionalidad de la medida, se podrá tomar en consideración el análisis de evaluación de riesgo realizado por personal especializado en la materia, de manera objetiva, imparcial y neutral en términos de la legislación aplicable.

En la resolución respectiva, el Juez de control deberá justificar las razones por las que la medida cautelar impuesta es la que resulta menos lesiva para el imputado.

Artículo 157. Imposición de medidas cautelares

Las solicitudes de medidas cautelares serán resueltas por el Juez de control, en audiencia y con presencia de las partes.

El Juez de control podrá imponer una de las medidas cautelares previstas en este Código, o combinar varias de ellas según resulte adecuado al caso, o imponer una diversa a la solicitada siempre que no sea más grave. Sólo el Ministerio Público podrá solicitar la prisión preventiva, la cual no podrá combinarse con otras medidas cautelares previstas en este Código, salvo el embargo precautorio o la inmovilización de cuentas y demás valores que se encuentren en el sistema financiero.

En ningún caso el Juez de control está autorizado a aplicar medidas cautelares sin tomar en cuenta el objeto o la finalidad de las mismas ni a aplicar medidas más graves que las previstas en el presente Código.

Artículo 158. Debate de medidas cautelares

Formulada la imputación, en su caso, o dictado el auto de vinculación a proceso a solicitud del Ministerio Público, de la víctima o de la defensa, se discutirá lo relativo a la necesidad de imposición o modificación de medidas cautelares.

Artículo 159. Contenido de la resolución

La resolución que establezca una medida cautelar deberá contener al menos lo siguiente:

I. La imposición de la medida cautelar y la justificación que motivó el establecimiento de la misma;

II. Los lineamientos para la aplicación de la medida, y

III. La vigencia de la medida.

Artículo 160. Impugnación de las decisiones judiciales

Todas las decisiones judiciales relativas a las medidas cautelares reguladas por este Código son apelables.

Artículo 161. Revisión de la medida

Cuando hayan variado de manera objetiva las condiciones que justificaron la imposición de una medida cautelar, las partes podrán solicitar al Órgano jurisdiccional, la revocación, sustitución o modificación de la misma, para lo cual el Órgano jurisdiccional citará a todos los intervinientes a una audiencia con el fin de abrir debate sobre la subsistencia de las condiciones o circunstancias que se tomaron en cuenta para imponer la medida y la necesidad, en su caso, de mantenerla y resolver en consecuencia.

Artículo 162. Audiencia de revisión de las medidas cautelares

De no ser desechada de plano la solicitud de revisión, la audiencia se llevará a cabo dentro de las cuarenta y ocho horas siguientes contadas a partir de la presentación de la solicitud.

Artículo 163. Medios de prueba para la imposición y revisión de la medida

Las partes pueden invocar datos u ofrecer medios de prueba para que se imponga, confirme, modifique o revoque, según el caso, la medida cautelar.

Artículo 164. Evaluación y supervisión de medidas cautelares

La evaluación y supervisión de medidas cautelares distintas a la prisión preventiva corresponderá a la autoridad de supervisión de medidas cautelares y de la suspensión condicional del proceso que se regirá por los principios de neutralidad, objetividad, imparcialidad y confidencialidad.

La información que se recabe con motivo de la evaluación de riesgo no puede ser usada para la investigación del delito y no podrá ser proporcionada al Ministerio Público. Lo anterior, salvo que se trate de un delito que está en curso o sea inminente su comisión, y peligre la integridad personal o la vida de una persona, el entrevistador quedará relevado del deber de confidencialidad y podrá darlo a conocer a los agentes encargados de la persecución penal.

Para decidir sobre la necesidad de la imposición o revisión de las medidas cautelares, la autoridad de supervisión de medidas cautelares y de la suspensión condicional del proceso proporcionará a las partes la información necesaria para ello, de modo que puedan hacer la solicitud correspondiente al Órgano jurisdiccional.

Para tal efecto, la autoridad de supervisión de medidas cautelares y de la suspensión condicional del proceso, tendrá acceso a los sistemas y bases de datos del Sistema Nacional de Información y demás de carácter público, y contará con una base de datos para dar seguimiento al cumplimiento de las medidas cautelares distintas a la prisión preventiva.

Las partes podrán obtener la información disponible de la autoridad competente cuando así lo solicite, previo a la audiencia para debatir la solicitud de medida cautelar.

La supervisión de la prisión preventiva quedará a cargo de la autoridad penitenciaria en los términos de la ley de la materia.

Artículo 165. Aplicación de la prisión preventiva

Sólo por delito que merezca pena privativa de libertad habrá lugar a prisión preventiva. La prisión preventiva será ordenada conforme a los términos y las condiciones de este Código.

(REFORMADO, D.O.F. 17 DE JUNIO DE 2016)

La prisión preventiva no podrá exceder del tiempo que como máximo de pena fije la ley al delito que motivare el proceso y en ningún caso será superior a dos años, salvo que su prolongación se deba al ejercicio del derecho de defensa del imputado. Si cumplido este término no se ha pronunciado sentencia, el imputado será puesto en libertad de inmediato mientras se sigue el proceso, sin que ello obste para imponer otras medidas cautelares.

Artículo 166. Excepciones

En el caso de que el imputado sea una persona mayor de setenta años de edad o afectada por una enfermedad grave o terminal, el Órgano jurisdiccional podrá ordenar que la prisión preventiva se ejecute en el domicilio de la persona imputada o, de ser el caso, en un centro médico o geriátrico, bajo las medidas cautelares que procedan.

De igual forma, procederá lo previsto en el párrafo anterior, cuando se trate de mujeres embarazadas, o de madres durante la lactancia.

No gozarán de la prerrogativa prevista en los dos párrafos anteriores, quienes a criterio del Juez de control puedan sustraerse de la acción de la justicia o manifiesten una conducta que haga presumible su riesgo social.

Artículo 167. Causas de procedencia

El Ministerio Público sólo podrá solicitar al Juez de control la prisión preventiva o el resguardo domiciliario cuando otras medidas cautelares no sean suficientes para garantizar la comparecencia del imputado en el juicio, el desarrollo de la investigación, la protección de la víctima, de los testigos o de la comunidad así como cuando el imputado esté siendo procesado o haya sido sentenciado previamente por la comisión de un delito doloso, siempre y cuando la causa diversa no sea acumulable o conexa en los términos del presente Código.

En el supuesto de que el imputado esté siendo procesado por otro delito distinto de aquel en el que se solicite la prisión preventiva, deberá analizarse si ambos procesos son susceptibles de acumulación, en cuyo caso la existencia de proceso previo no dará lugar por si sola a la procedencia de la prisión preventiva.

(REFORMADO, D.O.F. 19 DE FEBRERO DE 2021)

El Juez de control en el ámbito de su competencia, ordenará la prisión preventiva oficiosamente en los casos de abuso o violencia sexual contra menores, delincuencia organizada, homicidio doloso, feminicidio, violación, secuestro, trata de personas, robo de casa habitación, uso de programas sociales con fines electorales, corrupción tratándose de los delitos de enriquecimiento ilícito y ejercicio abusivo de funciones, robo al transporte de carga en cualquiera de sus modalidades, delitos en materia de hidrocarburos, petrolíferos o petroquímicos, delitos en materia de desaparición forzada de personas y desaparición cometida por particulares, delitos cometidos con medios violentos como armas y explosivos, delitos en materia de armas de fuego y explosivos de uso exclusivo del Ejército, la Armada y la Fuerza Aérea, así como los delitos graves que determine la ley en contra de la seguridad de la nación, el libre desarrollo de la personalidad, y de la salud.

(REFORMADO [N. DE E. ANTES PÁRRAFOS CUARTO Y QUINTO], D.O.F. 19 DE FEBRERO DE 2021)

Las leyes generales de salud, secuestro, trata de personas, delitos electorales y desaparición forzada de personas y desaparición cometida por particulares, así como las leyes federales para prevenir y sancionar los delitos cometidos en materia de hidrocarburos, armas de fuego y explosivos, y contra la delincuencia organizada, establecerán los supuestos que ameriten prisión preventiva oficiosa de conformidad con lo dispuesto por el párrafo segundo del artículo 19 de la Constitución Política de los Estados Unidos Mexicanos.

Se consideran delitos que ameritan prisión preventiva oficiosa, los previstos en el Código Penal Federal de la manera siguiente:

I. Homicidio doloso previsto en los artículos 302 en relación al 307, 313, 315, 315 Bis, 320 y 323;

II. Genocidio, previsto en el artículo 149 Bis;

III. Violación prevista en los artículos 265, 266 y 266 Bis;

IV. Traición a la patria, previsto en los artículos 123, 124, 125 y 126;

V. Espionaje, previsto en los artículos 127 y 128;

VI. Terrorismo, previsto en los artículos 139 al 139 Ter y terrorismo internacional previsto en los artículos 148 Bis al 148 Quáter;

VII. Sabotaje, previsto en el artículo 140, párrafo primero;

VIII. Los previstos en los artículos 142, párrafo segundo y 145;

IX. Corrupción de personas menores de dieciocho años de edad o de personas que no tienen capacidad para comprender el significado del hecho o de personas que no tienen capacidad para resistirlo, previsto en el artículo 201; Pornografía de personas menores de dieciocho años de edad o de personas que no tienen capacidad para comprender el significado del hecho o de personas que no tienen capacidad para resistirlo, previsto en el artículo 202; Turismo sexual en contra de personas menores de dieciocho años de edad o de personas que no tienen capacidad para comprender el significado del hecho o de personas que no tienen capacidad para resistirlo, previsto en los artículos 203 y 203 Bis; Lenocinio de personas menores de dieciocho años de edad o de personas que no tienen capacidad para comprender el significado del hecho o de personas que no tienen capacidad para resistirlo, previsto en el artículo 204 y Pederastia, previsto en el artículo 209 Bis;

X. Tráfico de menores, previsto en el artículo 366 Ter;

(REFORMADA, D.O.F. 19 DE FEBRERO DE 2021)

XI. Contra la salud, previsto en los artículos 194, 195, 196 Ter, 197, párrafo primero y 198, parte primera del párrafo tercero;

(ADICIONADA, D.O.F. 19 DE FEBRERO DE 2021)

XII. Abuso o violencia sexual contra menores, previsto en los artículos 261 en relación con el 260;

(ADICIONADA, D.O.F. 19 DE FEBRERO DE 2021)

XIII. Feminicidio, previsto en el artículo 325;

(ADICIONADA, D.O.F. 19 DE FEBRERO DE 2021)

XIV. Robo a casa habitación, previsto en el artículo 381 Bis;

(ADICIONADA, D.O.F. 19 DE FEBRERO DE 2021)

XV. Ejercicio abusivo de funciones, previsto en las fracciones I y II del primer párrafo del artículo 220, en relación con su cuarto párrafo;

(ADICIONADA, D.O.F. 19 DE FEBRERO DE 2021)

XVI. Enriquecimiento ilícito previsto en el artículo 224, en relación con su séptimo párrafo, y

(ADICIONADA, D.O.F. 19 DE FEBRERO DE 2021)

XVII. Robo al transporte de carga, en cualquiera de sus modalidades, previsto en los artículos 376 Ter y 381, fracción XVII.

(ADICIONADO [N. DE E. CON SUS FRACCIONES], D.O.F. 8 DE NOVIEMBRE DE 2019)

Se consideran delitos que ameritan prisión preventiva oficiosa, los previstos en el Código Fiscal de la Federación, de la siguiente manera:

I. Contrabando y su equiparable, de conformidad con lo dispuesto en los artículos 102 y 105, fracciones I y IV, cuando estén a las sanciones previstas en las fracciones II o III, párrafo segundo, del artículo 104, exclusivamente cuando sean calificados;

II. Defraudación fiscal y su equiparable, de conformidad con lo dispuesto en los artículos 108 y 109, cuando el monto de lo defraudado supere 3 veces lo dispuesto en la fracción III del artículo 108 del Código Fiscal de la Federación, exclusivamente cuando sean calificados, y

III. La expedición, venta, enajenación, compra o adquisición de comprobantes fiscales que amparen operaciones inexistentes, falsas o actos jurídicos simulados, de conformidad con lo dispuesto en el artículo 113 Bis del Código Fiscal de la Federación, exclusivamente cuando las cifras, cantidad o valor de los comprobantes fiscales, superen 3 veces lo establecido en la fracción III del artículo 108 del Código Fiscal de la Federación.

(REFORMADO, D.O.F. 19 DE FEBRERO DE 2021)

El juez no impondrá la prisión preventiva oficiosa y la sustituirá por otra medida cautelar, únicamente cuando lo solicite el Ministerio Público por no resultar proporcional para garantizar la comparecencia del imputado en el proceso, el desarrollo de la investigación, la protección de la víctima y de los testigos o de la comunidad o bien, cuando exista voluntad de las partes para celebrar un acuerdo reparatorio de cumplimiento inmediato, siempre que se trate de alguno de los delitos en los que sea procedente dicha forma de solución alterna del procedimiento. La solicitud deberá contar con la autorización del titular de la Fiscalía o de la persona funcionaria en la cual delegue esa facultad.

(ADICIONADO, D.O.F. 19 DE FEBRERO DE 2021)

Si la prisión preventiva oficiosa ya hubiere sido impuesta, pero las partes manifiestan la voluntad de celebrar un acuerdo reparatorio de cumplimiento inmediato, el Ministerio Público solicitará al juez la sustitución de la medida cautelar para que las partes concreten el acuerdo con el apoyo del Órgano especializado en la materia.

(ADICIONADO, D.O.F. 19 DE FEBRERO DE 2021)

En los casos en los que la víctima u ofendido y la persona imputada deseen participar en un Mecanismo Alternativo de Solución de Controversias, y no sea factible modificar la medida cautelar de prisión preventiva, por existir riesgo de que el imputado se sustraiga del procedimiento o lo obstaculice, el o la Juez de Control podrá derivar el asunto al Órgano especializado en la materia, para promover la reparación del daño y concretar el acuerdo correspondiente.

Artículo 168. Peligro de sustracción del imputado

Para decidir si está garantizada o no la comparecencia del imputado en el proceso, el Juez de control tomará en cuenta, especialmente, las siguientes circunstancias:

I. El arraigo que tenga en el lugar donde deba ser juzgado determinado por el domicilio, residencia habitual, asiento de la familia y las facilidades para abandonar el lugar o permanecer oculto. La falsedad sobre el domicilio del imputado constituye presunción de riesgo de fuga;

II. El máximo de la pena que en su caso pudiera llegar a imponerse de acuerdo al delito de que se trate y la actitud que voluntariamente adopta el imputado ante éste;

III. El comportamiento del imputado posterior al hecho cometido durante el procedimiento o en otro anterior, en la medida que indique su voluntad de someterse o no a la persecución penal;

IV. La inobservancia de medidas cautelares previamente impuestas, o

V. El desacato de citaciones para actos procesales y que, conforme a derecho, le hubieran realizado las autoridades investigadoras o jurisdiccionales.

Artículo 169. Peligro de obstaculización del desarrollo de la investigación

Para decidir acerca del peligro de obstaculización del desarrollo de la investigación, el Juez de control tomará en cuenta la circunstancia del hecho imputado y los elementos aportados por el Ministerio Público para estimar como probable que, de recuperar su libertad, el imputado:

I. Destruirá, modificará, ocultará o falsificará elementos de prueba;

II. Influirá para que coimputados, testigos o peritos informen falsamente o se comporten de manera reticente o inducirá a otros a realizar tales comportamientos, o

III. Intimidará, amenazará u obstaculizará la labor de los servidores públicos que participan en la investigación.

Artículo 170. Riesgo para la víctima u ofendido, testigos o para la comunidad

La protección que deba proporcionarse a la víctima u ofendido, a los testigos o a la comunidad, se establecerá a partir de la valoración que haga el Juez de control respecto de las circunstancias del hecho y de las condiciones particulares en que se encuentren dichos sujetos, de las que puedan derivarse la existencia de un riesgo fundado de que se cometa contra dichas personas un acto que afecte su integridad personal o ponga en riesgo su vida.

Artículo 171. Pruebas para la imposición, revisión, sustitución, modificación o cese de la prisión preventiva

Las partes podrán invocar datos u ofrecer medios de prueba con el fin de solicitar la imposición, revisión, sustitución, modificación o cese de la prisión preventiva.

En todos los casos se estará a lo dispuesto por este Código en lo relativo a la admisión y desahogo de medios de prueba.

Los medios de convicción allegados tendrán eficacia únicamente para la resolución de las cuestiones que se hubieren planteado.

Artículo 172. Presentación de la garantía

Al decidir sobre la medida cautelar consistente en garantía económica, el Juez de control previamente tomará en consideración la idoneidad de la medida solicitada por el Ministerio Público. Para resolver sobre dicho monto, el Juez de control deberá tomar en cuenta el peligro de sustracción del imputado a juicio, el peligro de obstaculización del desarrollo de la investigación y el riesgo para la víctima u ofendido, para los testigos o para la comunidad. Adicionalmente deberá considerar las características del imputado, su capacidad económica, la posibilidad de cumplimiento de las obligaciones procesales a su cargo.

El Juez de control hará la estimación de modo que constituya un motivo eficaz para que el imputado se abstenga de incumplir sus obligaciones y deberá fijar un plazo razonable para exhibir la garantía.

Artículo 173. Tipo de garantía

La garantía económica podrá constituirse de las siguientes maneras:

I. Depósito en efectivo;

II. Fianza de institución autorizada;

III. Hipoteca;

IV. Prenda;

V. Fideicomiso, o

VI. Cualquier otra que a criterio del Juez de control cumpla suficientemente con esta finalidad.

El Juez de control podrá autorizar la sustitución de la garantía impuesta al imputado por otra equivalente previa audiencia del Ministerio Público, la víctima u ofendido, si estuviese presente.

Las garantías económicas se regirán por las reglas generales previstas en el Código Civil Federal o de las Entidades federativas, según corresponda y demás legislaciones aplicables.

El depósito en efectivo será equivalente a la cantidad señalada como garantía económica y se hará en la institución de crédito autorizada para ello; sin embargo, cuando por razones de la hora o por tratarse de día inhábil no pueda constituirse el depósito, el Juez de control recibirá la cantidad en efectivo, asentará registro de ella y la ingresará el primer día hábil a la institución de crédito autorizada.

Artículo 174. Incumplimiento del imputado de las medidas cautelares

Cuando el supervisor de la medida cautelar detecte un incumplimiento de una medida cautelar distinta a la garantía económica o de prisión preventiva, deberá informar a las partes de forma inmediata a efecto de que en su caso puedan solicitar la revisión de la medida cautelar.

(REFORMADO, D.O.F. 17 DE JUNIO DE 2016)

El Ministerio Público que reciba el reporte de la autoridad de supervisión de medidas cautelares y de la suspensión condicional del proceso, deberá solicitar audiencia para revisión de la medida cautelar impuesta en el plazo más breve posible y en su caso, solicite la comparecencia del imputado o una orden de aprehensión.

(ADICIONADO, D.O.F. 17 DE JUNIO DE 2016)

En caso que el imputado notificado por cualquier medio no comparezca injustificadamente a la audiencia a la que fue citado, el Ministerio Público deberá solicitar la orden de aprehensión o comparecencia.

(ADICIONADO, D.O.F. 17 DE JUNIO DE 2016)

La justificación de la inasistencia por parte del imputado deberá presentarse a más tardar al momento de la audiencia.

(REFORMADO, D.O.F. 17 DE JUNIO DE 2016)

En el caso de que al imputado se le haya impuesto como medida cautelar una garantía económica y, exhibida ésta sea citado para comparecer ante el juez e incumpla la cita, se requerirá al garante para que presente al imputado en un plazo no mayor a ocho días, advertidos, el garante y el imputado, de que si no lo hicieren o no justificaren la incomparecencia, se hará efectiva la garantía a favor del Fondo de Ayuda, Asistencia y Reparación Integral o sus equivalentes en las entidades federativas, previstos en la Ley General de Víctimas.

(REFORMADO, D.O.F. 17 DE JUNIO DE 2016)

Si el imputado es sorprendido infringiendo una medida cautelar de las establecidas en las fracciones V, VII, VIII, IX, XII y XIII del artículo 155 de este Código, el supervisor de la medida cautelar deberá dar aviso inmediatamente y por cualquier medio, al Juez de control quien con la misma inmediatez ordenará su arresto con fundamento en el inciso d), fracción II del artículo 104 de este Código, para que dentro de la duración de este sea llevado ante él en audiencia con las partes, con el fin de que se revise la medida cautelar; siempre y cuando se le haya apercibido que de incumplir con la medida cautelar se le impondría dicha medida de apremio.

Artículo 175. Cancelación de la garantía

La garantía se cancelará y se devolverán los bienes afectados por ella, cuando:

I. Se revoque la decisión que la decreta;

II. Se dicte el sobreseimiento o la sentencia absolutoria, o

III. El imputado se someta a la ejecución de la pena o la garantía no deba ejecutarse.

CAPÍTULO V
DE LA SUPERVISIÓN DE LAS MEDIDAS CAUTELARES

SECCIÓN I
DE LA AUTORIDAD DE SUPERVISIÓN DE MEDIDAS CAUTELARES Y DE LA SUSPENSIÓN CONDICIONAL DEL PROCESO

(REFORMADO SU EPÍGRAFE, D.O.F. 17 DE JUNIO DE 2016)

Artículo 176. Naturaleza y objeto

(ADICIONADO, D.O.F. 17 DE JUNIO DE 2016)

La Autoridad de supervisión de medidas cautelares y de la suspensión condicional del proceso, tendrá por objeto realizar la evaluación de riesgo del imputado, así como llevar a cabo el seguimiento de las medidas cautelares y de la suspensión condicional del proceso, en caso de que no sea una institución de seguridad pública se podrá auxiliar de la instancia policial correspondiente para el desarrollo de sus funciones.

(REFORMADO, D.O.F. 17 DE JUNIO DE 2016)

Esta autoridad deberá proporcionar a las partes información sobre la evaluación de riesgos que representa el imputado y el seguimiento de las medidas cautelares y de la suspensión condicional del proceso que le soliciten.

Artículo 177. Obligaciones de la autoridad de supervisión de medidas cautelares y de la suspensión condicional del proceso

La autoridad de supervisión de medidas cautelares y de la suspensión condicional del proceso tendrá las siguientes obligaciones:

I. Supervisar y dar seguimiento a las medidas cautelares impuestas, distintas a la prisión preventiva, y las condiciones a cargo del imputado en caso de suspensión condicional del proceso, así como hacer sugerencias sobre cualquier cambio que amerite alguna modificación de las medidas u obligaciones impuestas;

II. Entrevistar periódicamente a la víctima o testigo del delito, con el objeto de dar seguimiento al cumplimiento de la medida cautelar impuesta o las condiciones de la suspensión condicional del proceso y canalizarlos, en su caso, a la autoridad correspondiente;

III. Realizar entrevistas así como visitas no anunciadas en el domicilio o en el lugar en donde se encuentre el imputado;

IV. Verificar la localización del imputado en su domicilio o en el lugar en donde se encuentre, cuando la modalidad de la medida cautelar o de la suspensión condicional del proceso impuesta por la autoridad judicial así lo requiera;

V. Requerir que el imputado proporcione muestras, sin previo aviso, para detectar el posible uso de alcohol o drogas prohibidas, o el resultado del examen de las mismas en su caso, cuando la modalidad de la suspensión condicional del proceso impuesta por la autoridad judicial así lo requiera;

VI. Supervisar que las personas e instituciones públicas y privadas a las que la autoridad judicial encargue el cuidado del imputado, cumplan las obligaciones contraídas;

VII. Solicitar al imputado la información que sea necesaria para verificar el cumplimiento de las medidas y obligaciones impuestas;

VIII. Revisar y sugerir el cambio de las condiciones de las medidas impuestas al imputado, de oficio o a solicitud de parte, cuando cambien las circunstancias originales que sirvieron de base para imponer la medida;

IX. Informar a las partes aquellas violaciones a las medidas y obligaciones impuestas que estén debidamente verificadas, y puedan implicar la modificación o revocación de la medida o suspensión y sugerir las modificaciones que estime pertinentes;

X. Conservar actualizada una base de datos sobre las medidas cautelares y obligaciones impuestas, su seguimiento y conclusión;

XI. Solicitar y proporcionar información a las oficinas con funciones similares de la Federación o de Entidades federativas dentro de sus respectivos ámbitos de competencia;

XII. Ejecutar las solicitudes de apoyo para la obtención de información que le requieran las oficinas con funciones similares de la Federación o de las Entidades federativas en sus respectivos ámbitos de competencia;

XIII. Canalizar al imputado a servicios sociales de asistencia, públicos o privados, en materias de salud, empleo, educación, vivienda y apoyo jurídico, cuando la modalidad de la medida cautelar o de la suspensión condicional del proceso impuesta por la autoridad judicial así lo requiera, y

XIV. Las demás que establezca la legislación aplicable.

Artículo 178. Riesgo de incumplimiento de medida cautelar distinta a la prisión preventiva

En el supuesto de que la autoridad de supervisión de medidas cautelares y de la suspensión condicional del proceso, advierta que existe un riesgo objetivo en (sic) inminente de fuga o de afectación a la integridad personal de los intervinientes, deberá informar a las partes de forma inmediata a efecto de que en su caso puedan solicitar al Juez de control la revisión de la medida cautelar.

Artículo 179. Suspensión de la medida cautelar

Cuando se determine la suspensión condicional de proceso, la autoridad judicial deberá suspender las medidas cautelares impuestas, las que podrán continuar en los mismos términos o modificarse, si el proceso se reanuda, de acuerdo con las peticiones de las partes y la determinación judicial.

Artículo 180. Continuación de la medida cautelar en caso de sentencia condenatoria recurrida

Cuando el sentenciado recurra la sentencia condenatoria, continuará el seguimiento de las medidas cautelares impuestas hasta que cause estado la sentencia, sin perjuicio de que puedan ser sujetas de revisión de conformidad con las reglas de este Código.

Artículo 181. Seguimiento de medidas cautelares en caso de suspensión del proceso

Cuando el proceso sea suspendido en virtud de que la autoridad judicial haya determinado la sustracción de la acción de la justicia, las medidas cautelares continuarán vigentes, salvo las que resulten de imposible cumplimiento.

En caso de que el proceso se suspenda por la falta de un requisito de procedibilidad, las medidas cautelares continuarán vigentes por el plazo que determine la autoridad judicial que no podrá exceder de cuarenta y ocho horas.

Si el imputado es declarado inimputable, se citará a una audiencia de revisión de la medida cautelar proveyendo, en su caso, la aplicación de ajustes razonables solicitados por las partes.

Artículo 182. Registro de actividades de supervisión

Se llevará un registro, por cualquier medio fidedigno, de las actividades necesarias que permitan a la autoridad de supervisión de medidas cautelares y de la suspensión condicional del proceso tener certeza del cumplimiento o incumplimiento de las obligaciones impuestas.

LIBRO SEGUNDO
DEL PROCEDIMIENTO

TÍTULO I
SOLUCIONES ALTERNAS Y FORMAS DE TERMINACIÓN ANTICIPADA

CAPÍTULO I
DISPOSICIONES COMUNES

(REFORMADO, D.O.F. 29 DE DICIEMBRE DE 2014)

Artículo 183. Principio general

En los asuntos sujetos a procedimiento abreviado se aplicarán las disposiciones establecidas en este Título.

En todo lo no previsto en este Título, y siempre que no se opongan al mismo, se aplicarán las reglas del proceso ordinario.

Para las salidas alternas y formas de terminación anticipada, la autoridad competente contará con un registro para dar seguimiento al cumplimiento de los acuerdos reparatorios, los procesos de suspensión condicional del proceso, y el procedimiento abreviado, dicho registro deberá ser consultado por el Ministerio Público y la autoridad judicial antes de solicitar y conceder, respectivamente, alguna forma de solución alterna del procedimiento o de terminación anticipada del proceso.

Artículo 184. Soluciones alternas

Son formas de solución alterna del procedimiento:

I. El acuerdo reparatorio, y

II. La suspensión condicional del proceso.

Artículo 185. Formas de terminación anticipada del proceso

El procedimiento abreviado será considerado una forma de terminación anticipada del proceso.

CAPÍTULO II
ACUERDOS REPARATORIOS

(REFORMADO, D.O.F. 29 DE DICIEMBRE DE 2014)

Artículo 186. Definición

Los acuerdos reparatorios son aquéllos celebrados entre la víctima u ofendido y el imputado que, una vez aprobados por el Ministerio Público o el Juez de control y cumplidos en sus términos, tienen como efecto la extinción de la acción penal.

Artículo 187. Control sobre los acuerdos reparatorios

Procederán los acuerdos reparatorios únicamente en los casos siguientes:

(REFORMADA, D.O.F. 29 DE DICIEMBRE DE 2014)

I. Delitos que se persiguen por querella, por requisito equivalente de parte ofendida o que admiten el perdón de la víctima o el ofendido;

II. Delitos culposos, o

III. Delitos patrimoniales cometidos sin violencia sobre las personas.

(REFORMADO, D.O.F. 8 DE NOVIEMBRE DE 2019)

No procederán los acuerdos reparatorios en los casos en que el imputado haya celebrado anteriormente otros acuerdos por hechos que correspondan a los mismos delitos dolosos, tampoco procederán cuando se trate de delitos de violencia familiar o sus equivalentes en las Entidades federativas. Tampoco serán procedentes los acuerdos reparatorios para las hipótesis previstas en las fracciones I, II y III del párrafo séptimo del artículo 167 del presente Código.

(ADICIONADO [N. DE E. REFORMADO], D.O.F. 17 DE JUNIO DE 2016)

Tampoco serán procedentes en caso de que el imputado haya incumplido previamente un acuerdo reparatorio, salvo que haya sido absuelto.

(REFORMADO, D.O.F. 29 DE DICIEMBRE DE 2014)

Artículo 188. Procedencia

Los acuerdos reparatorios procederán desde la presentación de la denuncia o querella hasta antes de decretarse el auto de apertura de juicio. En el caso de que se haya dictado el auto de vinculación a proceso y hasta antes de que se haya dictado el auto de apertura a juicio, el Juez de control, a petición de las partes, podrá suspender el proceso penal hasta por treinta días para que las partes puedan concretar el acuerdo con el apoyo de la autoridad competente especializada en la materia.

En caso de que la concertación se interrumpa, cualquiera de las partes podrá solicitar la continuación del proceso.

Artículo 189. Oportunidad

Desde su primera intervención, el Ministerio Público o en su caso, el Juez de control, podrán invitar a los interesados a que suscriban un acuerdo reparatorio en los casos en que proceda, de conformidad con lo dispuesto en el presente Código, debiendo explicarles a las partes los efectos del acuerdo.

Las partes podrán acordar acuerdos reparatorios de cumplimiento inmediato o diferido. En caso de señalar que el cumplimiento debe ser diferido y no señalar plazo específico, se entenderá que el plazo será por un año. El plazo para el cumplimiento de las obligaciones suspenderá el trámite del proceso y la prescripción de la acción penal.

(REFORMADO, D.O.F. 29 DE DICIEMBRE DE 2014)

Si el imputado incumple sin justa causa las obligaciones pactadas, la investigación o el proceso, según corresponda, continuará como si no se hubiera celebrado acuerdo alguno.

La información que se genere como producto de los acuerdos reparatorios no podrá ser utilizada en perjuicio de las partes dentro del proceso penal.

El juez decretará la extinción de la acción una vez aprobado el cumplimiento pleno de las obligaciones pactadas en un acuerdo reparatorio, haciendo las veces de sentencia ejecutoriada.

Artículo 190. Trámite

(REFORMADO PRIMER PÁRRAFO, D.O.F. 29 DE DICIEMBRE DE 2014)

Los acuerdos reparatorios deberán ser aprobados por el Juez de control a partir de la etapa de investigación complementaria y por el Ministerio Público en la etapa de investigación inicial. En este último supuesto, las partes tendrán derecho a acudir ante el Juez de control, dentro de los cinco días siguientes a que se haya aprobado el acuerdo reparatorio, cuando estimen que el mecanismo alternativo de solución de controversias no se desarrolló conforme a las disposiciones previstas en la ley de la materia. Si el Juez de control determina como válidas las pretensiones de las partes, podrá declarar como no celebrado el acuerdo reparatorio y, en su caso, aprobar la modificación acordada entre las partes.

Previo a la aprobación del acuerdo reparatorio, el Juez de control o el Ministerio Público verificarán que las obligaciones que se contraen no resulten notoriamente desproporcionadas y que los intervinientes estuvieron en condiciones de igualdad para negociar y que no hayan actuado bajo condiciones de intimidación, amenaza o coacción.

CAPÍTULO III
SUSPENSIÓN CONDICIONAL DEL PROCESO

Artículo 191. Definición

Por suspensión condicional del proceso deberá entenderse el planteamiento formulado por el Ministerio Público o por el imputado, el cual contendrá un plan detallado sobre el pago de la reparación del daño y el sometimiento del imputado a una o varias de las condiciones que refiere este Capítulo, que garanticen una efectiva tutela de los derechos de la víctima u ofendido y que en caso de cumplirse, pueda dar lugar a la extinción de la acción penal.

Artículo 192. Procedencia

La suspensión condicional del proceso, a solicitud del imputado o del Ministerio Público con acuerdo de aquél, procederá en los casos en que se cubran los requisitos siguientes:

(REFORMADA, D.O.F. 17 DE JUNIO DE 2016)

I. Que el auto de vinculación a proceso del imputado se haya dictado por un delito cuya media aritmética de la pena de prisión no exceda de cinco años;

(REFORMADA, D.O.F. 17 DE JUNIO DE 2016)

II. Que no exista oposición fundada de la víctima y ofendido, y

(ADICIONADA, D.O.F. 17 DE JUNIO DE 2016)

III. Que hayan transcurrido dos años desde el cumplimiento o cinco años desde el incumplimiento, de una suspensión condicional anterior, en su caso.

(REFORMADO, D.O.F. 17 DE JUNIO DE 2016)

Lo señalado en la fracción III del presente artículo, no procederá cuando el imputado haya sido absuelto en dicho procedimiento.

(ADICIONADO, D.O.F. 8 DE NOVIEMBRE DE 2019)

La suspensión condicional será improcedente para las hipótesis previstas en las fracciones I, II y III del párrafo séptimo del artículo 167 del presente Código.

Artículo 193. Oportunidad

Una vez dictado el auto de vinculación a proceso, la suspensión condicional del proceso podrá solicitarse en cualquier momento hasta antes de acordarse la apertura de juicio, y no impedirá el ejercicio de la acción civil ante los tribunales respectivos.

Artículo 194. Plan de reparación

En la audiencia en donde se resuelva sobre la solicitud de suspensión condicional del proceso, el imputado deberá plantear, un plan de reparación del daño causado por el delito y plazos para cumplirlo.

Artículo 195. Condiciones por cumplir durante el periodo de suspensión condicional del proceso

El Juez de control fijará el plazo de suspensión condicional del proceso, que no podrá ser inferior a seis meses ni superior a tres años, y determinará imponer al imputado una o varias de las condiciones que deberá cumplir, las cuales en forma enunciativa más no limitativa se señalan:

I. Residir en un lugar determinado;

II. Frecuentar o dejar de frecuentar determinados lugares o personas;

III. Abstenerse de consumir drogas o estupefacientes o de abusar de las bebidas alcohólicas;

IV. Participar en programas especiales para la prevención y el tratamiento de adicciones;

V. Aprender una profesión u oficio o seguir cursos de capacitación en el lugar o la institución que determine el Juez de control;

VI. Prestar servicio social a favor del Estado o de instituciones de beneficencia pública;

VII. Someterse a tratamiento médico o psicológico, de preferencia en instituciones públicas;

VIII. Tener un trabajo o empleo, o adquirir, en el plazo que el Juez de control determine, un oficio, arte, industria o profesión, si no tiene medios propios de subsistencia;

IX. Someterse a la vigilancia que determine el Juez de control;

X. No poseer ni portar armas;

XI. No conducir vehículos;

XII. Abstenerse de viajar al extranjero;

XIII. Cumplir con los deberes de deudor alimentario, o

XIV. Cualquier otra condición que, a juicio del Juez de control, logre una efectiva tutela de los derechos de la víctima.

Para fijar las condiciones, el Juez de control podrá disponer que el imputado sea sometido a una evaluación previa. El Ministerio Público, la víctima u ofendido, podrán proponer al Juez de control condiciones a las que consideran debe someterse el imputado.

El Juez de control preguntará al imputado si se obliga a cumplir con las condiciones impuestas y, en su caso, lo prevendrá sobre las consecuencias de su inobservancia.

Artículo 196. Trámite

La víctima u ofendido serán citados a la audiencia en la fecha que señale el Juez de control. La incomparecencia de éstos no impedirá que el Juez resuelva sobre la procedencia y términos de la solicitud.

En su resolución, el Juez de control fijará las condiciones bajo las cuales se suspende el proceso o se rechaza la solicitud y aprobará el plan de reparación propuesto, mismo que podrá ser modificado por el Juez de control en la audiencia. La sola falta de recursos del imputado no podrá ser utilizada como razón suficiente para rechazar la suspensión condicional del proceso.

(REFORMADO, D.O.F. 17 DE JUNIO DE 2016)

La información que se genere como producto de la suspensión condicional del proceso no podrá ser utilizada en caso de continuar el proceso penal.

Artículo 197. Conservación de los registros de investigación y medios de prueba

En los procesos suspendidos de conformidad con las disposiciones establecidas en el presente Capítulo, el Ministerio Público tomará las medidas necesarias para evitar la pérdida, destrucción o ineficacia de los registros y medios de prueba conocidos y los que soliciten los sujetos que intervienen en el proceso.

Artículo 198. Revocación de la suspensión condicional del proceso

Si el imputado dejara de cumplir injustificadamente las condiciones impuestas, no cumpliera con el plan de reparación, o posteriormente fuera condenado por sentencia ejecutoriada por delito doloso o culposo, siempre que el proceso suspendido se refiera a delito de esta naturaleza, el Juez de control, previa petición del agente del Ministerio Público o de la víctima u ofendido, convocará a las partes a una audiencia en la que se debatirá sobre la procedencia de la revocación de la suspensión condicional del proceso, debiendo resolver de inmediato lo que proceda.

El Juez de control también podrá ampliar el plazo de la suspensión condicional del proceso hasta por dos años más. Esta extensión del término podrá imponerse por una sola vez.

Si la víctima u ofendido hubiese recibido pagos durante la suspensión condicional del proceso y ésta en forma posterior fuera revocada, el monto total a que ascendieran dichos pagos deberán ser destinados al pago de la indemnización por daños y perjuicios que en su caso corresponda a la víctima u ofendido.

La obligación de cumplir con las condiciones derivadas de la suspensión condicional del proceso, así como el plazo otorgado para tal efecto se interrumpirán mientras el imputado esté privado de su libertad por otro proceso. Una vez que el imputado obtenga su libertad, éstos se reanudarán.

Si el imputado estuviera sometido a otro proceso y goza de libertad, la obligación de cumplir con las condiciones establecidas para la suspensión condicional del proceso así como el plazo otorgado para tal efecto, continuarán vigentes; sin embargo, no podrá decretarse la extinción de la acción penal hasta en tanto quede firme la resolución que lo exime de responsabilidad dentro del otro proceso.

Artículo 199. Cesación provisional de los efectos de la suspensión condicional del proceso

La suspensión condicional del proceso interrumpirá los plazos para la prescripción de la acción penal del delito de que se trate.

Cuando las condiciones establecidas por el Juez de control para la suspensión condicional del proceso, así como el plan de reparación hayan sido cumplidas por el imputado dentro del plazo establecido para tal efecto sin que se hubiese revocado dicha suspensión condicional del proceso, se extinguirá la acción penal, para lo cual el Juez de control deberá decretar de oficio o a petición de parte el sobreseimiento.

Artículo 200. Verificación de la existencia de un acuerdo previo

Previo al comienzo de la audiencia de suspensión condicional del proceso, el Ministerio Público deberá consultar en los registros respectivos si el imputado en forma previa fue parte de algún mecanismo de solución alterna o suscribió acuerdos reparatorios, debiendo incorporar en los registros de investigación el resultado de la consulta e informar en la audiencia de los mismos.

CAPÍTULO IV
PROCEDIMIENTO ABREVIADO

Artículo 201. Requisitos de procedencia y verificación del Juez

Para autorizar el procedimiento abreviado, el Juez de control verificará en audiencia los siguientes requisitos:

I. Que el Ministerio Público solicite el procedimiento, para lo cual se deberá formular la acusación y exponer los datos de prueba que la sustentan. La acusación deberá contener la enunciación de los hechos que se atribuyen al acusado, su clasificación jurídica y grado de intervención, así como las penas y el monto de reparación del daño;

II. Que la víctima u ofendido no presente oposición. Sólo será vinculante para el juez la oposición que se encuentre fundada, y

III. Que el imputado:

a) Reconozca estar debidamente informado de su derecho a un juicio oral y de los alcances del procedimiento abreviado;

b) Expresamente renuncie al juicio oral;

c) Consienta la aplicación del procedimiento abreviado;

d) Admita su responsabilidad por el delito que se le imputa;

e) Acepte ser sentenciado con base en los medios de convicción que exponga el Ministerio Público al formular la acusación.

Artículo 202. Oportunidad

El Ministerio Público podrá solicitar la apertura del procedimiento abreviado después de que se dicte el auto de vinculación a proceso y hasta antes de la emisión del auto de apertura a juicio oral.

A la audiencia se deberá citar a todas las partes. La incomparecencia de la víctima u ofendido debidamente citados no impedirá que el Juez de control se pronuncie al respecto.

Cuando el acusado no haya sido condenado previamente por delito doloso y el delito por el cual se lleva a cabo el procedimiento abreviado es sancionado con pena de prisión cuya media aritmética no exceda de cinco años, incluidas sus calificativas atenuantes o agravantes, el Ministerio Público podrá solicitar la reducción de hasta una mitad de la pena mínima en los casos de delitos dolosos y hasta dos terceras partes de la pena mínima en el caso de delitos culposos, de la pena de prisión que le correspondiere al delito por el cual acusa.

En cualquier caso, el Ministerio Público podrá solicitar la reducción de hasta un tercio de la mínima en los casos de delitos dolosos y hasta en una mitad de la mínima en el caso de delitos culposos, de la pena de prisión. Si al momento de esta solicitud, ya existiere acusación formulada por escrito, el Ministerio Público podrá modificarla oralmente en la audiencia donde se resuelva sobre el procedimiento abreviado y en su caso solicitar la reducción de las penas, para el efecto de permitir la tramitación del caso conforme a las reglas previstas en el presente Capítulo.

El Ministerio Público al solicitar la pena en los términos previstos en el presente artículo, deberá observar el Acuerdo que al efecto emita el Procurador.

Artículo 203. Admisibilidad

En la misma audiencia, el Juez de control admitirá la solicitud del Ministerio Público cuando verifique que concurran los medios de convicción que corroboren la imputación, en términos de la fracción VII, del apartado A del artículo 20 de la Constitución. Serán medios de convicción los datos de prueba que se desprendan de los registros contenidos en la carpeta de investigación.

Si el procedimiento abreviado no fuere admitido por el Juez de control, se tendrá por no formulada la acusación oral que hubiere realizado el Ministerio Público, lo mismo que las modificaciones que, en su caso, hubiera realizado a su respectivo escrito y se continuará de acuerdo con las disposiciones previstas para el procedimiento ordinario. Asimismo, el Juez de control ordenará que todos los antecedentes relativos al planteamiento, discusión y resolución de la solicitud de procedimiento abreviado sean eliminados del registro.

Si no se admite la solicitud por inconsistencias o incongruencias en los planteamientos del Ministerio Público, éste podrá presentar nuevamente la solicitud una vez subsanados los defectos advertidos.

Artículo 204. Oposición de la víctima u ofendido

La oposición de la víctima u ofendido sólo será procedente cuando se acredite ante el Juez de control que no se encuentra debidamente garantizada la reparación del daño.

Artículo 205. Trámite del procedimiento

Una vez que el Ministerio Público ha realizado la solicitud del procedimiento abreviado y expuesto la acusación con los datos de prueba respectivos, el Juez de control resolverá la oposición que hubiere expresado la víctima u ofendido, observará el cumplimiento de los requisitos establecidos en el artículo 201, fracción III, correspondientes al imputado y verificará que los elementos de convicción que sustenten la acusación se encuentren debidamente integrados en la carpeta de investigación, previo a resolver sobre la autorización del procedimiento abreviado.

Una vez que el Juez de control haya autorizado dar trámite al procedimiento abreviado, escuchará al Ministerio Público, a la víctima u ofendido o a su Asesor jurídico, de estar presentes y después a la defensa; en todo caso, la exposición final corresponderá siempre al acusado.

Artículo 206. Sentencia

Concluido el debate, el Juez de control emitirá su fallo en la misma audiencia, para lo cual deberá dar lectura y explicación pública a la sentencia, dentro del plazo de cuarenta y ocho horas, explicando de forma concisa los fundamentos y motivos que tomó en consideración.

No podrá imponerse una pena distinta o de mayor alcance a la que fue solicitada por el Ministerio Público y aceptada por el acusado.

El juez deberá fijar el monto de la reparación del daño, para lo cual deberá expresar las razones para aceptar o rechazar las objeciones que en su caso haya formulado la víctima u ofendido.

Artículo 207. Reglas generales

La existencia de varios coimputados no impide la aplicación de estas reglas en forma individual.

CAPÍTULO V
DE LA SUPERVISIÓN DE LAS CONDICIONES IMPUESTAS EN LA SUSPENSIÓN CONDICIONAL DEL PROCESO

Artículo 208. Reglas para las obligaciones de la suspensión condicional del proceso

Para el seguimiento de las obligaciones previstas en el artículo 195, fracciones III, IV, V, VI, VIII y XIII las instituciones públicas y privadas designadas por la autoridad judicial, informarán a la autoridad de supervisión de medidas cautelares y de la suspensión condicional del proceso sobre su cumplimiento.

Artículo 209. Notificación de las obligaciones de la suspensión condicional del proceso

Concluida la audiencia y aprobada la suspensión condicional del proceso y las obligaciones que deberá cumplir el imputado, se notificará a la autoridad de supervisión de medidas cautelares y de la suspensión condicional del proceso, con el objeto de que ésta dé inicio al proceso de supervisión. Para tal efecto, se le deberá proporcionar la información de las condiciones impuestas.

Artículo 210. Notificación del incumplimiento

Cuando considere que se ha actualizado un incumplimiento injustificado, la autoridad de supervisión de medidas cautelares y de la suspensión condicional del proceso enviará el reporte de incumplimiento a las partes para que soliciten la audiencia de revocación de la suspensión ante el juez competente.

Si el juez determina la revocación de la suspensión condicional del proceso, concluirá la supervisión de la autoridad de supervisión de medidas cautelares y de la suspensión condicional del proceso.

El Ministerio Público que reciba el reporte de la autoridad de supervisión de medidas cautelares y de la suspensión condicional del proceso, deberá solicitar audiencia para pedir la revisión de las condiciones u obligaciones impuestas a la brevedad posible.

TÍTULO II
PROCEDIMIENTO ORDINARIO

CAPÍTULO ÚNICO
ETAPAS DEL PROCEDIMIENTO

Artículo 211. Etapas del procedimiento penal

El procedimiento penal comprende las siguientes etapas:

I. La de investigación, que comprende las siguientes fases:

a) Investigación inicial, que comienza con la presentación de la denuncia, querella u otro requisito equivalente y concluye cuando el imputado queda a disposición del Juez de control para que se le formule imputación, e

b) Investigación complementaria, que comprende desde la formulación de la imputación y se agota una vez que se haya cerrado la investigación;

II. La intermedia o de preparación del juicio, que comprende desde la formulación de la acusación hasta el auto de apertura del juicio, y

III. La de juicio, que comprende desde que se recibe el auto de apertura a juicio hasta la sentencia emitida por el Tribunal de enjuiciamiento.

La investigación no se interrumpe ni se suspende durante el tiempo en que se lleve a cabo la audiencia inicial hasta su conclusión o durante la víspera de la ejecución de una orden de aprehensión. El ejercicio de la acción inicia con la solicitud de citatorio a audiencia inicial, puesta a disposición del detenido ante la autoridad judicial o cuando se solicita la orden de aprehensión o comparecencia, con lo cual el Ministerio Público no perderá la dirección de la investigación.

El proceso dará inicio con la audiencia inicial, y terminará con la sentencia firme.

TÍTULO III
ETAPA DE INVESTIGACIÓN

CAPÍTULO I
DISPOSICIONES COMUNES A LA INVESTIGACIÓN

Artículo 212. Deber de investigación penal

Cuando el Ministerio Público tenga conocimiento de la existencia de un hecho que la ley señale como delito, dirigirá la investigación penal, sin que pueda suspender, interrumpir o hacer cesar su curso, salvo en los casos autorizados en la misma.

La investigación deberá realizarse de manera inmediata, eficiente, exhaustiva, profesional e imparcial, libre de estereotipos y discriminación, orientada a explorar todas las líneas de investigación posibles que permitan allegarse de datos para el esclarecimiento del hecho que la ley señala como delito, así como la identificación de quien lo cometió o participó en su comisión.

Artículo 213. Objeto de la investigación

La investigación tiene por objeto que el Ministerio Público reúna indicios para el esclarecimiento de los hechos y, en su caso, los datos de prueba para sustentar el ejercicio de la acción penal, la acusación contra el imputado y la reparación del daño.

Artículo 214. Principios que rigen a las autoridades de la investigación

Las autoridades encargadas de desarrollar la investigación de los delitos se regirán por los principios de legalidad, objetividad, eficiencia, profesionalismo, honradez, lealtad y respeto a los derechos humanos reconocidos en la Constitución y en los Tratados.

Artículo 215. Obligación de suministrar información

Toda persona o servidor público está obligado a proporcionar oportunamente la información que requieran el Ministerio Público y la Policía en el ejercicio de sus funciones de investigación de un hecho delictivo concreto. En caso de ser citados para ser entrevistados por el Ministerio Público o la Policía, tienen obligación de comparecer y sólo podrán excusarse en los casos expresamente previstos en la ley. En caso de incumplimiento, se incurrirá en responsabilidad y será sancionado de conformidad con las leyes aplicables.

Artículo 216. Proposición de actos de investigación

Durante la investigación, tanto el imputado cuando haya comparecido o haya sido entrevistado, como su Defensor, así como la víctima u ofendido, podrán solicitar al Ministerio Público todos aquellos actos de investigación que consideraren pertinentes y útiles para el esclarecimiento de los hechos. El Ministerio Público ordenará que se lleven a cabo aquellos que sean conducentes. La solicitud deberá resolverse en un plazo máximo de tres días siguientes a la fecha en que se haya formulado la petición al Ministerio Público.

Artículo 217. Registro de los actos de investigación

El Ministerio Público y la Policía deberán dejar registro de todas las actuaciones que se realicen durante la investigación de los delitos, utilizando al efecto cualquier medio que permita garantizar que la información recabada sea completa, íntegra y exacta, así como el acceso a la misma por parte de los sujetos que de acuerdo con la ley tuvieren derecho a exigirlo.

Cada acto de investigación se registrará por separado, y será firmado por quienes hayan intervenido. Si no quisieren o no pudieren firmar, se imprimirá su huella digital. En caso de que esto no sea posible o la persona se niegue a imprimir su huella, se hará constar el motivo.

El registro de cada actuación deberá contener por lo menos la indicación de la fecha, hora y lugar en que se haya efectuado, identificación de los servidores públicos y demás personas que hayan intervenido y una breve descripción de la actuación y, en su caso, de sus resultados.

Artículo 218. Reserva de los actos de investigación

(REFORMADO, D.O.F. 17 DE JUNIO DE 2016)

Los registros de la investigación, así como todos los documentos, independientemente de su contenido o naturaleza, los objetos, los registros de voz e imágenes o cosas que le estén relacionados, son estrictamente reservados, por lo que únicamente las partes, podrán tener acceso a los mismos, con las limitaciones establecidas en este Código y demás disposiciones aplicables.

(ADICIONADO, D.O.F. 17 DE JUNIO DE 2016)

La víctima u ofendido y su Asesor Jurídico podrán tener acceso a los registros de la investigación en cualquier momento.

(ADICIONADO, D.O.F. 17 DE JUNIO DE 2016)

El imputado y su defensor podrán tener acceso a ellos cuando se encuentre detenido, sea citado para comparecer como imputado o sea sujeto de un acto de molestia y se pretenda recibir su entrevista, a partir de este momento ya no podrán mantenerse en reserva los registros para el imputado o su Defensor a fin de no afectar su derecho de defensa. Para los efectos de este párrafo, se entenderá como acto de molestia lo dispuesto en el artículo 266 de este Código.

(REFORMADO, D.O.F. 17 DE JUNIO DE 2016)

En ningún caso la reserva de los registros podrá hacerse valer en perjuicio del imputado y su Defensor, una vez dictado el auto de vinculación a proceso, salvo lo previsto en este Código o en las leyes especiales.

(ADICIONADO, D.O.F. 17 DE JUNIO DE 2016)

Para efectos de acceso a la información pública gubernamental, el Ministerio Público únicamente deberá proporcionar una versión pública de las determinaciones de no ejercicio de la acción penal, archivo temporal o de aplicación de un criterio de oportunidad, siempre que haya transcurrido un plazo igual al de prescripción de los delitos de que se trate, de conformidad con lo dispuesto en el Código Penal Federal o estatal correspondiente, sin que pueda ser menor de tres años, ni mayor de doce años, contado a partir de que dicha determinación haya quedado firme.

Artículo 219. Acceso a los registros y la audiencia inicial

Una vez convocados a la audiencia inicial, el imputado y su Defensor tienen derecho a consultar los registros de la investigación y a obtener copia, con la oportunidad debida para preparar la defensa. En caso que el Ministerio Público se niegue a permitir el acceso a los registros o a la obtención de las copias, podrán acudir ante el Juez de control para que resuelva lo conducente.

Artículo 220. Excepciones para el acceso a la información

El Ministerio Público podrá solicitar excepcionalmente al Juez de control que determinada información se mantenga bajo reserva aún después de la vinculación a proceso, cuando sea necesario para evitar la destrucción, alteración u ocultamiento de pruebas, la intimidación, amenaza o influencia a los testigos del hecho, para asegurar el éxito de la investigación, o para garantizar la protección de personas o bienes jurídicos.

Si el Juez de control considera procedente la solicitud, así lo resolverá y determinará el plazo de la reserva, siempre que la información que se solicita sea reservada, sea oportunamente revelada para no afectar el derecho de defensa. La reserva podrá ser prorrogada cuando sea estrictamente necesario, pero no podrá prolongarse hasta después de la formulación de la acusación.

CAPÍTULO II
INICIO DE LA INVESTIGACIÓN

Artículo 221. Formas de inicio

La investigación de los hechos que revistan características de un delito podrá iniciarse por denuncia, por querella o por su equivalente cuando la ley lo exija. El Ministerio Público y la Policía están obligados a proceder sin mayores requisitos a la investigación de los hechos de los que tengan noticia.

Tratándose de delitos que deban perseguirse de oficio, bastará para el inicio de la investigación la comunicación que haga cualquier persona, en la que se haga del conocimiento de la autoridad investigadora los hechos que pudieran ser constitutivos de un delito.

Tratándose de informaciones anónimas, la Policía constatará la veracidad de los datos aportados mediante los actos de investigación que consideren conducentes para este efecto. De confirmarse la información, se iniciará la investigación correspondiente.

Cuando el Ministerio Público tenga conocimiento de la probable comisión de un hecho delictivo cuya persecución dependa de querella o de cualquier otro requisito equivalente que deba formular alguna autoridad, lo comunicará por escrito y de inmediato a ésta, a fin de que resuelva lo que a sus facultades o atribuciones corresponda. Las autoridades harán saber por escrito al Ministerio Público la determinación que adopten.

El Ministerio Público podrá aplicar el criterio de oportunidad en los casos previstos por las disposiciones legales aplicables o no iniciar investigación cuando resulte evidente que no hay delito que perseguir. Las decisiones del Ministerio Público serán impugnables en los términos que prevé este Código.

Artículo 222. Deber de denunciar

Toda persona a quien le conste que se ha cometido un hecho probablemente constitutivo de un delito está obligada a denunciarlo ante el Ministerio Público y en caso de urgencia ante cualquier agente de la Policía.

Quien en ejercicio de funciones públicas tenga conocimiento de la probable existencia de un hecho que la ley señale como delito, está obligado a denunciarlo inmediatamente al Ministerio Público, proporcionándole todos los datos que tuviere, poniendo a su disposición a los imputados, si hubieren sido detenidos en flagrancia. Quien tenga el deber jurídico de denunciar y no lo haga, será acreedor a las sanciones correspondientes.

(ADICIONADO, D.O.F. 17 DE JUNIO DE 2016)

Cuando el ejercicio de las funciones públicas a que se refiere el párrafo anterior, correspondan a la coadyuvancia con las autoridades responsables de la seguridad pública, además de cumplir con lo previsto en dicho párrafo, la intervención de los servidores públicos respectivos deberá limitarse a preservar el lugar de los hechos hasta el arribo de las autoridades competentes y, en su caso, adoptar las medidas a su alcance para que se brinde atención médica de urgencia a los heridos si los hubiere, así como poner a disposición de la autoridad a los detenidos por conducto o en coordinación con la policía.

No estarán obligados a denunciar quienes al momento de la comisión del delito detenten el carácter de tutor, curador, pupilo, cónyuge, concubina o concubinario, conviviente del imputado, los parientes por consanguinidad o por afinidad en la línea recta ascendente o descendente hasta el cuarto grado y en la colateral por consanguinidad o afinidad, hasta el segundo grado inclusive.

Artículo 223. Forma y contenido de la denuncia

La denuncia podrá formularse por cualquier medio y deberá contener, salvo los casos de denuncia anónima o reserva de identidad, la identificación del denunciante, su domicilio, la narración circunstanciada del hecho, la indicación de quién o quiénes lo habrían cometido y de las personas que lo hayan presenciado o que tengan noticia de él y todo cuanto le constare al denunciante.

En el caso de que la denuncia se haga en forma oral, se levantará un registro en presencia del denunciante, quien previa lectura que se haga de la misma, lo firmará junto con el servidor público que la reciba. La denuncia escrita será firmada por el denunciante.

En ambos casos, si el denunciante no pudiere firmar, estampará su huella digital, previa lectura que se le haga de la misma.

Artículo 224. Trámite de la denuncia

Cuando la denuncia sea presentada directamente ante el Ministerio Público, éste iniciará la investigación conforme a las reglas previstas en este Código.

Cuando la denuncia sea presentada ante la Policía, ésta informará de dicha circunstancia al Ministerio Público en forma inmediata y por cualquier medio, sin perjuicio de realizar las diligencias urgentes que se requieran dando cuenta de ello en forma posterior al Ministerio Público.

Artículo 225. Querella u otro requisito equivalente

La querella es la expresión de la voluntad de la víctima u ofendido o de quien legalmente se encuentre facultado para ello, mediante la cual manifiesta expresamente ante el Ministerio Público su pretensión de que se inicie la investigación de uno o varios hechos que la ley señale como delitos y que requieran de este requisito de procedibilidad para ser investigados y, en su caso, se ejerza la acción penal correspondiente.

La querella deberá contener, en lo conducente, los mismos requisitos que los previstos para la denuncia. El Ministerio Público deberá cerciorarse que éstos se encuentren debidamente satisfechos para, en su caso, proceder en los términos que prevé el presente Código. Tratándose de requisitos de procedibilidad equivalentes, el Ministerio Público deberá realizar la misma verificación.

Artículo 226. Querella de personas menores de edad o que no tienen capacidad para comprender el significado del hecho

Tratándose de personas menores de dieciocho años, o de personas que no tengan la capacidad de comprender el significado del hecho, la querella podrá ser presentada por quienes ejerzan la patria potestad o la tutela o sus representantes legales, sin perjuicio de que puedan hacerlo por sí mismos, por sus hermanos o un tercero, cuando se trate de delitos cometidos en su contra por quienes ejerzan la patria potestad, la tutela o sus propios representantes.

CAPÍTULO III
TÉCNICAS DE INVESTIGACIÓN

Artículo 227. Cadena de custodia

La cadena de custodia es el sistema de control y registro que se aplica al indicio, evidencia, objeto, instrumento o producto del hecho delictivo, desde su localización, descubrimiento o aportación, en el lugar de los hechos o del hallazgo, hasta que la autoridad competente ordene su conclusión.

Con el fin de corroborar los elementos materiales probatorios y la evidencia física, la cadena de custodia se aplicará teniendo en cuenta los siguientes factores: identidad, estado original, condiciones de recolección, preservación, empaque y traslado; lugares y fechas de permanencia y los cambios que en cada custodia se hayan realizado; igualmente se registrará el nombre y la identificación de todas las personas que hayan estado en contacto con esos elementos.

Artículo 228. Responsables de cadena de custodia

La aplicación de la cadena de custodia es responsabilidad de quienes en cumplimiento de las funciones propias de su encargo o actividad, en los términos de ley, tengan contacto con los indicios, vestigios, evidencias, objetos, instrumentos o productos del hecho delictivo.

Cuando durante el procedimiento de cadena de custodia los indicios, huellas o vestigios del hecho delictivo, así como los instrumentos, objetos o productos del delito se alteren, no perderán su valor probatorio, a menos que la autoridad competente verifique que han sido modificados de tal forma que hayan perdido su eficacia para acreditar el hecho o circunstancia de que se trate. Los indicios, huellas o vestigios del hecho delictivo, así como los instrumentos, objetos o productos del delito deberán concatenarse con otros medios probatorios para tal fin. Lo anterior, con independencia de la responsabilidad en que pudieran incurrir los servidores públicos por la inobservancia de este procedimiento.

Artículo 229. Aseguramiento de bienes, instrumentos, objetos o productos del delito

Los instrumentos, objetos o productos del delito, así como los bienes en que existan huellas o pudieran tener relación con éste, siempre que guarden relación directa con el lugar de los hechos o del hallazgo, serán asegurados durante el desarrollo de la investigación, a fin de que no se alteren, destruyan o desaparezcan. Para tales efectos se establecerán controles específicos para su resguardo, que atenderán como mínimo a la naturaleza del bien y a la peligrosidad de su conservación.

Artículo 230. Reglas sobre el aseguramiento de bienes

El aseguramiento de bienes se realizará conforme a lo siguiente:

I. El Ministerio Público, o la Policía en auxilio de éste, deberá elaborar un inventario de todos y cada uno de los bienes que se pretendan asegurar, firmado por el imputado o la persona con quien se atienda el acto de investigación. Ante su ausencia o negativa, la relación deberá ser firmada por dos testigos presenciales que preferentemente no sean miembros de la Policía y cuando ello suceda, que no hayan participado materialmente en la ejecución del acto;

II. La Policía deberá tomar las providencias necesarias para la debida preservación del lugar de los hechos o del hallazgo y de los indicios, huellas, o vestigios del hecho delictivo, así como de los instrumentos, objetos o productos del delito asegurados, y

(REFORMADA, D.O.F. 9 DE AGOSTO DE 2019)

III. Los bienes asegurados y el inventario correspondiente se pondrán a la brevedad a disposición de la autoridad competente, de conformidad con las disposiciones aplicables. Se deberá informar si los bienes asegurados son indicio, evidencia física, objeto, instrumento o producto del hecho delictivo.

Artículo 231. Notificación del aseguramiento y abandono

El Ministerio Público deberá notificar al interesado o a su representante legal el aseguramiento del objeto, instrumento o producto del delito, dentro de los sesenta días naturales siguientes a su ejecución, entregando o poniendo a su disposición, según sea el caso, una copia del registro de aseguramiento, para que manifieste lo que a su derecho convenga.

(REFORMADO, D.O.F. 9 DE AGOSTO DE 2019)

Cuando se desconozca la identidad o domicilio del interesado, la notificación se hará por dos edictos que se publicarán en el Diario Oficial de la Federación o su equivalente, en el medio de difusión oficial en la Entidad federativa que corresponda y en un periódico de circulación nacional o estatal, según corresponda, con un intervalo de diez días hábiles entre cada publicación. En la notificación se apercibirá al interesado o a su representante legal para que se abstenga de ejercer actos de dominio sobre los bienes asegurados y se le apercibirá que de no manifestar lo que a su derecho convenga, en un término de noventa días naturales siguientes al de la notificación, los bienes causarán abandono a favor del Gobierno Federal o de la Entidad federativa de que se trate, según corresponda.

Transcurrido dicho plazo sin que ninguna persona se haya presentado a deducir derechos sobre los bienes asegurados, el Ministerio Público solicitará al Juez de control que declare el abandono de los bienes y éste citará al interesado, a la víctima u ofendido y al Ministerio Público a una audiencia dentro de los diez días siguientes a la solicitud a que se refiere el párrafo anterior.

La citación a la audiencia se realizará como sigue:

I. Al Ministerio Público, conforme a las reglas generales establecidas en este Código;

II. A la víctima u ofendido, de manera personal y cuando se desconozca su domicilio o identidad, por estrados y boletín judicial, y

III. Al interesado de manera personal y cuando se desconozca su domicilio o identidad, de conformidad con las reglas de la notificación previstas en el presente Código.

El Juez de control, al resolver sobre el abandono, verificará que la notificación realizada al interesado haya cumplido con las formalidades que prevé este Código; que haya transcurrido el plazo correspondiente y que no se haya presentado persona alguna ante el Ministerio Público a deducir derechos sobre los bienes asegurados o que éstos no hayan sido reconocidos o que no se hubieren cubierto los requerimientos legales.

(REFORMADA, D.O.F. 9 DE AGOSTO DE 2019)

La declaratoria de abandono será notificada, en su caso, a la autoridad competente que tenga los bienes bajo su administración para efecto de que sean destinados al Gobierno Federal o de la Entidad federativa que corresponda, en términos de las disposiciones aplicables.

Artículo 232. Custodia y disposición de los bienes asegurados

Cuando los bienes que se aseguren hayan sido previamente embargados, intervenidos, secuestrados o asegurados, se notificará el nuevo aseguramiento a las autoridades que hayan ordenado dichos actos. Los bienes continuarán en custodia de quien se haya designado para ese fin, y a disposición de la autoridad judicial o del Ministerio Público para los efectos del procedimiento penal. De levantarse el embargo, intervención, secuestro o aseguramiento previos, quien los tenga bajo su custodia, los entregará a la autoridad competente para efectos de su administración.

Sobre los bienes asegurados no podrán ejercerse actos de dominio por sus propietarios, depositarios, interventores o administradores, durante el tiempo que dure el aseguramiento en el procedimiento penal, salvo los casos expresamente señalados por las disposiciones aplicables.

El aseguramiento no implica modificación alguna a los gravámenes o limitaciones de dominio existentes con anterioridad sobre los bienes.

Artículo 233. Registro de los bienes asegurados

Se hará constar en los registros públicos que correspondan, de conformidad con las disposiciones aplicables:

I. El aseguramiento de bienes inmuebles, derechos reales, aeronaves, embarcaciones, empresas, negociaciones, establecimientos, acciones, partes sociales, títulos bursátiles y cualquier otro bien o derecho susceptible de registro o constancia, y

II. El nombramiento del depositario, interventor o administrador, de los bienes a que se refiere la fracción anterior.

El registro o su cancelación se realizarán sin más requisito que el oficio que para tal efecto emita la autoridad judicial o el Ministerio Público.

Artículo 234. Frutos de los bienes asegurados

A los frutos o rendimientos de los bienes durante el tiempo del aseguramiento, se les dará el mismo tratamiento que a los bienes asegurados que los generen.

Ni el aseguramiento de bienes ni su conversión a numerario implican que éstos entren al erario público.

(REFORMADO PRIMER PÁRRAFO, D.O.F. 12 DE ENERO DE 2016)

Artículo 235. Aseguramiento de narcóticos y productos relacionados con delitos de propiedad intelectual, derechos de autor e hidrocarburos.

Cuando se aseguren narcóticos previstos en cualquier disposición, productos relacionados con delitos de propiedad intelectual y derechos de autor o bienes que impliquen un alto costo o peligrosidad por su conservación, si esta medida es procedente, el Ministerio Público ordenará su destrucción, previa autorización o intervención de las autoridades correspondientes, debiendo previamente fotografiarlos o videograbarlos, así como levantar un acta en la que se haga constar la naturaleza, peso, cantidad o volumen y demás características de éstos, debiéndose recabar muestras del mismo para que obren en los registros de la investigación que al efecto se inicie.

(ADICIONADO, D.O.F. 12 DE ENERO DE 2016)

Cuando se aseguren hidrocarburos, petrolíferos o petroquímicos y demás activos, se pondrán a disposición del Ministerio Público de la Federación, quien sin dilación alguna procederá a su entrega a los asignatarios, contratistas o permisionarios, o a quien resulte procedente, quienes estarán obligados a recibirlos en los mismos términos, para su destino final, previa inspección en la que se determinará la naturaleza, volumen y demás características de éstos; conservando muestras representativas para la elaboración de los dictámenes periciales que hayan de producirse en la carpeta de investigación y en proceso, según sea el caso.

Artículo 236. Objetos de gran tamaño

Los objetos de gran tamaño, como naves, aeronaves, vehículos automotores, máquinas, grúas y otros similares, después de ser examinados por peritos para recoger indicios que se hallen en ellos, podrán ser videograbados o fotografiados en su totalidad y se registrarán del mismo modo los sitios en donde se hallaron huellas, rastros, narcóticos, armas, explosivos o similares que puedan ser objeto o producto de delito.

Artículo 237. Aseguramiento de objetos de gran tamaño

Los objetos mencionados en el artículo precedente, después de que sean examinados, fotografiados, o videograbados podrán ser devueltos, con o sin reservas, al propietario, poseedor o al tenedor legítimo según el caso, previa demostración de la calidad invocada, siempre y cuando no hayan sido medios eficaces para la comisión del delito.

Artículo 238. Aseguramiento de flora y fauna

Las especies de flora y fauna de reserva ecológica que se aseguren, serán provistas de los cuidados necesarios y depositados en zoológicos, viveros o en instituciones análogas, considerando la opinión de la dependencia competente o institución de educación superior o de investigación científica.

Artículo 239. Requisitos para el aseguramiento de vehículos

Tratándose de delitos culposos ocasionados con motivo del tránsito de vehículos, estos se entregarán en depósito a quien se legitime como su propietario o poseedor.

Previo a la entrega del vehículo, el Ministerio Público debe cerciorarse:

I. Que el vehículo no tenga reporte de robo;

II. Que el vehículo no se encuentre relacionado con otro hecho delictivo;

III. Que se haya dado oportunidad a la otra parte de solicitar y practicar los peritajes necesarios, y

IV. Que no exista oposición fundada para la devolución por parte de terceros, o de la aseguradora.

Artículo 240. Aseguramiento de vehículos

En caso de que se presente alguno de los supuestos anteriores, el Ministerio Público podrá ordenar el aseguramiento y resguardo del vehículo hasta en tanto se esclarecen los hechos, sujeto a la aprobación judicial en términos de lo previsto por este Código.

(ADICIONADO, D.O.F. 9 DE AGOSTO DE 2019)

En la aprobación judicial se determinará si los bienes asegurados son indicio, evidencia física, objeto, instrumento o producto del hecho delictivo, determinando su conservación o su administración, en términos de las disposiciones aplicables.

Artículo 241. Aseguramiento de armas de fuego o explosivos

Cuando se aseguren armas de fuego o explosivos se hará del conocimiento de la Secretaría de la Defensa Nacional, así como de las demás autoridades que establezcan las disposiciones legales aplicables.

(NOTA: EL 22 DE MARZO DE 2018, EL PLENO DE LA SUPREMA CORTE DE JUSTICIA DE LA NACIÓN, EN EL APARTADO VI, SUBAPARTADO 3, Y APARTADO VII, ASÍ COMO EN EL RESOLUTIVO CUARTO DE LA SENTENCIA DICTADA AL RESOLVER LA ACCIÓN DE INCONSTITUCIONALIDAD 10/2014 Y SU ACUMULADA 11/2014, DECLARÓ LA INVALIDEZ DE ESTE ARTÍCULO, LA CUAL SURTIÓ EFECTOS EL 25 DE JUNIO DE 2018 DE ACUERDO A LAS CONSTANCIAS QUE OBRAN EN LA SECRETARÍA GENERAL DE ACUERDOS DE LA SUPREMA CORTE DE JUSTICIA DE LA NACIÓN. DICHA SENTENCIA PUEDE SER CONSULTADA EN LA DIRECCIÓN ELECTRÓNICA http://www2.scjn.gob.mx/).

Artículo 242. Aseguramiento de bienes o derechos relacionados con operaciones financieras

El Ministerio Público o a solicitud de la Policía podrá ordenar la suspensión, o el aseguramiento de cuentas, títulos de crédito y en general cualquier bien o derecho relativos a operaciones que las instituciones financieras establecidas en el país celebren con sus clientes y dará aviso inmediato a la autoridad encargada de la administración de los bienes asegurados y a las autoridades competentes, quienes tomarán las medidas necesarias para evitar que los titulares respectivos realicen cualquier acto contrario al aseguramiento.

Artículo 243. Efectos del aseguramiento en actividades lícitas

El aseguramiento no será causa para el cierre o suspensión de actividades de empresas, negociaciones o establecimientos con actividades lícitas.

(ADICIONADO, D.O.F. 12 DE ENERO DE 2016)

Tratándose de los delitos que refiere la Ley Federal para Prevenir y Sancionar los Delitos Cometidos en Materia de Hidrocarburos, el Ministerio Público de la Federación, asegurará el establecimiento mercantil o empresa prestadora del servicio e inmediatamente notificará al Servicio de Administración y Enajenación de Bienes con la finalidad de que el establecimiento mercantil o empresa asegurada le sea transferida.

(ADICIONADO, D.O.F. 12 DE ENERO DE 2016)

Previo a que la empresa sea transferida al Servicio de Administración y Enajenación de Bienes, se retirará el producto ilícito de los contenedores del establecimiento o empresa y se suministrarán los hidrocarburos lícitos con el objeto de continuar las actividades, siempre y cuando la empresa cuente con los recursos para la compra del producto; suministro que se llevará a cabo una vez que la empresa haya sido transferida al Servicio de Administración y Enajenación de Bienes para su administración.

(ADICIONADO, D.O.F. 12 DE ENERO DE 2016)

En caso de que el establecimiento o empresa prestadora del servicio corresponda a un franquiciatario o permisionario, el aseguramiento constituirá causa justa para que el franquiciante pueda dar por terminados los contratos respectivos en términos de la Ley de la Propiedad Industrial, y tratándose del permisionario, el otorgante del permiso pueda revocarlo. Para lo anterior, previamente la autoridad ministerial o judicial deberá determinar su destino.

Artículo 244. Cosas no asegurables

No estarán sujetas al aseguramiento las comunicaciones y cualquier información que se genere o intercambie entre el imputado y las personas que no están obligadas a declarar como testigos por razón de parentesco, secreto profesional o cualquiera otra establecida en la ley. En todo caso, serán inadmisibles como fuente de información o medio de prueba.

No habrá lugar a estas excepciones cuando existan indicios de que las personas mencionadas en este artículo, distintas al imputado, estén involucradas como autoras o partícipes del hecho punible o existan indicios fundados de que están encubriéndolo ilegalmente.

Artículo 245. Causales de procedencia para la devolución de bienes asegurados

La devolución de bienes asegurados procede en los casos siguientes:

I. Cuando el Ministerio Público resuelva el no ejercicio de la acción penal, la aplicación de un criterio de oportunidad, la reserva o archivo temporal, se abstenga de acusar, o levante el aseguramiento de conformidad con las disposiciones aplicables, o

II. Cuando la autoridad judicial levante el aseguramiento o no decrete el decomiso, de conformidad con las disposiciones aplicables.

(ADICIONADO, D.O.F. 9 DE AGOSTO DE 2019)

La devolución se realizará en el estado físico de conservación que conforme a su naturaleza adquiera el bien, o el valor del mismo.

Artículo 246. Entrega de bienes

Las autoridades deberán devolver a la persona que acredite o demuestre derechos sobre los bienes que no estén sometidos a decomiso, aseguramiento, restitución o embargo, inmediatamente después de realizar las diligencias conducentes. En todo caso, se dejará constancia mediante fotografías u otros medios que resulten idóneos de estos bienes.

Esta devolución podrá ordenarse en depósito provisional y al poseedor se le podrá imponer la obligación de exhibirlos cuando se le requiera.

(REFORMADO, D.O.F. 9 DE AGOSTO DE 2019)

Dentro de los treinta días siguientes a la notificación del acuerdo de devolución, la autoridad judicial o el Ministerio Público notificarán su resolución al interesado o al representante legal, para que dentro de los diez días siguientes a dicha notificación se presente a recogerlos, bajo el apercibimiento que de no hacerlo, los bienes causarán abandono a favor del Gobierno Federal o de la

Entidad federativa de que se trate, según corresponda y se procederá en los términos previstos en este Código.

Cuando se haya hecho constar el aseguramiento de los bienes en los registros públicos, la autoridad que haya ordenado su devolución ordenará su cancelación.

Artículo 247. Devolución de bienes asegurados

La devolución de los bienes asegurados incluirá la entrega de los frutos que, en su caso, hubieren generado.

(ADICIONADO, D.O.F. 9 DE AGOSTO DE 2019)

Previo a la instrucción de devolución, el Ministerio Público deberá revisar que los bienes no hayan causado abandono en los términos establecidos por este Código.

La devolución de numerario comprenderá la entrega del principal y, en su caso, de sus rendimientos durante el tiempo en que haya sido administrado, a la tasa que cubra la Tesorería de la Federación o la instancia correspondiente en las Entidades federativas por los depósitos a la vista que reciba.

La autoridad que haya administrado empresas, negociaciones o establecimientos, al devolverlas rendirá cuentas de la administración que hubiere realizado a la persona que tenga derecho a ello, y le entregará los documentos, objetos, numerario y, en general, todo aquello que haya comprendido la administración.

Previo a la recepción de los bienes por parte del interesado, se dará oportunidad a éste para que revise e inspeccione las condiciones en que se encuentren los mismos, a efecto de que verifique el inventario correspondiente.

(REFORMADO, D.O.F. 9 DE AGOSTO DE 2019)

Artículo 248. Bienes que hubieren sido convertidos a numerario o sobre los que exista imposibilidad de devolver

Cuando se determine por la autoridad competente la devolución de los bienes que hubieren sido convertidos a numerario o haya imposibilidad para devolverlos, deberá cubrirse a la persona que tenga la titularidad del derecho de devolución el valor de los mismos, de conformidad con la legislación aplicable.

Artículo 249. Aseguramiento por valor equivalente

(NOTA: EL 22 DE MARZO DE 2018, EL PLENO DE LA SUPREMA CORTE DE JUSTICIA DE LA NACIÓN, EN EL APARTADO VI, SUBAPARTADO 4, Y APARTADO VII, ASÍ COMO EN EL RESOLUTIVO CUARTO DE LA SENTENCIA DICTADA AL RESOLVER LA ACCIÓN DE INCONSTITUCIONALIDAD 10/2014 Y SU ACUMULADA 11/2014, DECLARÓ LA INVALIDEZ DE LA PORCIÓN NORMATIVA DE ESTE ARTÍCULO INDICADA CON MAYÚSCULAS, LA CUAL SURTIÓ EFECTOS EL 25 DE JUNIO DE 2018 DE ACUERDO A LAS CONSTANCIAS QUE OBRAN EN LA SECRETARÍA GENERAL DE ACUERDOS DE LA SUPREMA CORTE DE JUSTICIA DE LA NACIÓN. DICHA SENTENCIA PUEDE SER CONSULTADA EN LA DIRECCIÓN ELECTRÓNICA http://www2.scjn.gob.mx/).

En caso de que el producto, los instrumentos u objetos del hecho delictivo hayan desaparecido o no se localicen por causa atribuible al imputado, el Ministerio Público DECRETARÁ O solicitará al Órgano jurisdiccional correspondiente el embargo precautorio, el aseguramiento y, en su caso, el decomiso de bienes propiedad del o de los imputados, así como de aquellos respecto de los cuales se conduzcan como dueños, cuyo valor equivalga a dicho producto, sin menoscabo de las disposiciones aplicables en materia de extinción de dominio.

Artículo 250. Decomiso

La autoridad judicial mediante sentencia en el proceso penal correspondiente, podrá decretar el decomiso de bienes, con excepción de los que hayan causado abandono en los términos de este Código o respecto de aquellos sobre los cuales haya resuelto la declaratoria de extinción de dominio.

(ADICIONADO, D.O.F. 9 DE AGOSTO DE 2019)

Cuando se haya hecho constar el aseguramiento de los bienes en los registros públicos, la autoridad que haya ordenado su decomiso solicitará la inscripción de la sentencia.

(REFORMADO, D.O.F. 9 DE AGOSTO DE 2019)

El numerario decomisado y los recursos que se obtengan por la enajenación de los bienes decomisados, una vez satisfecha la reparación a la víctima, y descontado el porcentaje por concepto de gastos indirectos de operación a que refiere la Ley de Ingresos de la Federación, del ejercicio fiscal que corresponda, a favor del Instituto de Administración de Bienes y Activos, serán entregados en partes iguales al Poder Judicial de la Federación, a la Fiscalía General de la

República, al fondo previsto en la Ley General de Víctimas y al financiamiento de programas sociales conforme a los objetivos establecidos en el Plan Nacional de Desarrollo, u otras políticas públicas prioritarias, conforme lo determine el Gabinete Social de la Presidencia de la República a que se refiere la Ley Orgánica de la Administración Pública Federal a través de la instancia designada para tal efecto. Para el caso del reparto del producto de la extinción de dominio en el fuero común, serán entregados en las mismas proporciones a las instancias equivalentes existentes en cada Entidad federativa.

Artículo 251. Actuaciones en la investigación que no requieren autorización previa del Juez de control

No requieren autorización del Juez de control los siguientes actos de investigación:

I. La inspección del lugar del hecho o del hallazgo;

II. La inspección de lugar distinto al de los hechos o del hallazgo;

III. La inspección de personas;

IV. La revisión corporal;

V. La inspección de vehículos;

VI. El levantamiento e identificación de cadáver;

VII. La aportación de comunicaciones entre particulares;

VIII. El reconocimiento de personas;

IX. La entrega vigilada y las operaciones encubiertas, en el marco de una investigación y en los términos que establezcan los protocolos emitidos para tal efecto por el Procurador;

(REFORMADA, D.O.F. 17 DE JUNIO DE 2016)

X. La entrevista de testigos;

(ADICIONADA, D.O.F. 17 DE JUNIO DE 2016)

XI. Recompensas, en términos de los acuerdos que para tal efecto emite el Procurador, y

XII. Las demás en las que expresamente no se prevea control judicial.

En los casos de la fracción IX, dichas actuaciones deberán ser autorizadas por el Procurador o por el servidor público en quien éste delegue dicha facultad.

Para los efectos de la fracción X de este artículo, cuando un testigo se niegue a ser entrevistado, será citado por el Ministerio Público o en su caso por el Juez de control en los términos que prevé el presente Código.

Artículo 252. Actos de investigación que requieren autorización previa del Juez de control

Con excepción de los actos de investigación previstos en el artículo anterior, requieren de autorización previa del Juez de control todos los actos de investigación que impliquen afectación a derechos establecidos en la Constitución, así como los siguientes:

I. La exhumación de cadáveres;

II. Las órdenes de cateo;

III. La intervención de comunicaciones privadas y correspondencia;

IV. La toma de muestras de fluido corporal, vello o cabello, extracciones de sangre u otros análogos, cuando la persona requerida, excepto la víctima u ofendido, se niegue a proporcionar la misma;

V. El reconocimiento o examen físico de una persona cuando aquélla se niegue a ser examinada, y

VI. Las demás que señalen las leyes aplicables.

CAPÍTULO IV
FORMAS DE TERMINACIÓN DE LA INVESTIGACIÓN

Artículo 253. Facultad de abstenerse de investigar

El Ministerio Público podrá abstenerse de investigar, cuando los hechos relatados en la denuncia, querella o acto equivalente, no fueren constitutivos de delito o cuando los antecedentes y datos suministrados permitan establecer que se encuentra extinguida la acción penal o la responsabilidad penal del imputado. Esta decisión será siempre fundada y motivada.

Artículo 254. Archivo temporal

El Ministerio Público podrá archivar temporalmente aquellas investigaciones en fase inicial en las que no se encuentren antecedentes, datos suficientes o elementos de los que se puedan establecer líneas de investigación que permitan realizar diligencias tendentes a esclarecer los hechos que dieron origen a la investigación. El archivo subsistirá en tanto se obtengan datos que permitan continuarla a fin de ejercitar la acción penal.

Artículo 255. No ejercicio de la acción

(REFORMADO PRIMER PÁRRAFO, D.O.F. 17 DE JUNIO DE 2016)

Antes de la audiencia inicial, el Ministerio Público previa autorización del Procurador o del servidor público en quien se delegue la facultad, podrá decretar el no ejercicio de la acción penal cuando de los antecedentes del caso le permitan concluir que en el caso concreto se actualiza alguna de las causales de sobreseimiento previstas en este Código.

(ADICIONADO, D.O.F. 17 DE JUNIO DE 2016)

La determinación de no ejercicio de la acción penal, para los casos del artículo 327 del presente Código, inhibe una nueva persecución penal por los mismos hechos respecto del indiciado, salvo que sea por diversos hechos o en contra de diferente persona.

Artículo 256. Casos en que operan los criterios de oportunidad

(REFORMADO PRIMER PÁRRAFO, D.O.F. 17 DE JUNIO DE 2016)

Iniciada la investigación y previo análisis objetivo de los datos que consten en la misma, conforme a las disposiciones normativas de cada Procuraduría, el Ministerio Público, podrá abstenerse de ejercer la acción penal con base en la aplicación de criterios de oportunidad, siempre que, en su caso, se hayan reparado o garantizado los daños causados a la víctima u ofendido.

La aplicación de los criterios de oportunidad será procedente en cualquiera de los siguientes supuestos:

I. Se trate de un delito que no tenga pena privativa de libertad, tenga pena alternativa o tenga pena privativa de libertad cuya punibilidad máxima sea de cinco años de prisión, siempre que el delito no se haya cometido con violencia;

II. Se trate de delitos de contenido patrimonial cometidos sin violencia sobre las personas o de delitos culposos, siempre que el imputado no hubiere actuado en estado de ebriedad, bajo el influjo de narcóticos o de cualquier otra sustancia que produzca efectos similares;

III. Cuando el imputado haya sufrido como consecuencia directa del hecho delictivo un daño físico o psicoemocional grave, o cuando el imputado haya contraído una enfermedad terminal que torne notoriamente innecesaria o desproporcional la aplicación de una pena;

(REFORMADA, D.O.F. 17 DE JUNIO DE 2016)

IV. La pena o medida de seguridad que pudiera imponerse por el hecho delictivo que carezca de importancia en consideración a la pena o medida de seguridad ya impuesta o a la que podría imponerse por otro delito por el que esté siendo procesado con independencia del fuero;

(REFORMADA, D.O.F. 17 DE JUNIO DE 2016)

V. Cuando el imputado aporte información esencial y eficaz para la persecución de un delito más grave del que se le imputa, y se comprometa a comparecer en juicio;

(REFORMADA, D.O.F. 17 DE JUNIO DE 2016)

VI. Cuando, a razón de las causas o circunstancias que rodean la comisión de la conducta punible, resulte desproporcionada o irrazonable la persecución penal.

VII. (DEROGADA, D.O.F. 17 DE JUNIO DE 2016).

(REFORMADO, D.O.F. 8 DE NOVIEMBRE DE 2019)

No podrá aplicarse el criterio de oportunidad en los casos de delitos contra el libre desarrollo de la personalidad, de violencia familiar ni en los casos de delitos fiscales o aquellos que afecten gravemente el interés público. Para el caso de delitos fiscales y financieros, previa autorización de la Secretaría de Hacienda y Crédito Público, a través de la Procuraduría Fiscal de la Federación, únicamente podrá ser aplicado el supuesto de la fracción V, en el caso de que el imputado aporte información fidedigna que coadyuve para la investigación y persecución del beneficiario final del mismo delito, tomando en consideración que será este último quien estará obligado a reparar el daño.

El Ministerio Público aplicará los criterios de oportunidad sobre la base de razones objetivas y sin discriminación, valorando las circunstancias especiales en cada caso, de conformidad con lo dispuesto en el presente Código así como en los criterios generales que al efecto emita el Procurador o equivalente.

La aplicación de los criterios de oportunidad podrán ordenarse en cualquier momento y hasta antes de que se dicte el auto de apertura a juicio.

La aplicación de los criterios de oportunidad deberá ser autorizada por el Procurador o por el servidor público en quien se delegue esta facultad, en términos de la normatividad aplicable.

Artículo 257. Efectos del criterio de oportunidad

La aplicación de los criterios de oportunidad extinguirá la acción penal con respecto al autor o partícipe en cuyo beneficio se dispuso la aplicación de dicho criterio. Si la decisión del Ministerio Público se sustentara en alguno de los supuestos de procedibilidad establecidos en las fracciones I y II del artículo anterior, sus efectos se extenderán a todos los imputados que reúnan las mismas condiciones.

(REFORMADO, D.O.F. 17 DE JUNIO DE 2016)

En el caso de la fracción V del artículo anterior, se suspenderá el ejercicio de la acción penal, así como el plazo de la prescripción de la acción penal, hasta en tanto el imputado comparezca a rendir su testimonio en el procedimiento respecto del que aportó información, momento a partir del cual, el agente del Ministerio Público contará con quince días para resolver definitivamente sobre la procedencia de la extinción de la acción penal.

(REFORMADO, D.O.F. 17 DE JUNIO DE 2016)

En el supuesto a que se refiere la fracción V del artículo anterior, se suspenderá el plazo de la prescripción de la acción penal.

Artículo 258. Notificaciones y control judicial

Las determinaciones del Ministerio Público sobre la abstención de investigar, el archivo temporal, la aplicación de un criterio de oportunidad y el no ejercicio de la acción penal deberán ser notificadas a la víctima u ofendido quienes las podrán impugnar ante el Juez de control dentro de los diez días posteriores a que sean notificadas de dicha resolución. En estos casos, el Juez de control convocará a una audiencia para decidir en definitiva, citando al efecto a la víctima u ofendido, al Ministerio Público y, en su caso, al imputado y a su Defensor. En caso de que la víctima, el ofendido o sus representantes legales no comparezcan a la audiencia a pesar de haber sido debidamente citados, el Juez de control declarará sin materia la impugnación.

La resolución que el Juez de control dicte en estos casos no admitirá recurso alguno.

TÍTULO IV
DE LOS DATOS DE PRUEBA, MEDIOS DE PRUEBA Y PRUEBAS

CAPÍTULO ÚNICO
DISPOSICIONES COMUNES

Artículo 259. Generalidades

Cualquier hecho puede ser probado por cualquier medio, siempre y cuando sea lícito.

Las pruebas serán valoradas por el Órgano jurisdiccional de manera libre y lógica.

Los antecedentes de la investigación recabados con anterioridad al juicio carecen de valor probatorio para fundar la sentencia definitiva, salvo las excepciones expresas previstas por este Código y en la legislación aplicable.

Para efectos del dictado de la sentencia definitiva, sólo serán valoradas aquellas pruebas que hayan sido desahogadas en la audiencia de juicio, salvo las excepciones previstas en este Código.

Artículo 260. Antecedente de investigación

El antecedente de investigación es todo registro incorporado en la carpeta de investigación que sirve de sustento para aportar datos de prueba.

Artículo 261. Datos de prueba, medios de prueba y pruebas

El dato de prueba es la referencia al contenido de un determinado medio de convicción aún no desahogado ante el Órgano jurisdiccional, que se advierta idóneo y pertinente para establecer razonablemente la existencia de un hecho delictivo y la probable participación del imputado.

Los medios o elementos de prueba son toda fuente de información que permite reconstruir los hechos, respetando las formalidades procedimentales previstas para cada uno de ellos.

Se denomina prueba a todo conocimiento cierto o probable sobre un hecho, que ingresando al proceso como medio de prueba en una audiencia y desahogada bajo los principios de inmediación y contradicción, sirve al Tribunal de enjuiciamiento como elemento de juicio para llegar a una conclusión cierta sobre los hechos materia de la acusación.

Artículo 262. Derecho a ofrecer medios de prueba

Las partes tendrán el derecho de ofrecer medios de prueba para sostener sus planteamientos en los términos previstos en este Código.

Artículo 263. Licitud probatoria

Los datos y las pruebas deberán ser obtenidos, producidos y reproducidos lícitamente y deberán ser admitidos y desahogados en el proceso en los términos que establece este Código.

Artículo 264. Nulidad de la prueba

Se considera prueba ilícita cualquier dato o prueba obtenidos con violación de los derechos fundamentales, lo que será motivo de exclusión o nulidad.

Las partes harán valer la nulidad del medio de prueba en cualquier etapa del proceso y el juez o Tribunal deberá pronunciarse al respecto.

Artículo 265. Valoración de los datos y prueba

El Órgano jurisdiccional asignará libremente el valor correspondiente a cada uno de los datos y pruebas, de manera libre y lógica, debiendo justificar adecuadamente el valor otorgado a las pruebas y explicará y justificará su valoración con base en la apreciación conjunta, integral y armónica de todos los elementos probatorios.

TÍTULO V
ACTOS DE INVESTIGACIÓN

CAPÍTULO I
DISPOSICIONES GENERALES SOBRE ACTOS DE MOLESTIA

Artículo 266. Actos de molestia

Todo acto de molestia deberá llevarse a cabo con respeto a la dignidad de la persona en cuestión. Antes de que el procedimiento se lleve a cabo, la autoridad deberá informarle sobre los derechos que le asisten y solicitar su cooperación. Se realizará un registro forzoso sólo si la persona no está dispuesta a cooperar o se resiste. Si la persona sujeta al procedimiento no habla español, la autoridad deberá tomar medidas razonables para brindar a la persona información sobre sus derechos y para solicitar su cooperación.

CAPÍTULO II
ACTOS DE INVESTIGACIÓN

Artículo 267. Inspección

La inspección es un acto de investigación sobre el estado que guardan lugares, objetos, instrumentos o productos del delito.

Será materia de la inspección todo aquello que pueda ser directamente apreciado por los sentidos. Si se considera necesario, la Policía se hará asistir de peritos.

Al practicarse una inspección podrá entrevistarse a las personas que se encuentren presentes en el lugar de la inspección que puedan proporcionar algún dato útil para el esclarecimiento de los hechos. Toda inspección deberá constar en un registro.

Artículo 268. Inspección de personas

En la investigación de los delitos, la Policía podrá realizar la inspección sobre una persona y sus posesiones en caso de flagrancia, o cuando existan indicios de que oculta entre sus ropas o que lleva adheridos a su cuerpo instrumentos, objetos o productos relacionados con el hecho considerado como delito que se investiga. La revisión consistirá en una exploración externa de la persona y sus posesiones. Cualquier inspección que implique una exposición de partes íntimas del cuerpo requerirá autorización judicial. Antes de cualquier inspección, la Policía deberá informar a la persona del motivo de dicha revisión, respetando en todo momento su dignidad.

Artículo 269. Revisión corporal

Durante la investigación, la Policía o, en su caso el Ministerio Público, podrá solicitar a cualquier persona la aportación voluntaria de muestras de fluido corporal, vello o cabello, exámenes corporales de carácter biológico, extracciones de sangre u otros análogos, así como que se le permita obtener imágenes internas o externas de alguna parte del cuerpo, siempre que no implique riesgos para la salud y la dignidad de la persona.

Se deberá informar previamente a la persona el motivo de la aportación y del derecho que tiene a negarse a proporcionar dichas muestras. En los casos de delitos que impliquen violencia contra las mujeres, en los términos de la Ley General de Acceso de las Mujeres a una Vida Libre de Violencia, la inspección corporal deberá ser llevada a cabo en pleno cumplimiento del consentimiento informado de la víctima y con respeto de sus derechos.

Las muestras o imágenes deberán ser obtenidas por personal especializado, mismo que en todo caso deberá de ser del mismo sexo, o del sexo que la persona elija, con estricto apego al respeto a la dignidad y a los derechos humanos y de conformidad con los protocolos que al efecto expida la Procuraduría. Las muestras o imágenes obtenidas serán analizadas y dictaminadas por los peritos en la materia.

Artículo 270. Toma de muestras cuando la persona requerida se niegue a proporcionarlas

Si la persona a la que se le hubiere solicitado la aportación voluntaria de las muestras referidas en el artículo anterior se negara a hacerlo, el Ministerio Público por sí o a solicitud de la Policía podrá solicitar al Órgano jurisdiccional, por cualquier medio, la inmediata autorización de la práctica de dicho acto de investigación, justificando la necesidad de la medida y expresando la persona o personas en quienes haya de practicarse, el tipo y extensión de muestra o imagen a obtener. De concederse la autorización requerida, el Órgano jurisdiccional deberá facultar al Ministerio Público para que, en el caso de que la persona a inspeccionar ya no se encuentre ante él, ordene su localización y comparecencia a efecto de que tenga verificativo el acto correspondiente.

El Órgano jurisdiccional al resolver respecto de la solicitud del Ministerio Público, deberá tomar en consideración el principio de proporcionalidad y motivar la necesidad de la aplicación de dicha medida, en el sentido de que no existe otra menos gravosa para la persona que habrá de ser examinada o para el imputado, que resulte igualmente eficaz e idónea para el fin que se persigue, justificando la misma en atención a la gravedad del hecho que se investiga.

En la toma de muestras podrá estar presente una persona de confianza del examinado o el abogado Defensor en caso de que se trate del imputado, quien será advertido previamente de tal derecho. Tratándose de menores de edad estará presente quien ejerza la patria potestad, la tutela o curatela del sujeto. A falta de alguno de éstos deberá estar presente el Ministerio Público en su calidad de representante social.

En caso de personas inimputables que tengan alguna discapacidad se proveerá de los apoyos necesarios para que puedan tomar la decisión correspondiente.

Cuando exista peligro de desvanecimiento del medio de la prueba, la solicitud se hará por cualquier medio expedito y el Órgano jurisdiccional deberá autorizar inmediatamente la práctica del acto de investigación, siempre que se cumpla con las condiciones señaladas en este artículo.

Artículo 271. Levantamiento e identificación de cadáveres

En los casos en que se presuma muerte por causas no naturales, además de otras diligencias que sean procedentes, se practicará:

I. La inspección del cadáver, la ubicación del mismo y el lugar de los hechos;

II. El levantamiento del cadáver;

III. El traslado del cadáver;

IV. La descripción y peritajes correspondientes, o

V. La exhumación en los términos previstos en este Código y demás disposiciones aplicables.

Cuando de la investigación no resulten datos relacionados con la existencia de algún delito, el Ministerio Público podrá autorizar la dispensa de la necropsia.

Si el cadáver hubiere sido inhumado, se procederá a exhumarlo en los términos previstos en este Código y demás disposiciones aplicables. En todo caso, practicada la inspección o la necropsia correspondiente, se procederá a la sepultura inmediata, pero no podrá incinerarse el cadáver.

Cuando se desconozca la identidad del cadáver, se efectuarán los peritajes idóneos para proceder a su identificación. Una vez identificado, se entregará a los parientes o a quienes invoquen título o motivo suficiente, previa autorización del Ministerio Público, tan pronto la necropsia se hubiere practicado o, en su caso, dispensado.

Artículo 272. Peritajes

Durante la investigación, el Ministerio Público o la Policía con conocimiento de éste, podrá disponer la práctica de los peritajes que sean necesarios para la investigación del hecho. El dictamen escrito no exime al perito del deber de concurrir a declarar en la audiencia de juicio.

Artículo 273. Acceso a los indicios

Los peritos que elaboren los dictámenes tendrán en todo momento acceso a los indicios sobre los que versarán los mismos, o a los que se hará referencia en el interrogatorio.

Artículo 274. Peritaje irreproducible

Cuando se realice un peritaje sobre objetos que se consuman al ser analizados, no se permitirá que se verifique el primer análisis sino sobre la cantidad estrictamente necesaria para ello, a no ser que su existencia sea escasa y los peritos no puedan emitir su opinión sin consumirla por completo. Éste último supuesto o cualquier otro semejante que impida que con posterioridad se practique un peritaje independiente, deberá ser notificado por el Ministerio Público al Defensor del imputado, si éste ya se hubiere designado o al Defensor público, para que si lo estima necesario, los peritos de ambas partes, y de manera conjunta practiquen el examen, o bien, para que el perito de la defensa acuda a presenciar la realización de peritaje.

La pericial deberá ser admitida como medio de prueba, no obstante que el perito designado por el Defensor del imputado no compareciere a la realización del peritaje, o éste omita designar uno para tal efecto.

Artículo 275. Peritajes especiales

Cuando deban realizarse diferentes peritajes a personas agredidas sexualmente o cuando la naturaleza del hecho delictivo lo amerite, deberá integrarse un equipo interdisciplinario con profesionales capacitados en atención a víctimas, con el fin de concentrar en una misma sesión las entrevistas que ésta requiera, para la elaboración del dictamen respectivo.

Artículo 276. Aportación de comunicaciones entre particulares

Las comunicaciones entre particulares podrán ser aportadas voluntariamente a la investigación o al proceso penal, cuando hayan sido obtenidas directamente por alguno de los participantes en la misma.

Las comunicaciones aportadas por los particulares deberán estar estrechamente vinculadas con el delito que se investiga, por lo que en ningún caso el juez admitirá comunicaciones que violen el deber de confidencialidad respecto de los sujetos a que se refiere este Código, ni la autoridad prestará el apoyo a que se refiere el párrafo anterior cuando se viole dicho deber.

No se viola el deber de confidencialidad cuando se cuente con el consentimiento expreso de la persona con quien se guarda dicho deber.

Artículo 277. Procedimiento para reconocer personas

El reconocimiento de personas deberá practicarse con la mayor reserva posible.

El reconocimiento procederá aún sin consentimiento del imputado, pero siempre en presencia de su Defensor. Quien sea citado para efectuar un reconocimiento deberá ser ubicado en un lugar desde el cual no sea visto por las personas susceptibles de ser reconocidas. Se adoptarán las previsiones necesarias para que el imputado no altere u oculte su apariencia.

El reconocimiento deberá presentar al imputado en conjunto con otras personas con características físicas similares salvo que las condiciones de la investigación no lo permitan, lo que deberá quedar asentado en el registro correspondiente de la diligencia. En todos los procedimientos de reconocimiento, el acto deberá realizarse por una autoridad ministerial distinta a la que dirige la investigación. La práctica de filas de identificación se deberá realizar de manera secuencial.

Tratándose de personas menores de edad o tratándose de víctimas u ofendidos por los delitos de secuestro, trata de personas o violación que deban participar en el reconocimiento de personas, el Ministerio Público dispondrá medidas especiales para su participación, con el propósito de salvaguardar su identidad e integridad emocional. En la práctica de tales actos, el Ministerio Público deberá contar, en su caso, con el auxilio de peritos y con la asistencia del representante del menor de edad.

Todos los procedimientos de identificación deberán registrarse y en dicho registro deberá constar el nombre de la autoridad que estuvo a cargo, del testigo ocular, de las personas que participaron en la fila de identificación y, en su caso, del Defensor.

Artículo 278. Pluralidad de reconocimientos

Cuando varias personas deban reconocer a una sola, cada reconocimiento se practicará por separado sin que se comuniquen entre ellas. Si una persona debe reconocer a varias, el reconocimiento de todas podrá efectuarse en un solo acto, siempre que no perjudique la investigación o la defensa.

Artículo 279. Identificación por fotografía

Cuando sea necesario reconocer a una persona que no esté presente, podrá exhibirse su fotografía legalmente obtenida a quien deba efectuar el reconocimiento junto con la de otras personas con características semejantes, observando en lo conducente las reglas de reconocimiento de personas, con excepción de la presencia del Defensor. Se deberá guardar registro de las fotografías exhibidas.

En ningún caso se deberán mostrar al testigo fotografías, retratos computarizados o hechos a mano, o imágenes de identificación facial electrónica si la identidad del imputado es conocida por la Policía y está disponible para participar en una identificación en video, fila de identificación o identificación fotográfica.

Artículo 280. Reconocimiento de objeto

Antes del reconocimiento de un objeto, quien realice la diligencia deberá proceder a su descripción. Acto seguido se presentará el objeto o el registro del mismo para llevar a cabo el reconocimiento.

Artículo 281. Otros reconocimientos

Cuando se deban reconocer voces, sonidos y cuanto pueda ser objeto de percepción sensorial, se observarán, en lo aplicable, las disposiciones previstas para el reconocimiento de personas.

Artículo 282. Solicitud de orden de cateo

Cuando en la investigación el Ministerio Público estime necesaria la práctica de un cateo, en razón de que el lugar a inspeccionar es un domicilio o una propiedad privada, solicitará por cualquier medio la autorización judicial para practicar el acto de investigación correspondiente. En la solicitud, que contará con un registro, se expresará el lugar que ha de inspeccionarse, la persona o personas que han de aprehenderse y los objetos que se buscan, señalando los motivos e indicios que sustentan la necesidad de la orden, así como los servidores públicos que podrán practicar o intervenir en dicho acto de investigación.

Si el lugar a inspeccionar es de acceso público y forma parte del domicilio particular, este último no será sujeto de cateo, a menos que así se haya ordenado.

Artículo 283. Resolución que ordena el cateo

La resolución judicial que ordena el cateo deberá contener cuando menos:

I. El nombre y cargo del Juez de control que lo autoriza y la identificación del proceso en el cual se ordena;

II. La determinación concreta del lugar o los lugares que habrán de ser cateados y lo que se espera encontrar en éstos;

III. El motivo del cateo, debiéndose indicar o expresar los indicios de los que se desprenda la posibilidad de encontrar en el lugar la persona o personas que hayan de aprehenderse o los objetos que se buscan;

IV. El día y la hora en que deba practicarse el cateo o la determinación que de no ejecutarse dentro de los tres días siguientes a su autorización, quedará sin efecto cuando no se precise fecha exacta de realización, y

V. Los servidores públicos autorizados para practicar e intervenir en el cateo.

La petición de orden de cateo deberá ser resuelta por la autoridad judicial de manera inmediata por cualquier medio que garantice su autenticidad, o en audiencia privada con la sola comparecencia del Ministerio Público, en un plazo que no exceda de las seis horas siguientes a que se haya recibido.

Si la resolución se emite o registra por medios diversos al escrito, los puntos resolutivos de la orden de cateo deberán transcribirse y entregarse al Ministerio Público.

Artículo 284. Negativa del cateo

En caso de que el Juez de control niegue la orden, el Ministerio Público podrá subsanar las deficiencias y solicitar nuevamente la orden o podrá apelar la decisión. En este caso la apelación debe ser resuelta en un plazo no mayor de doce horas a partir de que se interponga.

Artículo 285. Medidas de vigilancia

Aún antes de que el Juez de control competente dicte la orden de cateo, el Ministerio Público podrá disponer las medidas de vigilancia o cualquiera otra que no requiera control judicial, que estime conveniente para evitar la fuga del imputado o la sustracción, alteración, ocultamiento o destrucción de documentos o cosas que constituyen el objeto del cateo.

Artículo 286. Cateo en residencia u oficinas públicas

Para la práctica de un cateo en la residencia u oficina de cualquiera de los Poderes Ejecutivo, Legislativo o Judicial de los tres órdenes de gobierno o en su caso organismos constitucionales autónomos, la Policía o el Ministerio Público recabarán la autorización correspondiente en los términos previstos en este Código.

Artículo 287. Cateo en buques, embarcaciones, aeronaves o cualquier medio de transporte extranjero en territorio mexicano

Cuando tenga que practicarse un cateo en buques, embarcaciones, aeronaves o cualquier medio de transporte extranjero en territorio mexicano se observarán además las disposiciones previstas en los Tratados, las leyes y reglamentos aplicables.

Artículo 288. Formalidades del cateo

Será entregada una copia de los puntos resolutivos de la orden de cateo a quien habite o esté en posesión del lugar donde se efectúe, o cuando esté ausente, a su encargado y, a falta de éste, a cualquier persona mayor de edad que se halle en el lugar.

Cuando no se encuentre persona alguna, se fijará la copia de los puntos resolutivos que autorizan el cateo a la entrada del inmueble, debiendo hacerse constar en el acta y se hará uso de la fuerza pública para ingresar.

Al concluir el cateo se levantará acta circunstanciada en presencia de dos testigos propuestos por el ocupante del lugar cateado, o en su ausencia o negativa, por la autoridad que practique el cateo, pero la designación no podrá recaer sobre los elementos que pertenezcan a la autoridad que lo practicó, salvo que no hayan participado en el mismo. Cuando no se cumplan estos requisitos, los elementos encontrados en el cateo carecerán de todo valor probatorio, sin que sirva de excusa el consentimiento de los ocupantes del lugar.

Al terminar el cateo se cuidará que los lugares queden cerrados, y de no ser posible inmediatamente, se asegurará que otras personas no ingresen en el lugar hasta lograr el cierre.

Si para la práctica del cateo es necesaria la presencia de alguna persona diferente a los servidores públicos propuestos para ello, el Ministerio Público, deberá incluir los datos de aquellos así como la motivación correspondiente en la solicitud del acto de investigación.

En caso de autorizarse la presencia de particulares en el cateo, éstos deberán omitir cualquier intervención material en la misma y sólo podrán tener comunicación con el servidor público que dirija la práctica del cateo.

Artículo 289. Descubrimiento de un delito diverso

Si al practicarse un cateo resultare el descubrimiento de un delito distinto del que lo haya motivado, se formará un inventario de aquello que se recoja relacionado con el nuevo delito, observándose en este caso lo relativo a la cadena de custodia y se hará constar esta circunstancia en el registro para dar inicio a una nueva investigación.

Artículo 290. Ingreso de una autoridad a lugar sin autorización judicial

Estará justificado el ingreso a un lugar cerrado sin orden judicial cuando:

I. Sea necesario para repeler una agresión real, actual o inminente y sin derecho que ponga en riesgo la vida, la integridad o la libertad personal de una o más personas, o

II. Se realiza con consentimiento de quien se encuentre facultado para otorgarlo.

En los casos de la fracción II, la autoridad que practique el ingreso deberá informarlo dentro de los cinco días siguientes, ante el Órgano jurisdiccional. A dicha audiencia deberá asistir la persona que otorgó su consentimiento a efectos de ratificarla.

Los motivos que determinaron la inspección sin orden judicial constarán detalladamente en el acta que al efecto se levante.

Artículo 291. Intervención de las comunicaciones privadas

(REFORMADO PRIMER PÁRRAFO, D.O.F. 17 DE JUNIO DE 2016)

Cuando en la investigación el Ministerio Público considere necesaria la intervención de comunicaciones privadas, el Titular de la Procuraduría General de la República, o en quienes éste delegue esta facultad, así como los Procuradores de las entidades federativas, podrán solicitar al Juez federal de control competente, por cualquier medio, la autorización para practicar la intervención, expresando el objeto y necesidad de la misma.

(REFORMADO, D.O.F. 17 DE JUNIO DE 2016)

La intervención de comunicaciones privadas, abarca todo sistema de comunicación, o programas que sean resultado de la evolución tecnológica, que permitan el intercambio de datos, informaciones, audio, video, mensajes, así como archivos electrónicos que graben, conserven el contenido de las conversaciones o registren datos que identifiquen la comunicación, los cuales se pueden presentar en tiempo real.

La solicitud deberá ser resuelta por la autoridad judicial de manera inmediata, por cualquier medio que garantice su autenticidad, o en audiencia privada con la sola comparecencia del Ministerio Público, en un plazo que no exceda de las seis horas siguientes a que la haya recibido.

(ADICIONADO, D.O.F. 17 DE JUNIO DE 2016)

También se requerirá autorización judicial en los casos de extracción de información, la cual consiste en la obtención de comunicaciones privadas, datos de identificación de las comunicaciones; así como la información, documentos, archivos de texto, audio, imagen o video contenidos en cualquier dispositivo, accesorio, aparato electrónico, equipo informático, aparato de almacenamiento y todo aquello que pueda contener información, incluyendo la almacenada en las plataformas o centros de datos remotos vinculados con éstos.

Si la resolución se registra por medios diversos al escrito, los puntos resolutivos de la autorización deberán transcribirse y entregarse al Ministerio Público.

Los servidores públicos autorizados para la ejecución de la medida serán responsables de que se realice en los términos de la resolución judicial.

Artículo 292. Requisitos de la solicitud

La solicitud de intervención deberá estar fundada y motivada, precisar la persona o personas que serán sujetas a la medida; la identificación del lugar o lugares donde se realizará, si fuere posible; el tipo de comunicación a ser intervenida; su duración; el proceso que se llevará a cabo y las líneas, números o aparatos que serán intervenidos, y en su caso, la denominación de la empresa concesionada del servicio de telecomunicaciones a través del cual se realiza la comunicación objeto de la intervención.

El plazo de la intervención, incluyendo sus prórrogas, no podrá exceder de seis meses. Después de dicho plazo, sólo podrán autorizarse nuevas intervenciones cuando el Ministerio Público acredite nuevos elementos que así lo justifiquen.

Artículo 293. Contenido de la resolución judicial que autoriza la intervención de las comunicaciones privadas

En la autorización, el Juez de control determinará las características de la intervención, sus modalidades, límites y en su caso, ordenará a instituciones públicas o privadas modos específicos de colaboración.

Artículo 294. Objeto de la intervención

Podrán ser objeto de intervención las comunicaciones privadas que se realicen de forma oral, escrita, por signos, señales o mediante el empleo de aparatos eléctricos, electrónicos, mecánicos, alámbricos o inalámbricos, sistemas o equipos informáticos, así como por cualquier otro medio o forma que permita la comunicación entre uno o varios emisores y uno o varios receptores.

En ningún caso se podrán autorizar intervenciones cuando se trate de materias de carácter electoral, fiscal, mercantil, civil, laboral o administrativo, ni en el caso de las comunicaciones del detenido con su Defensor.

El Juez podrá en cualquier momento verificar que las intervenciones sean realizadas en los términos autorizados y, en caso de incumplimiento, decretar su revocación parcial o total.

Artículo 295. Conocimiento de delito diverso

Si en la práctica de una intervención de comunicaciones privadas se tuviera conocimiento de la comisión de un delito diverso de aquellos que motivan la medida, se hará constar esta circunstancia en el registro para dar inicio a una nueva investigación.

Artículo 296. Ampliación de la intervención a otros sujetos

Cuando de la intervención de comunicaciones privadas se advierta la necesidad de ampliar a otros sujetos o lugares la intervención, el Ministerio Público competente presentará al propio Juez de control la solicitud respectiva.

Artículo 297. Registro de las intervenciones

Las intervenciones de comunicación deberán ser registradas por cualquier medio que no altere la fidelidad, autenticidad y contenido de las mismas, por la Policía o por el perito que intervenga, a efecto de que aquélla pueda ser ofrecida como medio de prueba en los términos que señala este Código.

Artículo 298. Registro

El registro a que se refiere el artículo anterior contendrá las fechas de inicio y término de la intervención, un inventario pormenorizado de los documentos, objetos y los medios para la reproducción de sonidos o imágenes captadas durante la misma, cuando no se ponga en riesgo a la investigación o a la persona, la identificación de quienes hayan participado en los actos de investigación, así como los demás datos que se consideren relevantes para la investigación. El registro original y el duplicado, así como los documentos que los integran, se numerarán progresivamente y contendrán los datos necesarios para su identificación.

Artículo 299. Conclusión de la intervención

Al concluir la intervención, la Policía o el perito, de manera inmediata, informará al Ministerio Público sobre su desarrollo, así como de sus resultados y levantará el acta respectiva. A su vez, con la misma prontitud el Ministerio Público que haya solicitado la intervención o su prórroga lo informará al Juez de control.

Las intervenciones realizadas sin las autorizaciones antes citadas o fuera de los términos en ellas ordenados, carecerán de valor probatorio, sin perjuicio de la responsabilidad administrativa o penal a que haya lugar.

Artículo 300. Destrucción de los registros

El Órgano jurisdiccional ordenará la destrucción de aquellos registros de intervención de comunicaciones privadas que no se relacionen con los delitos investigados o con otros delitos que hayan ameritado la apertura de una investigación diversa, salvo que la defensa solicite que sean preservados por considerarlos útiles para su labor.

Asimismo, ordenará la destrucción de los registros de intervenciones no autorizadas o cuando éstos rebasen los términos de la autorización judicial respectiva.

Los registros serán destruidos cuando se decrete el archivo definitivo, el sobreseimiento o la absolución del imputado. Cuando el Ministerio Público decida archivar temporalmente la investigación, los registros podrán ser conservados hasta que el delito prescriba.

Artículo 301. Colaboración con la autoridad

Los concesionarios, permisionarios y demás titulares de los medios o sistemas susceptibles de intervención, deberán colaborar eficientemente con la autoridad competente para el desahogo de dichos actos de investigación, de conformidad con las disposiciones aplicables. Asimismo, deberán contar con la capacidad técnica indispensable que atienda las exigencias requeridas por la autoridad judicial para operar una orden de intervención de comunicaciones privadas.

El incumplimiento a este mandato será sancionado conforme a las disposiciones penales aplicables.

Artículo 302. Deber de secrecía

Quienes participen en alguna intervención de comunicaciones privadas deberán observar el deber de secrecía sobre el contenido de las mismas.

(REFORMADO SU EPÍGRAFE, D.O.F. 17 DE JUNIO DE 2016)

Artículo 303. Localización geográfica en tiempo real y solicitud de entrega de datos conservados

(REFORMADO PRIMER PÁRRAFO, D.O.F. 17 DE JUNIO DE 2016)

Cuando el Ministerio Público considere necesaria la localización geográfica en tiempo real o entrega de datos conservados por los concesionarios de telecomunicaciones, los autorizados o proveedores de servicios de aplicaciones y contenidos de los equipos de comunicación móvil asociados a una línea que se encuentra relacionada con los hechos que se investigan, el Procurador, o el servidor público en quien se delegue la facultad, podrá solicitar al Juez de control del fuero correspondiente en su caso, por cualquier medio, requiera a los concesionarios de telecomunicaciones, los autorizados o proveedores de servicios de aplicaciones y contenidos, para que proporcionen con la oportunidad y suficiencia necesaria a la autoridad investigadora, la información solicitada para el inmediato desahogo de dichos actos de investigación. Los datos conservados a que refiere este párrafo se destruirán en caso de que no constituyan medio de prueba idóneo o pertinente.

(ADICIONADO, D.O.F. 17 DE JUNIO DE 2016)

En la solicitud se expresarán los equipos de comunicación móvil relacionados con los hechos que se investigan, señalando los motivos e indicios que sustentan la necesidad de la localización geográfica en tiempo real o la entrega de los datos conservados, su duración y, en su caso, la denominación de la empresa autorizada o proveedora del servicio de telecomunicaciones a través del cual se operan las líneas, números o aparatos que serán objeto de la medida.

(ADICIONADO, D.O.F. 17 DE JUNIO DE 2016)

La petición deberá ser resuelta por la autoridad judicial de manera inmediata por cualquier medio que garantice su autenticidad, o en audiencia privada con la sola comparecencia del Ministerio Público.

(ADICIONADO, D.O.F. 17 DE JUNIO DE 2016)

Si la resolución se emite o registra por medios diversos al escrito, los puntos resolutivos de la orden deberán transcribirse y entregarse al Ministerio Público.

(ADICIONADO, D.O.F. 17 DE JUNIO DE 2016)

En caso de que el Juez de control niegue la orden de localización geográfica en tiempo real o la entrega de los datos conservados, el Ministerio Público podrá subsanar las deficiencias y solicitar nuevamente la orden o podrá apelar la decisión. En este caso la apelación debe ser resuelta en un plazo no mayor de doce horas a partir de que se interponga.

(ADICIONADO, D.O.F. 17 DE JUNIO DE 2016)

Excepcionalmente, cuando esté en peligro la integridad física o la vida de una persona o se encuentre en riesgo el objeto del delito, así como en hechos relacionados con la privación ilegal de la libertad, secuestro, extorsión o delincuencia organizada, el Procurador, o el servidor público en quien se delegue la facultad, bajo su más estricta responsabilidad, ordenará directamente la localización geográfica en tiempo real o la entrega de los datos conservados a los concesionarios de telecomunicaciones, los autorizados o proveedores de servicios de aplicaciones y contenidos, quienes deberán atenderla de inmediato y con la suficiencia necesaria. A partir de que se haya cumplimentado el requerimiento, el Ministerio Público deberá informar al Juez de control competente por cualquier medio que garantice su autenticidad, dentro del plazo de cuarenta y ocho horas, a efecto de que ratifique parcial o totalmente de manera inmediata la subsistencia de la medida, sin perjuicio de que el Ministerio Público continúe con su actuación.

(ADICIONADO, D.O.F. 17 DE JUNIO DE 2016)

Cuando el Juez de control no ratifique la medida a que hace referencia el párrafo anterior, la información obtenida no podrá ser incorporada al procedimiento penal.

(REFORMADO, D.O.F. 17 DE JUNIO DE 2016)

Asimismo el Procurador, o el servidor público en quien se delegue la facultad podrá requerir a los sujetos obligados que establece la Ley Federal de Telecomunicaciones y Radiodifusión, la conservación inmediata de datos contenidos en redes, sistemas o equipos de informática, hasta por un tiempo máximo de noventa días, lo cual deberá realizarse de forma inmediata. La solicitud y entrega de los datos contenidos en redes, sistemas o equipos de informática se llevará a cabo de conformidad por lo previsto por este artículo. Lo anterior sin menoscabo de las obligaciones previstas en materia de conservación de información para las concesionarias y autorizados de telecomunicaciones en términos del artículo 190, fracción II de la Ley Federal de Telecomunicaciones y Radiodifusión.

CAPÍTULO III
PRUEBA ANTICIPADA

Artículo 304. Prueba anticipada

Hasta antes de la celebración de la audiencia de juicio se podrá desahogar anticipadamente cualquier medio de prueba pertinente, siempre que se satisfagan los siguientes requisitos:

I. Que sea practicada ante el Juez de control;

II. Que sea solicitada por alguna de las partes, quienes deberán expresar las razones por las cuales el acto se debe realizar con anticipación a la audiencia de juicio a la que se pretende desahogar y se torna indispensable en virtud de que se estime probable que algún testigo no podrá concurrir a la audiencia de juicio, por vivir en el extranjero, por existir motivo que hiciere temer su muerte, o por su estado de salud o incapacidad física o mental que le impidiese declarar;

III. Que sea por motivos fundados y de extrema necesidad y para evitar la pérdida o alteración del medio probatorio, y

IV. Que se practique en audiencia y en cumplimiento de las reglas previstas para la práctica de pruebas en el juicio.

Artículo 305. Procedimiento para prueba anticipada

La solicitud de desahogo de prueba anticipada podrá plantearse desde que se presenta la denuncia, querella o equivalente y hasta antes de que dé inicio la audiencia de juicio oral.

Cuando se solicite el desahogo de una prueba en forma anticipada, el Órgano jurisdiccional citará a audiencia a todos aquellos que tuvieren derecho a asistir a la audiencia de juicio oral y luego de escucharlos valorará la posibilidad de que la prueba por anticipar no pueda ser desahogada en la audiencia de juicio oral, sin grave riesgo de pérdida por la demora y, en su caso, admitirá y desahogará la prueba en el mismo acto otorgando a las partes todas las facultades previstas para su participación en la audiencia de juicio oral.

El imputado que estuviere detenido será trasladado a la sala de audiencias para que se imponga en forma personal, por teleconferencia o cualquier otro medio de comunicación, de la práctica de la diligencia.

En caso de que todavía no exista imputado identificado se designará un Defensor público para que intervenga en la audiencia.

Artículo 306. Registro y conservación de la prueba anticipada

La audiencia en la que se desahogue la prueba anticipada deberá registrarse en su totalidad. Concluido el desahogo de la prueba anticipada, se entregará el registro correspondiente a las partes.

Si el obstáculo que dio lugar a la práctica del anticipo de prueba no existiera para la fecha de la audiencia de juicio, se desahogará de nueva cuenta el medio de prueba correspondiente en la misma.

Toda prueba anticipada deberá conservarse de acuerdo con las medidas dispuestas por el Juez de control.

TÍTULO VI
AUDIENCIA INICIAL

Artículo 307. Audiencia inicial

En la audiencia inicial se informarán al imputado sus derechos constitucionales y legales, si no se le hubiese informado de los mismos con anterioridad, se realizará el control de legalidad de la detención si correspondiere, se formulará la imputación, se dará la oportunidad de declarar al imputado, se resolverá sobre las solicitudes de vinculación a proceso y medidas cautelares y se definirá el plazo para el cierre de la investigación.

(REFORMADO, D.O.F. 17 DE JUNIO DE 2016)

En caso de que el Ministerio Público o la víctima u ofendido solicite la procedencia de una medida cautelar, dicha cuestión deberá ser resuelta antes de que se dicte la suspensión de la audiencia inicial.

A esta audiencia deberá concurrir el Ministerio Público, el imputado y su Defensor. La víctima u ofendido o su Asesor jurídico, podrán asistir si así lo desean, pero su presencia no será requisito de validez de la audiencia.

Artículo 308. Control de legalidad de la detención

Inmediatamente después de que el imputado detenido en flagrancia o caso urgente sea puesto a disposición del Juez de control, se citará a la audiencia inicial en la que se realizará el control de la detención antes de que se proceda a la formulación de la imputación. El Juez le preguntará al detenido si cuenta con Defensor y en caso negativo, ordenará que se le nombre un Defensor público y le hará saber que tiene derecho a ofrecer datos de prueba, así como acceso a los registros.

El Ministerio Público deberá justificar las razones de la detención y el Juez de control procederá a calificarla, examinará el cumplimiento del plazo constitucional de retención y los requisitos de procedibilidad, ratificándola en caso de encontrarse ajustada a derecho o decretando la libertad en los términos previstos en este Código.

(REFORMADO, D.O.F. 17 DE JUNIO DE 2016)

Ratificada la detención en flagrancia, caso urgente, y cuando se hubiere ejecutado una orden de aprehensión, el imputado permanecerá detenido durante el desarrollo de la audiencia inicial, hasta en tanto no se resuelva si será o no sometido a una medida cautelar.

En caso de que al inicio de la audiencia el agente del Ministerio Público no esté presente, el Juez de control declarará en receso la audiencia hasta por una hora y ordenará a la administración del Poder Judicial para que se comunique con el superior jerárquico de aquél, con el propósito de que lo haga comparecer o lo sustituya. Concluido el receso sin obtener respuesta, se procederá a la inmediata liberación del detenido.

(ADICIONADO, D.O.F. 17 DE JUNIO DE 2016)

La omisión del Ministerio Público o de su superior jerárquico, al párrafo precedente los hará incurrir en las responsabilidades de conformidad con las disposiciones aplicables.

Artículo 309. Oportunidad para formular la imputación a personas detenidas

La formulación de la imputación es la comunicación que el Ministerio Público efectúa al imputado, en presencia del Juez de control, de que desarrolla una investigación en su contra respecto de uno o más hechos que la ley señala como delito.

En el caso de detenidos en flagrancia o caso urgente, después que el Juez de control califique de legal la detención, el Ministerio Público deberá formular la imputación, acto seguido solicitará la vinculación del imputado a proceso sin perjuicio del plazo constitucional que pueda invocar el imputado o su Defensor.

(REFORMADO, D.O.F. 17 DE JUNIO DE 2016)

En el caso de que el Ministerio Público o la víctima u ofendido o el Asesor jurídico solicite una medida cautelar y el imputado se haya acogido al plazo constitucional, el debate sobre medidas cautelares sucederá previo a la suspensión de la audiencia.

El imputado no podrá negarse a proporcionar su completa identidad, debiendo responder las preguntas que se le dirijan con respecto a ésta y se le exhortará para que se conduzca con verdad.

Se le preguntará al imputado si es su deseo proporcionar sus datos en voz alta o si prefiere que éstos sean anotados por separado y preservados en reserva.

Si el imputado decidiera declarar en relación a los hechos que se le imputan, se le informarán sus derechos procesales relacionados con este acto y que lo que declare puede ser utilizado en su contra, se le cuestionará si ha sido asesorado por su Defensor y si su decisión es libre.

Si el imputado decide libremente declarar, el Ministerio Público, el Asesor jurídico de la víctima u ofendido, el acusador privado en su caso y la defensa podrán dirigirle preguntas sobre lo que declaró, pero no estará obligado a responder las que puedan ser en su contra.

En lo conducente se observarán las reglas previstas en este Código para el desahogo de los medios de prueba.

Artículo 310. Oportunidad para formular la imputación a personas en libertad

El agente del Ministerio Público podrá formular la imputación cuando considere oportuna la intervención judicial con el propósito de resolver la situación jurídica del imputado.

Si el Ministerio Público manifestare interés en formular imputación a una persona que no se encontrare detenida, solicitará al Juez de control que lo cite en libertad y señale fecha y hora para que tenga verificativo la audiencia inicial, la que se llevará a cabo dentro de los quince días siguientes a la presentación de la solicitud.

Cuando lo considere necesario, para lograr la presencia del imputado en la audiencia inicial, el agente del Ministerio Público podrá solicitar orden de aprehensión o de comparecencia, según sea el caso y el Juez de control resolverá lo que corresponda. Las solicitudes y resoluciones deberán realizarse en los términos del presente Código.

Artículo 311. Procedimiento para formular la imputación

Una vez que el imputado esté presente en la audiencia inicial, por haberse ordenado su comparecencia, por haberse ejecutado en su contra una orden de aprehensión o ratificado de legal la detención y después de haber verificado el Juez de control que el imputado conoce sus derechos fundamentales dentro del procedimiento penal o, en su caso, después de habérselos dado a conocer, se ofrecerá la palabra al agente del Ministerio Público para que éste exponga al imputado el hecho que se le atribuye, la calificación jurídica preliminar, la fecha, lugar y modo de su comisión, la forma de intervención que haya tenido en el mismo, así como el nombre de su acusador, salvo que, a consideración del Juez de control sea necesario reservar su identidad en los supuestos autorizados por la Constitución y por la ley.

El Juez de control a petición del imputado o de su Defensor, podrá solicitar las aclaraciones o precisiones que considere necesarias respecto a la imputación formulada por el Ministerio Público.

Artículo 312. Oportunidad para declarar

Formulada la imputación, el Juez de control le preguntará al imputado si la entiende y si es su deseo contestar al cargo. En caso de que decida guardar silencio, éste no podrá ser utilizado en su contra. Si el imputado manifiesta su deseo de declarar, su declaración se rendirá conforme a lo dispuesto en este Código. Cuando se trate de varios imputados, sus declaraciones serán recibidas sucesivamente, evitando que se comuniquen entre sí antes de la recepción de todas ellas.

Artículo 313. Oportunidad para resolver la solicitud de vinculación a proceso

Después de que el imputado haya emitido su declaración, o manifestado su deseo de no hacerlo, el agente del Ministerio Público solicitará al Juez de control la oportunidad para discutir medidas cautelares, en su caso, y posteriormente solicitar la vinculación a proceso. Antes de escuchar al agente del Ministerio Público, el Juez de control se dirigirá al imputado y le explicará los momentos en los cuales puede resolverse la solicitud que desea plantear el Ministerio Público.

El Juez de control cuestionará al imputado si desea que se resuelva sobre su vinculación a proceso en esa audiencia dentro del plazo de setenta y dos horas o si solicita la ampliación de dicho plazo. En caso de que el imputado no se acoja al plazo constitucional ni solicite la duplicidad del mismo, el Ministerio Público deberá solicitar y motivar la vinculación del imputado a proceso, exponiendo en la misma audiencia los datos de prueba con los que considera que se establece un hecho que la ley señale como delito y la probabilidad de que el imputado lo cometió o participó en su comisión. El Juez de control otorgará la oportunidad a la defensa para que conteste la solicitud y si considera necesario permitirá la réplica y contrarréplica. Hecho lo anterior, resolverá la situación jurídica del imputado.

Si el imputado manifestó su deseo de que se resuelva sobre su vinculación a proceso dentro del plazo de setenta y dos horas o solicita la ampliación de dicho plazo, el Juez deberá señalar fecha para la celebración de la audiencia de vinculación a proceso dentro de dicho plazo o su prórroga.

(REFORMADO, D.O.F. 17 DE JUNIO DE 2016)

La audiencia de vinculación a proceso deberá celebrarse, según sea el caso, dentro de las setenta y dos o ciento cuarenta y cuatro horas siguientes a que el imputado detenido fue puesto a su disposición o que el imputado compareció a la audiencia de formulación de la imputación.

El Juez de control deberá informar a la autoridad responsable del establecimiento en el que se encuentre internado el imputado si al resolverse su situación jurídica además se le impuso como medida cautelar la prisión preventiva o si se solicita la duplicidad del plazo constitucional. Si transcurrido el plazo constitucional el Juez de control no informa a la autoridad responsable, ésta deberá llamar su atención sobre dicho particular en el acto mismo de concluir el plazo y, si no recibe la constancia mencionada dentro de las tres horas siguientes, deberá poner al imputado en libertad.

(REFORMADO SU EPÍGRAFE, D.O.F. 17 DE JUNIO DE 2016)

Artículo 314. Incorporación de datos y medios de prueba en el plazo constitucional o su ampliación

(REFORMADO PRIMER PÁRRAFO, D.O.F. 17 DE JUNIO DE 2016)

El imputado o su Defensor podrán, durante el plazo constitucional o su ampliación, presentar los datos de prueba que consideren necesarios ante el Juez de control.

(ADICIONADO, D.O.F. 17 DE JUNIO DE 2016)

Exclusivamente en el caso de delitos que ameriten la imposición de la medida cautelar de prisión preventiva oficiosa u otra personal, de conformidad con lo previsto en este Código, el Juez de control podrá admitir el desahogo de medios de prueba ofrecidos por el imputado o su Defensor, cuando, al inicio de la audiencia o su continuación, justifiquen que ello resulta pertinente.

Artículo 315. Continuación de la audiencia inicial

(REFORMADO PRIMER PÁRRAFO, D.O.F. 17 DE JUNIO DE 2016)

La continuación de la audiencia inicial comenzará con la presentación de los datos de prueba aportados por las partes o, en su caso, con el desahogo de los medios de prueba que hubiese ofrecido y justificado el imputado o su defensor en términos del artículo 314 de este Código. Para tal efecto, se seguirán en lo conducente las reglas previstas para el desahogo de pruebas en la audiencia de debate de juicio oral. Desahogada la prueba, si la hubo, se le concederá la palabra en primer término al Ministerio Público, al asesor jurídico de la víctima y luego al imputado. Agotado el debate, el Juez resolverá sobre la vinculación o no del imputado a proceso.

En casos de extrema complejidad, el Juez de control podrá decretar un receso que no podrá exceder de dos horas, antes de resolver sobre la situación jurídica del imputado.

Artículo 316. Requisitos para dictar el auto de vinculación a proceso

El Juez de control, a petición del agente del Ministerio Público, dictará el auto de vinculación del imputado a proceso, siempre que:

I. Se haya formulado la imputación;

II. Se haya otorgado al imputado la oportunidad para declarar;

III. De los antecedentes de la investigación expuestos por el Ministerio Público, se desprendan datos de prueba que establezcan que se ha cometido un hecho que la ley señala como delito y que exista la probabilidad de que el imputado lo cometió o participó en su comisión. Se entenderá que obran datos que establecen que se ha cometido un hecho que la ley señale como delito cuando existan indicios razonables que así permitan suponerlo, y

IV. Que no se actualice una causa de extinción de la acción penal o excluyente del delito.

El auto de vinculación a proceso deberá dictarse por el hecho o hechos que fueron motivo de la imputación, el Juez de control podrá otorgarles una clasificación jurídica distinta a la asignada por el Ministerio Público misma que deberá hacerse saber al imputado para los efectos de su defensa.

El proceso se seguirá forzosamente por el hecho o hechos delictivos señalados en el auto de vinculación a proceso. Si en la secuela de un proceso apareciere que se ha cometido un hecho delictivo distinto del que se persigue, deberá ser objeto de investigación separada, sin perjuicio de que después pueda decretarse la acumulación si fuere conducente.

Artículo 317. Contenido del auto de vinculación a proceso

El auto de vinculación a proceso deberá contener:

I. Los datos personales del imputado;

II. Los fundamentos y motivos por los cuales se estiman satisfechos los requisitos mencionados en el artículo anterior, y

III. El lugar, tiempo y circunstancias de ejecución del hecho que se imputa.

Artículo 318. Efectos del auto de vinculación a proceso

El auto de vinculación a proceso establecerá el hecho o los hechos delictivos sobre los que se continuará el proceso o se determinarán las formas anticipadas de terminación del proceso, la apertura a juicio o el sobreseimiento.

Artículo 319. Auto de no vinculación a proceso

En caso de que no se reúna alguno de los requisitos previstos en este Código, el Juez de control dictará un auto de no vinculación del imputado a proceso y, en su caso, ordenará la libertad inmediata del imputado, para lo cual revocará las providencias precautorias y las medidas cautelares anticipadas que se hubiesen decretado.

El auto de no vinculación a proceso no impide que el Ministerio Público continúe con la investigación y posteriormente formule nueva imputación, salvo que en el mismo se decrete el sobreseimiento.

(REFORMADO, D.O.F. 17 DE JUNIO DE 2016)

Artículo 320. Valor de las actuaciones

Los antecedentes de la investigación y elementos de convicción aportados y desahogados, en su caso, en la audiencia de vinculación a proceso, que sirvan como base para el dictado del auto de vinculación a proceso y de las medidas cautelares, carecen de valor probatorio para fundar la sentencia, salvo las excepciones expresas previstas por este Código.

Artículo 321. Plazo para la investigación complementaria

El Juez de control, antes de finalizar la audiencia inicial determinará previa propuesta de las partes el plazo para el cierre de la investigación complementaria.

El Ministerio Público deberá concluir la investigación complementaria dentro del plazo señalado por el Juez de control, mismo que no podrá ser mayor a dos meses si se tratare de delitos cuya pena máxima no exceda los dos años de prisión, ni de seis meses si la pena máxima excediera ese tiempo o podrá agotar dicha investigación antes de su vencimiento. Transcurrido el plazo para el cierre de la investigación, ésta se dará por cerrada, salvo que el Ministerio Público, la víctima u ofendido o el imputado hayan solicitado justificadamente prórroga del mismo antes de finalizar el plazo, observándose los límites máximos que establece el presente artículo.

En caso de que el Ministerio Público considere cerrar anticipadamente la investigación, informará a la víctima u ofendido o al imputado para que, en su caso, manifiesten lo conducente.

Artículo 322. Prórroga del plazo de la investigación complementaria

De manera excepcional, el Ministerio Público podrá solicitar una prórroga del plazo de investigación complementaria para formular acusación, con la finalidad de lograr una mejor preparación del caso, fundando y motivando su petición. El Juez podrá otorgar la prórroga siempre y cuando el plazo solicitado, sumado al otorgado originalmente, no exceda los plazos señalados en el artículo anterior.

Artículo 323. Plazo para declarar el cierre de la investigación

Transcurrido el plazo para el cierre de la investigación, el Ministerio Público deberá cerrarla o solicitar justificadamente su prórroga al Juez de control, observándose los límites máximos previstos en el artículo 321.

Si el Ministerio Público no declarara cerrada la investigación en el plazo fijado, o no solicita su prórroga, el imputado o la víctima u ofendido podrán solicitar al Juez de control que lo aperciba para que proceda a tal cierre.

Transcurrido el plazo para el cierre de la investigación, ésta se tendrá por cerrada salvo que el Ministerio Público o el imputado hayan solicitado justificadamente prórroga del mismo al Juez.

Artículo 324. Consecuencias de la conclusión del plazo de la investigación complementaria

Una vez cerrada la investigación complementaria, el Ministerio Público dentro de los quince días siguientes deberá:

I. Solicitar el sobreseimiento parcial o total;

II. Solicitar la suspensión del proceso, o

III. Formular acusación.

Artículo 325. Extinción de la acción penal por incumplimiento del plazo

Cuando el Ministerio Público no cumpla con la obligación establecida en el artículo anterior, el Juez de control pondrá el hecho en conocimiento del Procurador o del servidor público en quien haya delegado esta facultad, para que se pronuncie en el plazo de quince días.

Transcurrido este plazo sin que se haya pronunciado, el Juez de control ordenará el sobreseimiento.

Artículo 326. Peticiones diversas a la acusación

Cuando únicamente se formulen peticiones diversas a la acusación del Ministerio Público, el Juez de control resolverá sin sustanciación lo que corresponda, salvo disposición en contrario o que estime indispensable realizar audiencia, en cuyo caso convocará a las partes.

Artículo 327. Sobreseimiento

El Ministerio Público, el imputado o su Defensor podrán solicitar al Órgano jurisdiccional el sobreseimiento de una causa; recibida la solicitud, el Órgano jurisdiccional la notificará a las partes y citará, dentro de las veinticuatro horas siguientes, a una audiencia donde se resolverá lo conducente. La incomparecencia de la víctima u ofendido debidamente citados no impedirá que el Órgano jurisdiccional se pronuncie al respecto.

El sobreseimiento procederá cuando:

I. El hecho no se cometió;

II. El hecho cometido no constituye delito;

III. Apareciere claramente establecida la inocencia del imputado;

IV. El imputado esté exento de responsabilidad penal;

V. Agotada la investigación, el Ministerio Público estime que no cuenta con los elementos suficientes para fundar una acusación;

VI. Se hubiere extinguido la acción penal por alguno de los motivos establecidos en la ley;

VII. Una ley o reforma posterior derogue el delito por el que se sigue el proceso;

VIII. El hecho de que se trata haya sido materia de un proceso penal en el que se hubiera dictado sentencia firme respecto del imputado;

IX. Muerte del imputado, o

X. En los demás casos en que lo disponga la ley.

Artículo 328. Efectos del sobreseimiento

El sobreseimiento firme tiene efectos de sentencia absolutoria, pone fin al procedimiento en relación con el imputado en cuyo favor se dicta, inhibe una nueva persecución penal por el mismo hecho y hace cesar todas las medidas cautelares que se hubieran dictado.

Artículo 329. Sobreseimiento total o parcial

El sobreseimiento será total cuando se refiera a todos los delitos y a todos los imputados, y parcial cuando se refiera a algún delito o a algún imputado, de los varios a que se hubiere extendido la investigación y que hubieren sido objeto de vinculación a proceso.

Si el sobreseimiento fuere parcial, se continuará el proceso respecto de aquellos delitos o de aquellos imputados a los que no se extendiere aquél.

Artículo 330. Facultades del Juez respecto del sobreseimiento

El Juez de control, al pronunciarse sobre la solicitud de sobreseimiento planteada por cualquiera de las partes, podrá rechazarlo o bien decretar el sobreseimiento incluso por motivo distinto del planteado conforme a lo previsto en este Código.

Si la víctima u ofendido se opone a la solicitud de sobreseimiento formulada por el Ministerio Público, el imputado o su Defensor, el Juez de control se pronunciará con base en los argumentos expuestos por las partes y el mérito de la causa.

Si el Juez de control admite las objeciones de la víctima u ofendido, denegará la solicitud de sobreseimiento.

De no mediar oposición, la solicitud de sobreseimiento se declarará procedente sin perjuicio del derecho de las partes a recurrir.

Artículo 331. Suspensión del proceso

El Juez de control competente decretará la suspensión del proceso cuando:

I. Se decrete la sustracción del imputado a la acción de la justicia;

II. Se descubra que el delito es de aquellos respecto de los cuales no se puede proceder sin que sean satisfechos determinados requisitos y éstos no se hubieren cumplido;

III. El imputado adquiera algún trastorno mental temporal durante el proceso, o

IV. En los demás casos que la ley señale.

Artículo 332. Reapertura del proceso al cesar la causal de suspensión

A solicitud del Ministerio Público o de cualquiera de los que intervienen en el proceso, el Juez de control podrá decretar la reapertura del mismo cuando cese la causa que haya motivado la suspensión.

Artículo 333. Reapertura de la investigación

Hasta antes de presentada la acusación, las partes podrán reiterar la solicitud de diligencias de investigación específicas que hubieren formulado al Ministerio Público después de dictado el auto de vinculación a proceso y que éste hubiere rechazado.

Si el Juez de control aceptara la solicitud de las partes, ordenará al Ministerio Público reabrir la investigación y proceder al cumplimiento de las actuaciones en el plazo que le fijará. En dicha audiencia, el Ministerio Público podrá solicitar la ampliación del plazo por una sola vez.

No procederá la solicitud de llevar a cabo actos de investigación que en su oportunidad se hubieren ordenado a petición de las partes y no se hubieren cumplido por negligencia o hecho imputable a ellas, ni tampoco las que fueren impertinentes, las que tuvieren por objeto acreditar hechos públicos y notorios, ni todas aquellas que hubieren sido solicitadas con fines puramente dilatorios.

Vencido el plazo o su ampliación, la investigación sujeta a reapertura se considerará cerrada, o aún antes de ello si se hubieren cumplido las actuaciones que la motivaron, y se procederá de conformidad con lo dispuesto en este Código.

TÍTULO VII
ETAPA INTERMEDIA

CAPÍTULO I
OBJETO

Artículo 334. Objeto de la etapa intermedia

La etapa intermedia tiene por objeto el ofrecimiento y admisión de los medios de prueba, así como la depuración de los hechos controvertidos que serán materia del juicio.

Esta etapa se compondrá de dos fases, una escrita y otra oral. La fase escrita iniciará con el escrito de acusación que formule el Ministerio Público y comprenderá todos los actos previos a la celebración de la audiencia intermedia. La segunda fase dará inicio con la celebración de la audiencia intermedia y culminará con el dictado del auto de apertura a juicio.

Artículo 335. Contenido de la acusación

Una vez concluida la fase de investigación complementaria, si el Ministerio Público estima que la investigación aporta elementos para ejercer la acción penal contra el imputado, presentará la acusación.

La acusación del Ministerio Público, deberá contener en forma clara y precisa:

I. La individualización del o los acusados y de su Defensor;

II. La identificación de la víctima u ofendido y su Asesor jurídico;

III. La relación clara, precisa, circunstanciada y específica de los hechos atribuidos en modo, tiempo y lugar, así como su clasificación jurídica;

IV. La relación de las modalidades del delito que concurrieren;

V. La autoría o participación concreta que se atribuye al acusado;

VI. La expresión de los preceptos legales aplicables;

VII. El señalamiento de los medios de prueba que pretenda ofrecer, así como la prueba anticipada que se hubiere desahogado en la etapa de investigación;

VIII. El monto de la reparación del daño y los medios de prueba que ofrece para probarlo;

IX. La pena o medida de seguridad cuya aplicación se solicita incluyendo en su caso la correspondiente al concurso de delitos;

X. Los medios de prueba que el Ministerio Público pretenda presentar para la individualización de la pena y en su caso, para la procedencia de sustitutivos de la pena de prisión o suspensión de la misma;

XI. La solicitud de decomiso de los bienes asegurados;

XII. La propuesta de acuerdos probatorios, en su caso, y

XIII. La solicitud de que se aplique alguna forma de terminación anticipada del proceso cuando ésta proceda.

La acusación sólo podrá formularse por los hechos y personas señaladas en el auto de vinculación a proceso, aunque se efectúe una distinta clasificación, la cual deberá hacer del conocimiento de las partes.

Si el Ministerio Público o, en su caso, la víctima u ofendido ofrecieran como medios de prueba la declaración de testigos o peritos, deberán presentar una lista identificándolos con nombre, apellidos, domicilio y modo de localizarlos, señalando además los puntos sobre los que versarán los interrogatorios.

(REFORMADO SU EPÍGRAFE, D.O.F. 17 DE JUNIO DE 2016)

Artículo 336. Notificación de la Acusación

(REFORMADO, D.O.F. 17 DE JUNIO DE 2016)

Una vez presentada la acusación, el Juez de control ordenará su notificación a las partes al día siguiente. Con dicha notificación se les entregará copia de la acusación.

(REFORMADO, D.O.F. 17 DE JUNIO DE 2016)

Artículo 337. Descubrimiento probatorio

El descubrimiento probatorio consiste en la obligación de las partes de darse a conocer entre ellas en el proceso, los medios de prueba que pretendan ofrecer en la audiencia de juicio. En el caso del Ministerio Público, el descubrimiento comprende el acceso y copia a todos los registros de la investigación, así como a los lugares y objetos relacionados con ella, incluso de aquellos elementos que no pretenda ofrecer como medio de prueba en el juicio. En el caso del imputado o su defensor, consiste en entregar materialmente copia de los registros al Ministerio Público a su costa, y acceso a las evidencias materiales que ofrecerá en la audiencia intermedia, lo cual deberá realizarse en los términos de este Código.

El Ministerio Público deberá cumplir con esta obligación de manera continua a partir de los momentos establecidos en el párrafo tercero del artículo 218 de este Código, así como permitir el acceso del imputado o su Defensor a los nuevos elementos que surjan en el curso de la investigación, salvo las excepciones previstas en este Código.

La víctima u ofendido, el asesor jurídico y el acusado o su Defensor, deberán descubrir los medios de prueba que pretendan ofrecer en la audiencia del juicio, en los plazos establecidos en los artículos 338 y 340, respectivamente, para lo cual, deberán entregar materialmente copia de los registros y acceso a los medios de prueba, con costo a cargo del Ministerio Público. Tratándose de la prueba pericial, se deberá entregar el informe respectivo al momento de descubrir los medios de prueba a cargo de cada una de las partes, salvo que se justifique que aún no cuenta con ellos, caso en el cual, deberá descubrirlos a más tardar tres días antes del inicio de la audiencia intermedia.

En caso que el acusado o su defensor, requiera más tiempo para preparar el descubrimiento o su caso, podrá solicitar al Juez de control, antes de celebrarse la audiencia intermedia o en la misma audiencia, le conceda un plazo razonable y justificado para tales efectos.

Artículo 338. Coadyuvancia en la acusación

Dentro de los tres días siguientes de la notificación de la acusación formulada por el Ministerio Público, la víctima u ofendido podrán mediante escrito:

I. Constituirse como coadyuvantes en el proceso;

II. Señalar los vicios formales de la acusación y requerir su corrección;

(REFORMADA, D.O.F. 17 DE JUNIO DE 2016)

III. Ofrecer los medios de prueba que estime necesarios para complementar la acusación del Ministerio Público, de lo cual se deberá notificar al acusado;

IV. Solicitar el pago de la reparación del daño y cuantificar su monto.

Artículo 339. Reglas generales de la coadyuvancia

Si la víctima u ofendido se constituyera en coadyuvante del Ministerio Público, le serán aplicables en lo conducente las formalidades previstas para la acusación de aquél. El Juez de control deberá correr traslado de dicha solicitud a las partes.

La coadyuvancia en la acusación por parte de la víctima u ofendido no alterará las facultades concedidas por este Código y demás legislación aplicable al Ministerio Público, ni lo eximirá de sus responsabilidades.

Si se trata de varias víctimas u ofendidos podrán nombrar un representante común, siempre que no exista conflicto de intereses.

Artículo 340. Actuación del imputado en la fase escrita de la etapa intermedia

(REFORMADO PRIMER PÁRRAFO, D.O.F. 17 DE JUNIO DE 2016)

Dentro de los diez días siguientes a que fenezca el plazo para la solicitud de coadyuvancia de la víctima u ofendido, el acusado o su Defensor, mediante escrito dirigido al Juez de control, podrán:

(REFORMADA, D.O.F. 17 DE JUNIO DE 2016)

I. Señalar vicios formales del escrito de acusación y pronunciarse sobre las observaciones del coadyuvante y si lo consideran pertinente, requerir su corrección. No obstante, el acusado o su Defensor podrán señalarlo en la audiencia intermedia;

(ADICIONADA, D.O.F. 17 DE JUNIO DE 2016)

II. Ofrecer los medios de prueba que pretenda se desahoguen en el juicio;

(REFORMADA, D.O.F. 17 DE JUNIO DE 2016)

III. Solicitar la acumulación o separación de acusaciones, y

(REFORMADA, D.O.F. 17 DE JUNIO DE 2016)

IV. Manifestarse sobre los acuerdos probatorios.

(DEROGADO SEGUNDO PÁRRAFO, D.O.F. 17 DE JUNIO DE 2016)

(REFORMADO, D.O.F. 17 DE JUNIO DE 2016)

El escrito del acusado o su Defensor se notificará al Ministerio Público y al coadyuvante dentro de las veinticuatro horas siguientes a su presentación.

Artículo 341. Citación a la audiencia

(REFORMADO PRIMER PÁRRAFO, D.O.F. 17 DE JUNIO DE 2016)

El Juez de control, en el mismo auto en que tenga por presentada la acusación del Ministerio Público, señalará fecha para que se lleve a cabo la audiencia intermedia, la cual deberá tener lugar en un plazo que no podrá ser menor a treinta ni exceder de cuarenta días naturales a partir de presentada la acusación.

Previa celebración de la audiencia intermedia, el Juez de control podrá, por una sola ocasión y a solicitud de la defensa, diferir, hasta por diez días, la celebración de la audiencia intermedia. Para tal efecto, la defensa deberá exponer las razones por las cuales ha requerido dicho diferimiento.

Artículo 342. Inmediación en la audiencia intermedia

La audiencia intermedia será conducida por el Juez de control, quien la presidirá en su integridad y se desarrollará oralmente. Es indispensable la presencia permanente del Juez de control, el Ministerio Público, y el Defensor durante la audiencia.

La víctima u ofendido o su Asesor jurídico deberán concurrir, pero su inasistencia no suspende el acto, aunque si ésta fue injustificada, se tendrá por desistida su pretensión en el caso de que se hubiera constituido como coadyuvante del Ministerio Público.

Artículo 343. Unión y separación de acusación

Cuando el Ministerio Público formule diversas acusaciones que el Juez de control considere conveniente someter a una misma audiencia del debate, y siempre que ello no perjudique el derecho de defensa, podrá unirlas y decretar la apertura de un solo juicio, si ellas están vinculadas por referirse a un mismo hecho, a un mismo acusado o porque deben ser examinadas los mismos medios de prueba.

El Juez de control podrá dictar autos de apertura del juicio separados, para distintos hechos o diferentes acusados que estén comprendidos en una misma acusación, cuando, de ser conocida en una sola audiencia del debate, pudiera provocar graves dificultades en la organización o el desarrollo de la audiencia del debate o afectación del derecho de defensa, y siempre que ello no implique el riesgo de provocar decisiones contradictorias.

Artículo 344. Desarrollo de la audiencia

Al inicio de la audiencia el Ministerio Público realizará una exposición resumida de su acusación, seguida de las exposiciones de la víctima u ofendido y el acusado por sí o por conducto de su Defensor; acto seguido las partes podrán deducir cualquier incidencia que consideren relevante presentar. Asimismo, la Defensa promoverá las excepciones que procedan conforme a lo que se establece en este Código.

Desahogados los puntos anteriores y posterior al establecimiento en su caso de acuerdos probatorios, el Juez se cerciorará de que se ha cumplido con el descubrimiento probatorio a cargo de las partes y, en caso de controversia abrirá debate entre las mismas y resolverá lo procedente.

Si es el caso que el Ministerio Público o la víctima u ofendido ocultaron una prueba favorable a la defensa, el Juez en el caso del Ministerio Público procederá a dar vista a su superior para los efectos conducentes. De igual forma impondrá una corrección disciplinaria a la víctima u ofendido.

Artículo 345. Acuerdos probatorios

Los acuerdos probatorios son aquellos celebrados entre el Ministerio Público y el acusado, sin oposición fundada de la víctima u ofendido, para aceptar como probados alguno o algunos de los hechos o sus circunstancias.

Si la víctima u ofendido se opusieren, el Juez de control determinará si es fundada y motivada la oposición, de lo contrario el Ministerio Público podrá realizar el acuerdo probatorio.

El Juez de control autorizará el acuerdo probatorio, siempre que lo considere justificado por existir antecedentes de la investigación con los que se acredite el hecho.

En estos casos, el Juez de control indicará en el auto de apertura del juicio los hechos que tendrán por acreditados, a los cuales deberá estarse durante la audiencia del juicio oral.

Artículo 346. Exclusión de medios de prueba para la audiencia del debate

Una vez examinados los medios de prueba ofrecidos y de haber escuchado a las partes, el Juez de control ordenará fundadamente que se excluyan de ser rendidos en la audiencia de juicio, aquellos medios de prueba que no se refieran directa o indirectamente al objeto de la investigación y sean útiles para el esclarecimiento de los hechos, así como aquellos en los que se actualice alguno de los siguientes supuestos:

I. Cuando el medio de prueba se ofrezca para generar efectos dilatorios, en virtud de ser:

a) Sobreabundante: por referirse a diversos medios de prueba del mismo tipo, testimonial o documental, que acrediten lo mismo, ya superado, en reiteradas ocasiones;

b) Impertinentes: por no referirse a los hechos controvertidos, o

c) Innecesarias: por referirse a hechos públicos, notorios o incontrovertidos;

II. Por haberse obtenido con violación a derechos fundamentales;

III. Por haber sido declaradas nulas, o

IV. Por ser aquellas que contravengan las disposiciones señaladas en este Código para su desahogo.

En el caso de que el Juez estime que el medio de prueba sea sobreabundante, dispondrá que la parte que la ofrezca reduzca el número de testigos o de documentos, cuando mediante ellos desee acreditar los mismos hechos o circunstancias con la materia que se someterá a juicio.

Asimismo, en los casos de delitos contra la libertad y seguridad sexuales y el normal desarrollo psicosexual, el Juez excluirá la prueba que pretenda rendirse sobre la conducta sexual anterior o posterior de la víctima.

La decisión del Juez de control de exclusión de medios de prueba es apelable.

Artículo 347. Auto de apertura a juicio

Antes de finalizar la audiencia, el Juez de control dictará el auto de apertura de juicio que deberá indicar:

(REFORMADA, D.O.F. 17 DE JUNIO DE 2016)

I. El Tribunal de enjuiciamiento competente para celebrar la audiencia de juicio;

II. La individualización de los acusados;

III. Las acusaciones que deberán ser objeto del juicio y las correcciones formales que se hubieren realizado en ellas, así como los hechos materia de la acusación;

IV. Los acuerdos probatorios a los que hubieren llegado las partes;

V. Los medios de prueba admitidos que deberán ser desahogados en la audiencia de juicio, así como la prueba anticipada;

VI. Los medios de pruebas que, en su caso, deban de desahogarse en la audiencia de individualización de las sanciones y de reparación del daño;

VII. Las medidas de resguardo de identidad y datos personales que procedan en términos de este Código;

VIII. Las personas que deban ser citadas a la audiencia de debate, y

IX. Las medidas cautelares que hayan sido impuestas al acusado.

El Juez de control hará llegar el mismo al Tribunal de enjuiciamiento competente dentro de los cinco días siguientes de haberse dictado y pondrá a su disposición los registros, así como al acusado.

TÍTULO VIII
ETAPA DE JUICIO

CAPÍTULO I
DISPOSICIONES PREVIAS

Artículo 348. Juicio

El juicio es la etapa de decisión de las cuestiones esenciales del proceso. Se realizará sobre la base de la acusación en el que se deberá asegurar la efectiva vigencia de los principios de inmediación, publicidad, concentración, igualdad, contradicción y continuidad.

(REFORMADO, D.O.F. 17 DE JUNIO DE 2016)

Artículo 349. Fecha, lugar, integración y citaciones

El Tribunal de enjuiciamiento una vez que reciba el auto de apertura a juicio oral deberá establecer la fecha para la celebración de la audiencia de debate, la que deberá tener lugar no antes de veinte ni después de sesenta días naturales contados a partir de la emisión del auto de apertura a juicio. Se citará oportunamente a todas las partes para asistir al debate. El acusado deberá ser citado, por lo menos con siete días de anticipación al comienzo de la audiencia.

Artículo 350. Prohibición de intervención

Los jueces que hayan intervenido en alguna etapa del procedimiento anterior a la audiencia de juicio no podrán fungir como Tribunal de enjuiciamiento.

CAPÍTULO II
PRINCIPIOS

Artículo 351. Suspensión

La audiencia de juicio podrá suspenderse en forma excepcional por un plazo máximo de diez días naturales cuando:

I. Se deba resolver una cuestión incidental que no pueda, por su naturaleza, resolverse en forma inmediata;

II. Tenga que practicarse algún acto fuera de la sala de audiencias, incluso porque se tenga la noticia de un hecho inesperado que torne indispensable una investigación complementaria y no sea posible cumplir los actos en el intervalo de dos sesiones;

III. No comparezcan testigos, peritos o intérpretes, deba practicarse una nueva citación y sea imposible o inconveniente continuar el debate hasta que ellos comparezcan, incluso coactivamente por medio de la fuerza pública;

IV. El o los integrantes del Tribunal de enjuiciamiento, el acusado o cualquiera de las partes se enfermen a tal extremo que no puedan continuar interviniendo en el debate;

V. El Defensor, el Ministerio Público o el acusador particular no pueda ser reemplazado inmediatamente en el supuesto de la fracción anterior, o en caso de muerte o incapacidad permanente, o

VI. Alguna catástrofe o algún hecho extraordinario torne imposible su continuación.

El Tribunal de enjuiciamiento verificará la autenticidad de la causal de suspensión invocada, pudiendo para el efecto allegarse de los medios de prueba correspondientes para decidir sobre la suspensión, para lo cual deberá anunciar el día y la hora en que continuará la audiencia, lo que tendrá el efecto de citación para audiencia para todas las partes. Previo a reanudar la audiencia, quien la presida resumirá brevemente los actos cumplidos con anterioridad.

El Tribunal de enjuiciamiento ordenará los aplazamientos que se requieran, indicando la hora en que continuará el debate. No será considerado aplazamiento ni suspensión el descanso de fin de semana y los días inhábiles de acuerdo con la legislación aplicable.

Artículo 352. Interrupción

Si la audiencia de debate de juicio no se reanuda a más tardar al undécimo día después de ordenada la suspensión, se considerará interrumpido y deberá ser reiniciado ante un Tribunal de enjuiciamiento distinto y lo actuado será nulo.

Artículo 353. Motivación

Las decisiones del Tribunal de enjuiciamiento, así como las de su Presidente serán verbales, con expresión de sus fundamentos y motivos cuando el caso lo requiera o las partes así lo soliciten, quedando todos notificados por su emisión.

CAPÍTULO III
DIRECCIÓN Y DISCIPLINA

Artículo 354. Dirección del debate de juicio

El juzgador que preside la audiencia de juicio ordenará y autorizará las lecturas pertinentes, hará las advertencias que correspondan, tomará las protestas legales y moderará la discusión; impedirá intervenciones impertinentes o que no resulten admisibles, sin coartar por ello el ejercicio de la persecución penal o la libertad de defensa. Asimismo, resolverá las objeciones que se formulen durante el desahogo de la prueba.

Si alguna de las partes en el debate se inconformara por la vía de revocación de una decisión del Presidente, lo resolverá el Tribunal.

Artículo 355. Disciplina en la audiencia

El juzgador que preside la audiencia de juicio velará por que se respete la disciplina en la audiencia cuidando que se mantenga el orden, para lo cual solicitará al Tribunal de enjuiciamiento o a los asistentes, el respeto y las consideraciones debidas, corrigiendo en el acto las faltas que se cometan, para lo cual podrá aplicar cualquiera de las siguientes medidas:

I. Apercibimiento;

II. Multa de veinte a cinco mil salarios mínimos;

III. Expulsión de la sala de audiencia;

IV. Arresto hasta por treinta y seis horas, o

V. Desalojo público de la sala de audiencia.

Si el infractor fuere el Ministerio Público, el acusado, su Defensor, la víctima u ofendido, y fuere necesario expulsarlos de la sala de audiencia, se aplicarán las reglas conducentes para el caso de su ausencia.

En caso de que a pesar de las medidas adoptadas no se pudiera reestablecer el orden, quien preside la audiencia la suspenderá hasta en tanto se encuentren reunidas las condiciones que permitan continuar con su curso normal.

(REFORMADO, D.O.F. 17 DE JUNIO DE 2016)

El Tribunal de enjuiciamiento podrá ordenar el arresto hasta por treinta y seis horas ante la contumacia de las obligaciones procesales de las personas que intervienen en un proceso penal que atenten contra el principio de continuidad, derivado de sus incomparecencias injustificadas a audiencia o aquellos actos que impidan que las pruebas puedan desahogarse en tiempo y forma.

CAPÍTULO IV
DISPOSICIONES GENERALES SOBRE LA PRUEBA

Artículo 356. Libertad probatoria

Todos los hechos y circunstancias aportados para la adecuada solución del caso sometido a juicio, podrán ser probados por cualquier medio pertinente producido e incorporado de conformidad con este Código.

Artículo 357. Legalidad de la prueba

La prueba no tendrá valor si ha sido obtenida por medio de actos violatorios de derechos fundamentales, o si no fue incorporada al proceso conforme a las disposiciones de este Código.

Artículo 358. Oportunidad para la recepción de la prueba

La prueba que hubiere de servir de base a la sentencia deberá desahogarse durante la audiencia de debate de juicio, salvo las excepciones expresamente previstas en este Código.

(REFORMADO, D.O.F. 17 DE JUNIO DE 2016)

Artículo 359. Valoración de la prueba

El Tribunal de enjuiciamiento valorará la prueba de manera libre y lógica, deberá hacer referencia en la motivación que realice, de todas las pruebas desahogadas, incluso de aquellas que se hayan desestimado, indicando las razones que se tuvieron para hacerlo. La motivación permitirá la expresión del razonamiento utilizado para alcanzar las conclusiones contenidas en la resolución jurisdiccional. Sólo se podrá condenar al acusado si se llega a la convicción de su culpabilidad más allá de toda duda razonable. En caso de duda razonable, el Tribunal de enjuiciamiento absolverá al imputado.

SECCIÓN I
PRUEBA TESTIMONIAL

Artículo 360. Deber de testificar

Toda persona tendrá la obligación de concurrir al proceso cuando sea citado y de declarar la verdad de cuanto conozca y le sea preguntado; asimismo, no deberá ocultar hechos, circunstancias o cualquier otra información que sea relevante para la solución de la controversia, salvo disposición en contrario.

El testigo no estará en la obligación de declarar sobre hechos por los que se le pueda fincar responsabilidad penal.

Artículo 361. Facultad de abstención

Podrán abstenerse de declarar el tutor, curador, pupilo, cónyuge, concubina o concubinario, conviviente del imputado, la persona que hubiere vivido de forma permanente con el imputado durante por lo menos dos años anteriores al hecho, sus parientes por consanguinidad en la línea recta ascendente o descendente hasta el cuarto grado y en la colateral por consanguinidad hasta el segundo grado inclusive, salvo que fueran denunciantes.

Deberá informarse a las personas mencionadas de la facultad de abstención antes de declarar, pero si aceptan rendir testimonio no podrán negarse a contestar las preguntas formuladas.

Artículo 362. Deber de guardar secreto

Es inadmisible el testimonio de personas que respecto del objeto de su declaración, tengan el deber de guardar secreto con motivo del conocimiento que tengan de los hechos en razón del oficio o profesión, tales como ministros religiosos, abogados, visitadores de derechos humanos, médicos, psicólogos, farmacéuticos y enfermeros, así como los funcionarios públicos sobre información que no es susceptible de divulgación según las leyes de la materia. No obstante, estas personas no podrán negar su testimonio cuando sean liberadas por el interesado del deber de guardar secreto.

En caso de ser citadas, deberán comparecer y explicar el motivo del cual surge la obligación de guardar secreto y de abstenerse de declarar.

Artículo 363. Citación de testigos

Los testigos serán citados para su examinación. En los casos de urgencia, podrán ser citados por cualquier medio que garantice la recepción de la citación, de lo cual se deberá dejar constancia. El testigo podrá presentarse a declarar sin previa cita.

Si el testigo reside en un lugar lejano al asiento del órgano judicial y carece de medios económicos para trasladarse, se dispondrá lo necesario para asegurar su comparecencia.

Tratándose de testigos que sean servidores públicos, la dependencia en la que se desempeñen adoptará las medidas correspondientes para garantizar su comparecencia, en cuyo caso absorberá además los gastos que se generen.

Artículo 364. Comparecencia obligatoria de testigos

Si el testigo debidamente citado no se presentara a la citación o haya temor fundado de que se ausente o se oculte, se le hará comparecer en ese acto por medio de la fuerza pública sin necesidad de agotar ningún otro medio de apremio.

Las autoridades están obligadas a auxiliar oportuna y diligentemente al Tribunal para garantizar la comparecencia obligatoria de los testigos. El Órgano jurisdiccional podrá emplear contra las autoridades los medios de apremio que establece este Código en caso de incumplimiento o retardo a sus determinaciones.

Artículo 365. Excepciones a la obligación de comparecencia

No estarán obligados a comparecer en los términos previstos en los artículos anteriores y podrán declarar en la forma señalada para los testimonios especiales los siguientes:

I. Respecto de los servidores públicos federales, el Presidente de la República; los Secretarios de Estado de la Federación; el Procurador General de la República; los Ministros de la Suprema Corte de Justicia de la Nación, y los Diputados y Senadores del Congreso de la Unión; los Magistrados del Tribunal Electoral del Poder Judicial de la Federación y los Consejeros del Instituto Federal Electoral;

II. Respecto de los servidores públicos estatales, el Gobernador; los Secretarios de Estado; el Procurador General de Justicia o su equivalente; los Diputados de los Congresos locales e integrantes de la Asamblea Legislativa del

Distrito Federal; los Magistrados del Tribunal Superior de Justicia y del Tribunal Estatal Electoral y los Consejeros del Instituto Electoral estatal;

III. Los extranjeros que gozaren en el país de inmunidad diplomática, de conformidad con los Tratados sobre la materia, y

IV. Los que, por enfermedad grave u otro impedimento calificado por el Órgano jurisdiccional estén imposibilitados de hacerlo.

Si las personas enumeradas en las fracciones anteriores renunciaren a su derecho a no comparecer, deberán prestar declaración conforme a las reglas generales previstas en este Código.

Artículo 366. Testimonios especiales

Cuando deba recibirse testimonio de menores de edad víctimas del delito y se tema por su afectación psicológica o emocional, así como en caso de víctimas de los delitos de violación o secuestro, el Órgano jurisdiccional a petición de las partes, podrá ordenar su recepción con el auxilio de familiares o peritos especializados. Para ello deberán utilizarse las técnicas audiovisuales adecuadas que favorezcan evitar la confrontación con el imputado.

Las personas que no puedan concurrir a la sede judicial, por estar físicamente impedidas, serán examinadas en el lugar donde se encuentren y su testimonio será transmitido por sistemas de reproducción a distancia.

Estos procedimientos especiales deberán llevarse a cabo sin afectar el derecho a la confrontación y a la defensa.

Artículo 367. Protección a los testigos

El Órgano jurisdiccional, por un tiempo razonable, podrá ordenar medidas especiales destinadas a proteger la integridad física y psicológica del testigo y sus familiares, mismas que podrán ser renovadas cuantas veces fuere necesario, sin menoscabo de lo dispuesto en la legislación aplicable.

De igual forma, el Ministerio Público o la autoridad que corresponda adoptarán las medidas que fueren procedentes para conferir la debida protección a víctimas, ofendidos, testigos, antes o después de prestadas sus declaraciones, y a sus familiares y en general a todos los sujetos que intervengan en el procedimiento, sin menoscabo de lo dispuesto en la legislación aplicable.

SECCIÓN II
PRUEBA PERICIAL

Artículo 368. Prueba pericial

Podrá ofrecerse la prueba pericial cuando, para el examen de personas, hechos, objetos o circunstancias relevantes para el proceso, fuere necesario o conveniente poseer conocimientos especiales en alguna ciencia, arte, técnica u oficio.

Artículo 369. Título oficial

Los peritos deberán poseer título oficial en la materia relativa al punto sobre el cual dictaminarán y no tener impedimentos para el ejercicio profesional, siempre que la ciencia, el arte, la técnica o el oficio sobre la que verse la pericia en cuestión esté reglamentada; en caso contrario, deberá designarse a una persona de idoneidad manifiesta y que preferentemente pertenezca a un gremio o agrupación relativa a la actividad sobre la que verse la pericia.

No se exigirán estos requisitos para quien declare como testigo sobre hechos o circunstancias que conoció espontáneamente, aunque para informar sobre ellos utilice las aptitudes especiales que posee en una ciencia, arte, técnica u oficio.

Artículo 370. Medidas de protección

En caso necesario, los peritos y otros terceros que deban intervenir en el procedimiento para efectos probatorios, podrán pedir a la autoridad correspondiente que adopte medidas tendentes a que se les brinde la protección prevista para los testigos, en los términos de la legislación aplicable.

SECCIÓN III
DISPOSICIONES GENERALES DEL INTERROGATORIO Y CONTRAINTERROGATORIO

Artículo 371. Declarantes en la audiencia de juicio

Antes de declarar, los testigos no podrán comunicarse entre sí, ni ver, oír o ser informados de lo que ocurra en la audiencia, por lo que permanecerán en una sala distinta a aquella en donde se desarrolle, advertidos de lo anterior por el juzgador que preside la audiencia. Serán llamados en el orden establecido. Esta disposición no aplica al acusado ni a la víctima, salvo cuando ésta deba declarar en juicio como testigo.

El juzgador que presida la audiencia de juicio identificará al perito o testigo, le tomará protesta de conducirse con verdad y le advertirá de las penas que se imponen si se incurre en falsedad de declaraciones.

Durante la audiencia, los peritos y testigos deberán ser interrogados personalmente. Su declaración personal no podrá ser sustituida por la lectura de los registros en que consten anteriores declaraciones, o de otros documentos que las contengan, y sólo deberá referirse a ésta y a las preguntas realizadas por las partes.

Artículo 372. Desarrollo de interrogatorio

Otorgada la protesta y realizada su identificación, el juzgador que presida la audiencia de juicio concederá la palabra a la parte que propuso el testigo, perito o al acusado para que lo interrogue, y con posterioridad a los demás sujetos que intervienen en el proceso, respetándose siempre el orden asignado. La parte contraria podrá inmediatamente después contrainterrogar al testigo, perito o al acusado.

Los testigos, peritos o el acusado responderán directamente a las preguntas que les formulen el Ministerio Público, el Defensor o el Asesor jurídico de la víctima, en su caso. El Órgano jurisdiccional deberá abstenerse de interrumpir dicho interrogatorio salvo que medie objeción fundada de parte, o bien, resulte necesario para mantener el orden y decoro necesarios para la debida diligenciación de la audiencia. Sin perjuicio de lo anterior, el Órgano Jurisdiccional podrá formular preguntas para aclarar lo manifestado por quien deponga, en los términos previstos en este Código.

A solicitud de algunas de las partes, el Tribunal podrá autorizar un nuevo interrogatorio a los testigos que ya hayan declarado en la audiencia, siempre y cuando no hayan sido liberados; al perito se le podrán formular preguntas con el fin de proponerle hipótesis sobre la materia del dictamen pericial, a las que el perito deberá responder atendiéndose a la ciencia, la profesión y los hechos hipotéticos propuestos.

Después del contrainterrogatorio el oferente podrá repreguntar al testigo en relación a lo manifestado. En la materia del contrainterrogatorio la parte contraria podrá recontrainterrogar al testigo respecto de la materia de las preguntas.

Artículo 373. Reglas para formular preguntas en juicio

Toda pregunta deberá formularse de manera oral y versará sobre un hecho específico. En ningún caso se permitirán preguntas ambiguas o poco claras, conclusivas, impertinentes o irrelevantes o argumentativas, que tiendan a ofender al testigo o peritos o que pretendan coaccionarlos.

Las preguntas sugestivas sólo se permitirán a la contraparte de quien ofreció al testigo, en contrainterrogatorio.

(DEROGADO TERCER PÁRRAFO, D.O.F. 17 DE JUNIO DE 2016)

Artículo 374. Objeciones

La objeción de preguntas deberá realizarse antes de que el testigo emita respuesta. El Juez analizará la pregunta y su objeción y en caso de considerar obvia la procedencia de la pregunta resolverá de plano. Contra esta determinación no se admite recurso alguno.

Artículo 375. Testigo hostil

El Tribunal de enjuiciamiento permitirá al oferente de la prueba realizar preguntas sugestivas cuando advierta que el testigo se está conduciendo de manera hostil.

Artículo 376. Lectura para apoyo de memoria o para demostrar o superar contradicciones en audiencia

Durante el interrogatorio y contrainterrogatorio del acusado, del testigo o del perito, podrán leer parte de sus entrevistas, manifestaciones anteriores, documentos por ellos elaborados o cualquier otro registro de actos en los que hubiera participado, realizando cualquier tipo de manifestación, cuando fuera necesario para apoyar la memoria del respectivo declarante, superar o evidenciar contradicciones, o solicitar las aclaraciones pertinentes.

Con el mismo propósito se podrá leer durante la declaración de un perito parte del informe que él hubiere elaborado.

SECCIÓN IV
DECLARACIÓN DEL ACUSADO

Artículo 377. Declaración del acusado en juicio

El acusado podrá rendir su declaración en cualquier momento durante la audiencia. En tal caso, el juzgador que preside la audiencia le permitirá que lo haga libremente o conteste las preguntas de las partes. En este caso se podrán utilizar las declaraciones previas rendidas por el acusado, para apoyo de memoria, evidenciar o superar contradicciones. El Órgano jurisdiccional podrá formularle preguntas destinadas a aclarar su dicho.

El acusado podrá solicitar ser oído, con el fin de aclarar o complementar sus manifestaciones, siempre que preserve la disciplina en la audiencia.

En la declaración del acusado se seguirán, en lo conducente, las mismas reglas para el desarrollo del interrogatorio. El imputado deberá declarar con libertad de movimiento, sin el uso de instrumentos de seguridad, salvo cuando sea absolutamente indispensable para evitar su fuga o daños a otras personas.

Artículo 378. Ausencia del acusado en juicio

Si el acusado decide no declarar en el juicio, ninguna declaración previa que haya rendido puede ser incorporada a éste como prueba, ni se podrán utilizar en el juicio bajo ningún concepto.

Artículo 379. Derechos del acusado en juicio

En el curso del debate, el acusado tendrá derecho a solicitar la palabra para efectuar todas las declaraciones que considere pertinentes, incluso si antes se hubiere abstenido de declarar, siempre que se refieran al objeto del debate.

El juzgador que presida la audiencia de juicio impedirá cualquier divagación y si el acusado persistiera en ese comportamiento, podrá ordenar que sea alejado de la audiencia. El acusado podrá, durante el transcurso del debate, hablar libremente con su Defensor, sin que por ello la audiencia se suspenda; sin embargo, no lo podrá hacer durante su declaración o antes de responder a preguntas que le sean formuladas y tampoco podrá admitir sugerencia alguna.

SECCIÓN V
PRUEBA DOCUMENTAL Y MATERIAL

Artículo 380. Concepto de documento

Se considerará documento a todo soporte material que contenga información sobre algún hecho. Quien cuestione la autenticidad del documento tendrá la carga de demostrar sus afirmaciones. El Órgano jurisdiccional, a solicitud de los interesados, podrá prescindir de la lectura íntegra de documentos o informes escritos, o de la reproducción total de una videograbación o grabación, para leer o reproducir parcialmente el documento o la grabación en la parte conducente.

Artículo 381. Reproducción en medios tecnológicos

En caso de que los datos de prueba o la prueba se encuentren contenidos en medios digitales, electrónicos, ópticos o de cualquier otra tecnología y el Órgano jurisdiccional no cuente con los medios necesarios para su reproducción, la parte que los ofrezca los deberá proporcionar o facilitar. Cuando la parte oferente, previo apercibimiento no provea del medio idóneo para su reproducción, no se podrá llevar a cabo el desahogo de la misma.

Artículo 382. Prevalencia de mejor documento

Cualquier documento que garantice mejorar la fidelidad en la reproducción de los contenidos de las pruebas deberá prevalecer sobre cualquiera otro.

Artículo 383. Incorporación de prueba

Los documentos, objetos y otros elementos de convicción, previa su incorporación a juicio, deberán ser exhibidos al imputado, a los testigos o intérpretes y a los peritos, para que los reconozcan o informen sobre ellos.

Sólo se podrá incorporar a juicio como prueba material o documental aquella que haya sido previamente acreditada.

Artículo 384. Prohibición de incorporación de antecedentes procesales

No se podrá invocar, dar lectura ni admitir o desahogar como medio de prueba al debate ningún antecedente que tenga relación con la proposición, discusión, aceptación, procedencia, rechazo o revocación de una suspensión condicional del proceso, de un acuerdo reparatorio o la tramitación de un procedimiento abreviado.

Artículo 385. Prohibición de lectura e incorporación al juicio de registros de la investigación y documentos

No se podrán incorporar o invocar como medios de prueba ni dar lectura durante el debate, a los registros y demás documentos que den cuenta de actuaciones realizadas por la Policía o el Ministerio Público en la investigación, con excepción de los supuestos expresamente previstos en este Código.

No se podrán incorporar como medio de prueba o dar lectura a actas o documentos que den cuenta de actuaciones declaradas nulas o en cuya obtención se hayan vulnerado derechos fundamentales.

Artículo 386. Excepción para la incorporación por lectura de declaraciones anteriores

Podrán incorporarse al juicio, previa lectura o reproducción, los registros en que consten anteriores declaraciones o informes de testigos, peritos o acusados, únicamente en los siguientes casos:

I. El testigo o coimputado haya fallecido, presente un trastorno mental transitorio o permanente o haya perdido la capacidad para declarar en juicio y, por esa razón, no hubiese sido posible solicitar su desahogo anticipado, o

II. Cuando la incomparecencia de los testigos, peritos o coimputados, fuere atribuible al acusado.

Cualquiera de estas circunstancias deberá ser debidamente acreditada.

Artículo 387. Incorporación de prueba material o documental previamente admitida

De conformidad con el artículo anterior, sólo se podrán incorporar la prueba material y la documental previamente admitidas, salvo las excepciones previstas en este Código.

SECCIÓN VI
OTRAS PRUEBAS

Artículo 388. Otras pruebas

Además de las previstas en este Código, podrán utilizarse otras pruebas cuando no se afecten los derechos fundamentales.

Artículo 389. Constitución del Tribunal en lugar distinto

Cuando así se hubiere solicitado por las partes para la adecuada apreciación de determinadas circunstancias relevantes del caso, el Tribunal de enjuiciamiento podrá constituirse en un lugar distinto a la sala de audiencias.

Artículo 390. Medios de prueba nueva y de refutación

El Tribunal de enjuiciamiento podrá ordenar la recepción de medios de prueba nueva, ya sea sobre hechos supervenientes o de los que no fueron ofrecidos oportunamente por alguna de las partes, siempre que se justifique no haber conocido previamente de su existencia.

Si con ocasión de la rendición de un medio de prueba surgiere una controversia relacionada exclusivamente con su veracidad, autenticidad o integridad, el Tribunal de enjuiciamiento podrá admitir y desahogar nuevos medios de prueba, aunque ellos no hubieren sido ofrecidos oportunamente, siempre que no hubiere sido posible prever su necesidad.

El medio de prueba debe ser ofrecido antes de que se cierre el debate, para lo que el Tribunal de enjuiciamiento deberá salvaguardar la oportunidad de la contraparte del oferente de los medios de prueba supervenientes o de refutación, para preparar los contrainterrogatorios de testigos o peritos, según sea el caso, y para ofrecer la práctica de diversos medios de prueba, encaminados a controvertirlos.

CAPÍTULO V
DESARROLLO DE LA AUDIENCIA DE JUICIO

Artículo 391. Apertura de la audiencia de juicio

En el día y la hora fijados, el Tribunal de enjuiciamiento se constituirá en el lugar señalado para la audiencia. Quien la presida, verificará la presencia de los demás jueces, de las partes, de los testigos, peritos o intérpretes que deban participar en el debate y de la existencia de las cosas que deban exhibirse en él, y la declarará abierta. Advertirá al acusado y al público sobre la importancia y el significado de lo que acontecerá en la audiencia e indicará al acusado que esté atento a ella.

Cuando un testigo o perito no se encuentre presente al iniciar la audiencia, pero haya sido debidamente notificado para asistir en una hora posterior y se tenga la certeza de que comparecerá, el debate podrá iniciarse.

El juzgador que presida la audiencia de juicio señalará las acusaciones que deberán ser objeto del juicio contenidas en el auto de su apertura y los acuerdos probatorios a que hubiesen llegado las partes.

Artículo 392. Incidentes en la audiencia de juicio

Los incidentes promovidos en el transcurso de la audiencia de debate de juicio se resolverán inmediatamente por el Tribunal de enjuiciamiento, salvo que por su naturaleza sea necesario suspender la audiencia.

Las decisiones que recayeren sobre estos incidentes no serán susceptibles de recurso alguno.

Artículo 393. División del debate único

Si la acusación tuviere por objeto varios hechos punibles atribuidos a uno o más imputados, el Tribunal de enjuiciamiento podrá disponer, incluso a solicitud de parte, que los debates se lleven a cabo separadamente, pero en forma continua.

El Tribunal de enjuiciamiento podrá disponer la división de un debate en ese momento y de la misma manera, cuando resulte conveniente para resolver adecuadamente sobre la pena y para una mejor defensa de los acusados.

Artículo 394. Alegatos de apertura

Una vez abierto el debate, el juzgador que presida la audiencia de juicio concederá la palabra al Ministerio Público para que exponga de manera concreta y oral la acusación y una descripción sumaria de las pruebas que utilizará para demostrarla. Acto seguido se concederá la palabra al Asesor jurídico de la víctima u ofendido, si lo hubiere, para los mismos efectos. Posteriormente se ofrecerá la palabra al Defensor, quien podrá expresar lo que al interés del imputado convenga en forma concreta y oral.

Artículo 395. Orden de recepción de las pruebas en la audiencia de juicio

Cada parte determinará el orden en que desahogará sus medios de prueba. Corresponde recibir primero los medios de prueba admitidos al Ministerio Público, posteriormente los de la víctima u ofendido del delito y finalmente los de la defensa.

Artículo 396. Oralidad en la audiencia de juicio

La audiencia de juicio será oral en todo momento.

Artículo 397. Decisiones en la audiencia

Las determinaciones del Tribunal de enjuiciamiento serán emitidas oralmente. En las audiencias se presume la actuación legal de las partes y del Órgano jurisdiccional, por lo que no es necesario invocar los preceptos legales en que se fundamenten, salvo los casos en que durante las audiencias alguna de las partes solicite la fundamentación expresa de la parte contraria o de la autoridad judicial porque exista duda sobre ello. En las resoluciones escritas se deberán invocar los preceptos en que se fundamentan.

Artículo 398. Reclasificación jurídica

Tanto en el alegato de apertura como en el de clausura, el Ministerio Público podrá plantear una reclasificación respecto del delito invocado en su escrito de acusación. En este supuesto, el juzgador que preside la audiencia dará al imputado y a su Defensor la oportunidad de expresarse al respecto, y les informará sobre su derecho a pedir la suspensión del debate para ofrecer nuevas pruebas o preparar su intervención. Cuando este derecho sea ejercido, el Tribunal de enjuiciamiento suspenderá el debate por un plazo que, en ningún caso, podrá exceder del establecido para la suspensión del debate previsto por este Código.

Artículo 399. Alegatos de clausura y cierre del debate

Concluido el desahogo de las pruebas, el juzgador que preside la audiencia de juicio otorgará sucesivamente la palabra al Ministerio Público, al Asesor jurídico de la víctima u ofendido del delito y al Defensor, para que expongan sus alegatos de clausura. Acto seguido, se otorgará al Ministerio Público y al Defensor la posibilidad de replicar y duplicar. La réplica sólo podrá referirse a lo expresado por el Defensor en su alegato de clausura y la dúplica a lo expresado por el Ministerio Público o a la víctima u ofendido del delito en la réplica. Se otorgará la palabra por último al acusado y al final se declarará cerrado el debate.

CAPÍTULO VI
DELIBERACIÓN, FALLO Y SENTENCIA

Artículo 400. Deliberación

Inmediatamente después de concluido el debate, el Tribunal de enjuiciamiento ordenará un receso para deliberar en forma privada, continua y aislada, hasta emitir el fallo correspondiente. La deliberación no podrá exceder de veinticuatro horas ni suspenderse, salvo en caso de enfermedad grave del Juez o miembro del Tribunal. En este caso, la suspensión de la deliberación no podrá ampliarse por más de diez días hábiles, luego de los cuales se deberá reemplazar al Juez o integrantes del Tribunal y realizar el juicio nuevamente.

Artículo 401. Emisión de fallo

Una vez concluida la deliberación, el Tribunal de enjuiciamiento se constituirá nuevamente en la sala de audiencias, después de ser convocadas oralmente o por cualquier medio todas las partes, con el propósito de que el Juez relator comunique el fallo respectivo.

El fallo deberá señalar:

I. La decisión de absolución o de condena;

II. Si la decisión se tomó por unanimidad o por mayoría de miembros del Tribunal, y

III. La relación sucinta de los fundamentos y motivos que lo sustentan.

En caso de condena, en la misma audiencia de comunicación del fallo se señalará la fecha en que se celebrará la audiencia de individualización de las sanciones y reparación del daño, dentro de un plazo que no podrá exceder de cinco días.

En caso de absolución, el Tribunal de enjuiciamiento podrá aplazar la redacción de la sentencia hasta por un plazo de cinco días, la que será comunicada a las partes.

Comunicada a las partes la decisión absolutoria, el Tribunal de enjuiciamiento dispondrá en forma inmediata el levantamiento de las medidas cautelares que se hubieren decretado en contra del imputado y ordenará se tome nota de ese levantamiento en todo índice o registro público y policial en el que figuren, así como su inmediata libertad sin que puedan mantenerse dichas medidas para la realización de trámites administrativos. También se ordenará la cancelación de las garantías de comparecencia y reparación del daño que se hayan otorgado.

El Tribunal de enjuiciamiento dará lectura y explicará la sentencia en audiencia pública. En caso de que en la fecha y hora fijadas para la celebración de dicha audiencia no asistiere persona alguna, se dispensará de la lectura y la explicación y se tendrá por notificadas a todas las partes.

Artículo 402. Convicción del Tribunal de enjuiciamiento

El Tribunal de enjuiciamiento apreciará la prueba según su libre convicción extraída de la totalidad del debate, de manera libre y lógica; sólo serán valorables y sometidos a la crítica racional, los medios de prueba obtenidos lícitamente e incorporados al debate conforme a las disposiciones de este Código.

En la sentencia, el Tribunal de enjuiciamiento deberá hacerse cargo en su motivación de toda la prueba producida, incluso de aquella que hubiere desestimado, indicando en tal caso las razones que hubiere tenido en cuenta para hacerlo. Esta motivación deberá permitir la reproducción del razonamiento utilizado para alcanzar las conclusiones a que llegare la sentencia.

Nadie podrá ser condenado, sino cuando el Tribunal que lo juzgue adquiera la convicción más allá de toda duda razonable, de que el acusado es responsable de la comisión del hecho por el que siguió el juicio. La duda siempre favorece al acusado.

No se podrá condenar a una persona con el sólo mérito de su propia declaración.

Artículo 403. Requisitos de la sentencia

La sentencia contendrá:

I. La mención del Tribunal de enjuiciamiento y el nombre del Juez o los Jueces que lo integran;

II. La fecha en que se dicta;

III. Identificación del acusado y la víctima u ofendido;

IV. La enunciación de los hechos y de las circunstancias o elementos que hayan sido objeto de la acusación y, en su caso, los daños y perjuicios reclamados, la pretensión reparatoria y las defensas del imputado;

V. Una breve y sucinta descripción del contenido de la prueba;

VI. La valoración de los medios de prueba que fundamenten las conclusiones alcanzadas por el Tribunal de enjuiciamiento;

VII. Las razones que sirvieren para fundar la resolución;

VIII. La determinación y exposición clara, lógica y completa de cada uno de los hechos y circunstancias que se consideren probados y de la valoración de las pruebas que fundamenten dichas conclusiones;

IX. Los resolutivos de absolución o condena en los que, en su caso, el Tribunal de enjuiciamiento se pronuncie sobre la reparación del daño y fije el monto de las indemnizaciones correspondientes, y

X. La firma del Juez o de los integrantes del Tribunal de enjuiciamiento.

Artículo 404. Redacción de la sentencia

Si el Órgano jurisdiccional es colegiado, una vez emitida y expuesta, la sentencia será redactada por uno de sus integrantes. Los jueces resolverán por unanimidad o por mayoría de votos, pudiendo fundar separadamente sus conclusiones o en forma conjunta si estuvieren de acuerdo. El voto disidente será redactado por su autor. La sentencia señalará el nombre de su redactor.

La sentencia producirá sus efectos desde el momento de su explicación y no desde su formulación escrita.

Artículo 405. Sentencia absolutoria

En la sentencia absolutoria, el Tribunal de enjuiciamiento ordenará que se tome nota del levantamiento de las medidas cautelares, en todo índice o registro público y policial en el que figuren, y será ejecutable inmediatamente.

En su sentencia absolutoria el Tribunal de enjuiciamiento determinará la causa de exclusión del delito, para lo cual podrá tomar como referencia, en su caso, las causas de atipicidad, de justificación o inculpabilidad, bajo los rubros siguientes:

I. Son causas de atipicidad: la ausencia de voluntad o de conducta, la falta de alguno de los elementos del tipo penal, el consentimiento de la víctima que recaiga sobre algún bien jurídico disponible, el error de tipo vencible que recaiga sobre algún elemento del tipo penal que no admita, de acuerdo con el catálogo de delitos susceptibles de configurarse de forma culposa previsto en la legislación penal aplicable, así como el error de tipo invencible;

II. Son causas de justificación: el consentimiento presunto, la legítima defensa, el estado de necesidad justificante, el ejercicio de un derecho y el cumplimiento de un deber, o

III. Son causas de inculpabilidad: el error de prohibición invencible, el estado de necesidad disculpante, la inimputabilidad, y la inexigibilidad de otra conducta.

De ser el caso, el Tribunal de enjuiciamiento también podrá tomar como referencia que el error de prohibición vencible solamente atenúa la culpabilidad y con ello atenúa también la pena, dejando subsistente la presencia del dolo, igual como ocurre en los casos de exceso de legítima defensa e imputabilidad disminuida.

Artículo 406. Sentencia condenatoria

La sentencia condenatoria fijará las penas, o en su caso la medida de seguridad, y se pronunciará sobre la suspensión de las mismas y la eventual aplicación de alguna de las medidas alternativas a la privación o restricción de libertad previstas en la ley.

La sentencia que condenare a una pena privativa de la libertad, deberá expresar con toda precisión el día desde el cual empezará a contarse y fijará el tiempo de detención o prisión preventiva que deberá servir de base para su cumplimiento.

La sentencia condenatoria dispondrá también el decomiso de los instrumentos o efectos del delito o su restitución, cuando fuere procedente.

El Tribunal de enjuiciamiento condenará a la reparación del daño.

Cuando la prueba producida no permita establecer con certeza el monto de los daños y perjuicios, o de las indemnizaciones correspondientes, el Tribunal de enjuiciamiento podrá condenar genéricamente a reparar los daños y los perjuicios y ordenar que se liquiden en ejecución de sentencia por vía incidental, siempre que éstos se hayan demostrado, así como su deber de repararlos.

El Tribunal de enjuiciamiento solamente dictará sentencia condenatoria cuando exista convicción de la culpabilidad del sentenciado, bajo el principio general de que la carga de la prueba para demostrar la culpabilidad corresponde a la parte acusadora, conforme lo establezca el tipo penal de que se trate.

Al dictar sentencia condenatoria se indicarán los márgenes de la punibilidad del delito y quedarán plenamente acreditados los elementos de la clasificación jurídica; es decir, el tipo penal que se atribuye, el grado de la ejecución del hecho, la forma de intervención y la naturaleza dolosa o culposa de la conducta, así como el grado de lesión o puesta en riesgo del bien jurídico.

La sentencia condenatoria hará referencia a los elementos objetivos, subjetivos y normativos del tipo penal correspondiente, precisando si el tipo penal se consumó o se realizó en grado de tentativa, así como la forma en que el sujeto activo haya intervenido para la realización del tipo, según se trate de alguna forma de autoría o de participación, y la naturaleza dolosa o culposa de la conducta típica.

En toda sentencia condenatoria se argumentará por qué el sentenciado no está favorecido por ninguna de las causas de la atipicidad, justificación o inculpabilidad; igualmente, se hará referencia a las agravantes o atenuantes que hayan concurrido y a la clase de concurso de delitos si fuera el caso.

Artículo 407. Congruencia de la sentencia

La sentencia de condena no podrá sobrepasar los hechos probados en juicio.

Artículo 408. Medios de prueba en la individualización de sanciones y reparación del daño

El desahogo de los medios de prueba para la individualización de sanciones y reparación del daño procederá después de haber resuelto sobre la responsabilidad del sentenciado.

El debate comenzará con el desahogo de los medios de prueba que se hubieren admitido en la etapa intermedia. En el desahogo de los medios de prueba serán aplicables las normas relativas al juicio oral.

Artículo 409. Audiencia de individualización de sanciones y reparación del daño

Después de la apertura de la audiencia de individualización de los intervinientes, el Tribunal de enjuiciamiento señalará la materia de la audiencia, y dará la palabra a las partes para que expongan, en su caso, sus alegatos de apertura. Acto seguido, les solicitará a las partes que determinen el orden en que desean el desahogo de los medios de prueba y declarará abierto el debate. Éste iniciará con el desahogo de los medios de prueba y continuará con los alegatos de clausura de las partes.

Cerrado el debate, el Tribunal de enjuiciamiento deliberará brevemente y procederá a manifestarse con respecto a la sanción a imponer al sentenciado y sobre la reparación del daño causado a la víctima u ofendido. Asimismo, fijará las penas y se pronunciará sobre la eventual aplicación de alguna de las medidas alternativas a la pena de prisión o sobre su suspensión, e indicará en qué forma deberá, en su caso, repararse el daño. Dentro de los cinco días siguientes a esta audiencia, el Tribunal redactará la sentencia.

La ausencia de la víctima que haya sido debidamente notificada no será impedimento para la celebración de la audiencia.

Artículo 410. Criterios para la individualización de la sanción penal o medida de seguridad

El Tribunal de enjuiciamiento al individualizar las penas o medidas de seguridad aplicables deberá tomar en consideración lo siguiente:

Dentro de los márgenes de punibilidad establecidos en las leyes penales, el Tribunal de enjuiciamiento individualizará la sanción tomando como referencia la gravedad de la conducta típica y antijurídica, así como el grado de culpabilidad del sentenciado. Las medidas de seguridad no accesorias a la pena y las consecuencias jurídicas aplicables a las personas morales, serán individualizadas tomando solamente en consideración la gravedad de la conducta típica y antijurídica.

La gravedad de la conducta típica y antijurídica estará determinada por el valor del bien jurídico, su grado de afectación, la naturaleza dolosa o culposa de la conducta, los medios empleados, las circunstancias de tiempo, modo, lugar u ocasión del hecho, así como por la forma de intervención del sentenciado.

El grado de culpabilidad estará determinado por el juicio de reproche, según el sentenciado haya tenido, bajo las circunstancias y características del hecho, la posibilidad concreta de comportarse de distinta manera y de respetar la norma jurídica quebrantada. Si en un mismo hecho intervinieron varias personas, cada una de ellas será sancionada de acuerdo con el grado de su propia culpabilidad.

Para determinar el grado de culpabilidad también se tomarán en cuenta los motivos que impulsaron la conducta del sentenciado, las condiciones fisiológicas y psicológicas específicas en que se encontraba en el momento de la comisión del hecho, la edad, el nivel educativo, las costumbres, las condiciones sociales y culturales, así como los vínculos de parentesco, amistad o relación que guarde con la víctima u ofendido. Igualmente se tomarán en cuenta las demás circunstancias especiales del sentenciado, víctima u ofendido, siempre que resulten relevantes para la individualización de la sanción.

Se podrán tomar en consideración los dictámenes periciales y otros medios de prueba para los fines señalados en el presente artículo.

Cuando el sentenciado pertenezca a un grupo étnico o pueblo indígena se tomarán en cuenta, además de los aspectos anteriores, sus usos y costumbres.

En caso de concurso real se impondrá la sanción del delito más grave, la cual podrá aumentarse con las penas que la ley contempla para cada uno de los delitos restantes, sin que exceda de los máximos señalados en la ley penal aplicable. En caso de concurso ideal, se impondrán las sanciones correspondientes al delito que merezca la mayor penalidad, las cuales podrán aumentarse sin rebasar la mitad del máximo de la duración de las penas correspondientes de los delitos restantes, siempre que las sanciones aplicables sean de la misma naturaleza; cuando sean de diversa naturaleza, podrán imponerse las consecuencias jurídicas señaladas para los restantes delitos. No habrá concurso cuando las conductas constituyan un delito continuado; sin embargo, en estos casos se aumentará la sanción penal hasta en una mitad de la correspondiente al máximo del delito cometido.

El aumento o la disminución de la pena, fundados en las relaciones personales o en las circunstancias subjetivas del autor de un delito, no serán aplicables a los demás sujetos que intervinieron en aquél. Sí serán aplicables las que se fundamenten en circunstancias objetivas, siempre que los demás sujetos tengan conocimiento de ellas.

Artículo 411. Emisión y exposición de las sentencias

El Tribunal de enjuiciamiento deberá explicar toda sentencia de absolución o condena.

Artículo 412. Sentencia firme

En cuanto no sean oportunamente recurridas, las resoluciones judiciales quedarán firmes y serán ejecutables sin necesidad de declaración alguna.

Artículo 413. Remisión de la sentencia

El Tribunal de enjuiciamiento dentro de los tres días siguientes a aquél en que la sentencia condenatoria quede firme, deberá remitir copia autorizada de la misma al Juez que le corresponda la ejecución correspondiente y a las autoridades penitenciarias que intervienen en el procedimiento de ejecución para su debido cumplimiento.

Dicha disposición también será aplicable en los casos de las sentencias condenatorias dictadas en el procedimiento abreviado.

TÍTULO IX
PERSONAS INIMPUTABLES

CAPÍTULO ÚNICO
PROCEDIMIENTO PARA PERSONAS INIMPUTABLES

Artículo 414. Procedimiento para la aplicación de ajustes razonables en la audiencia inicial

Si en el curso de la audiencia inicial, aparecen indicios de que el imputado está en alguno de los supuestos de inimputabilidad previstos en la Parte General del Código Penal aplicable, cualquiera de las partes podrá solicitar al Juez de control que ordene la práctica de peritajes que determinen si efectivamente es inimputable y en caso de serlo, si la inimputabilidad es permanente o transitoria y, en su caso, si ésta fue provocada por el imputado. La audiencia continuará con las mismas reglas generales pero se proveerán los ajustes razonables que determine el Juez de control para garantizar el acceso a la justicia de la persona.

En los casos en que la persona se encuentre retenida, el Ministerio Público deberá aplicar ajustes razonables para evitar un mayor grado de vulnerabilidad y el respeto a su integridad personal. Para tales efectos, estará en posibilidad de solicitar la práctica de aquellos peritajes que permitan determinar el tipo de inimputabilidad que tuviere, así como si ésta es permanente o transitoria y, si es posible definir si fue provocada por el propio retenido.

Artículo 415. Identificación de los supuestos de inimputabilidad

Si el imputado ha sido vinculado a proceso y se estima que está en una situación de inimputabilidad, las partes podrán solicitar al Juez de control que se lleven a cabo los peritajes necesarios para determinar si se acredita tal extremo, así como si la inimputabilidad que presente pudo ser propiciada o no por la persona.

Artículo 416. Ajustes al procedimiento

Si se determina el estado de inimputabilidad del sujeto, el procedimiento ordinario se aplicará observando las reglas generales del debido proceso con los ajustes del procedimiento que en el caso concreto acuerde el Juez de control, escuchando al Ministerio Público y al Defensor, con el objeto de acreditar la participación de la persona inimputable en el hecho atribuido y, en su caso, determinar la aplicación de las medidas de seguridad que se estimen pertinentes.

En caso de que el estado de inimputabilidad cese, se continuará con el procedimiento ordinario sin los ajustes respectivos.

Artículo 417. Medidas cautelares aplicables a inimputables

Se podrán imponer medidas cautelares a personas inimputables, de conformidad con las reglas del proceso ordinario, con los ajustes del procedimiento que disponga el Juez de control para el caso en que resulte procedente.

El solo hecho de ser imputable no será razón suficiente para imponer medidas cautelares.

Artículo 418. Prohibición de procedimiento abreviado

El procedimiento abreviado no será aplicable a personas inimputables.

Artículo 419. Resolución del caso

Comprobada la existencia del hecho que la ley señala como delito y que el inimputable intervino en su comisión, ya sea como autor o como partícipe, sin que a su favor opere alguna causa de justificación prevista en los códigos sustantivos, el Tribunal de enjuiciamiento resolverá el caso indicando que hay base suficiente para la imposición de la medida de seguridad que resulte aplicable; asimismo, le corresponderá al Órgano jurisdiccional determinar la individualización de la medida, en atención a las necesidades de prevención especial positiva, respetando los criterios de proporcionalidad y de mínima intervención. Si no se acreditan estos requisitos, el Tribunal de enjuiciamiento absolverá al inimputable.

La medida de seguridad en ningún caso podrá tener mayor duración a la pena que le pudiera corresponder en caso de que sea imputable.

TÍTULO X
PROCEDIMIENTOS ESPECIALES

CAPÍTULO I
PUEBLOS Y COMUNIDADES INDÍGENAS

Artículo 420. Pueblos y comunidades indígenas

Cuando se trate de delitos que afecten bienes jurídicos propios de un pueblo o comunidad indígena o bienes personales de alguno de sus miembros, y tanto el imputado como la víctima, o en su caso sus familiares, acepten el modo en el que la comunidad, conforme a sus propios sistemas normativos en la regulación y solución de sus conflictos internos proponga resolver el conflicto, se declarará la extinción de la acción penal, salvo en los casos en que la solución no considere la perspectiva de género, afecte la dignidad de las personas, el interés superior de los niños y las niñas o del derecho a una vida libre de violencia hacia la mujer.

En estos casos, cualquier miembro de la comunidad indígena podrá solicitar que así se declare ante el Juez competente.

Se excluyen de lo anterior, los delitos previstos para prisión preventiva oficiosa en este Código y en la legislación aplicable.

CAPÍTULO II
PROCEDIMIENTO PARA PERSONAS JURÍDICAS

(REFORMADO SU EPÍGRAFE, D.O.F. 17 DE JUNIO DE 2016)

Artículo 421. Ejercicio de la acción penal y responsabilidad penal autónoma

(ADICIONADO, D.O.F. 17 DE JUNIO DE 2016)

Las personas jurídicas serán penalmente responsables, de los delitos cometidos a su nombre, por su cuenta, en su beneficio o a través de los medios que ellas proporcionen, cuando se haya determinado que además existió inobservancia del debido control en su organización. Lo anterior con independencia de la responsabilidad penal en que puedan incurrir sus representantes o administradores de hecho o de derecho.

(REFORMADO, D.O.F. 17 DE JUNIO DE 2016)

El Ministerio Público podrá ejercer la acción penal en contra de las personas jurídicas con excepción de las instituciones estatales, independientemente de la acción penal que pudiera ejercer contra las personas físicas involucradas en el delito cometido.

(ADICIONADO, D.O.F. 17 DE JUNIO DE 2016)

No se extinguirá la responsabilidad penal de las personas jurídicas cuando se transformen, fusionen, absorban o escindan. En estos casos, el traslado de la pena podrá graduarse atendiendo a la relación que se guarde con la persona jurídica originariamente responsable del delito.

(ADICIONADO, D.O.F. 17 DE JUNIO DE 2016)

La responsabilidad penal de la persona jurídica tampoco se extinguirá mediante su disolución aparente, cuando continúe su actividad económica y se mantenga la identidad sustancial de sus clientes, proveedores, empleados, o de la parte más relevante de todos ellos.

(ADICIONADO, D.O.F. 17 DE JUNIO DE 2016)

Las causas de exclusión del delito o de extinción de la acción penal, que pudieran concurrir en alguna de las personas físicas involucradas, no afectará el procedimiento contra las personas jurídicas, salvo en los casos en que la persona física y la persona jurídica hayan cometido o participado en los mismos hechos y estos no hayan sido considerados como aquellos que la ley señala como delito, por una resolución judicial previa. Tampoco podrá afectar el procedimiento el hecho de que alguna persona física involucrada se sustraiga de la acción de la justicia.

(ADICIONADO, D.O.F. 17 DE JUNIO DE 2016)

Las personas jurídicas serán penalmente responsables únicamente por la comisión de los delitos previstos en el catálogo dispuesto en la legislación penal de la federación y de las entidades federativas.

(REFORMADO, D.O.F. 17 DE JUNIO DE 2016)

Artículo 422. Consecuencias jurídicas

A las personas jurídicas, con personalidad jurídica propia, se les podrá aplicar una o varias de las siguientes sanciones:

I. Sanción pecuniaria o multa;

II. Decomiso de instrumentos, objetos o productos del delito;

III. Publicación de la sentencia;

IV. Disolución, o

V. Las demás que expresamente determinen las leyes penales conforme a los principios establecidos en el presente artículo.

Para los efectos de la individualización de las sanciones anteriores, el Órgano jurisdiccional deberá tomar en consideración lo establecido en el artículo 410 de este ordenamiento y el grado de culpabilidad correspondiente de conformidad con los aspectos siguientes:

a) La magnitud de la inobservancia del debido control en su organización y la exigibilidad de conducirse conforme a la norma;

b) El monto de dinero involucrado en la comisión del hecho delictivo, en su caso;

c) La naturaleza jurídica y el volumen de negocios anual de la persona moral;

d) El puesto que ocupaban, en la estructura de la persona jurídica, la persona o las personas físicas involucradas en la comisión del delito;

e) El grado de sujeción y cumplimiento de las disposiciones legales y reglamentarias, y

f) El interés público de las consecuencias sociales y económicas o, en su caso, los daños que pudiera causar a la sociedad, la imposición de la pena.

Para la imposición de la sanción relativa a la disolución, el órgano jurisdiccional deberá ponderar además de lo previsto en este artículo, que la imposición de dicha sanción sea necesaria para garantizar la seguridad pública o nacional, evitar que se ponga en riesgo la economía nacional o la salud pública o que con ella se haga cesar la comisión de delitos.

Las personas jurídicas, con o sin personalidad jurídica propia, que hayan cometido o participado en la comisión de un hecho típico y antijurídico, podrá imponérseles una o varias de las siguientes consecuencias jurídicas:

I. Suspensión de sus actividades;

II. Clausura de sus locales o establecimientos;

III. Prohibición de realizar en el futuro las actividades en cuyo ejercicio se haya cometido o participado en su comisión;

IV. Inhabilitación temporal consistente en la suspensión de derechos para participar de manera directa o por interpósita persona en procedimientos de contratación del sector público;

V. Intervención judicial para salvaguardar los derechos de los trabajadores o de los acreedores, o

VI. Amonestación pública.

En este caso el Órgano jurisdiccional deberá individualizar las consecuencias jurídicas establecidas en este apartado, conforme a lo dispuesto en el presente artículo y a lo previsto en el artículo 410 de este Código.

Artículo 423. Formulación de la imputación y vinculación a proceso

(REFORMADO PRIMER PÁRRAFO, D.O.F. 17 DE JUNIO DE 2016)

Cuando el Ministerio Público tenga conocimiento de la posible comisión de un delito en los que se encuentre involucrada alguna persona jurídica, en los términos previstos en este Código, iniciará la investigación correspondiente.

(REFORMADO, D.O.F. 17 DE JUNIO DE 2016)

En caso de que durante la investigación se ejecute el aseguramiento de bienes el Ministerio Público, dará vista al representante de la persona jurídica a efecto de hacerle saber sus derechos y manifieste lo que a su derecho convenga.

(DEROGADO TERCER PÁRRAFO, D.O.F. 17 DE JUNIO DE 2016)

(ADICIONADO, D.O.F. 17 DE JUNIO DE 2016)

Para los efectos de este Capítulo, el Órgano jurisdiccional podrá dictar como medidas cautelares la suspensión de las actividades, la clausura temporal de los locales o establecimientos, así como la intervención judicial.

(ADICIONADO, D.O.F. 17 DE JUNIO DE 2016)

En la audiencia inicial llevada a cabo para formular imputación a la persona física, se darán a conocer, en su caso, al representante de la persona jurídica, asistido por el Defensor, los cargos que se formulen en contra de su representado, para que dicho representante o su Defensor manifiesten lo que a su derecho convenga.

(ADICIONADO, D.O.F. 17 DE JUNIO DE 2016)

El representante de la persona jurídica, asistido por el Defensor designado, podrá participar en todos los actos del procedimiento. En tal virtud se les notificarán todos los actos que tengan derecho a conocer, se les citarán a las audiencias, podrán ofrecer medios de prueba, desahogar pruebas, promover incidentes, formular alegatos e interponer los recursos procedentes en contra de las resoluciones que a la persona jurídica perjudiquen.

(ADICIONADO, D.O.F. 17 DE JUNIO DE 2016)

En ningún caso el representante de la persona jurídica que tenga el carácter de imputado podrá representarla.

(ADICIONADO, D.O.F. 17 DE JUNIO DE 2016)

En su caso el Órgano jurisdiccional podrá vincular a proceso a la persona jurídica.

(REFORMADO, D.O.F. 17 DE JUNIO DE 2016)

Artículo 424. Formas de terminación anticipada

Durante el proceso, para determinar la responsabilidad penal de las personas jurídicas a que se refiere este Capítulo, se podrán aplicar las soluciones alternas y las formas anticipadas de terminación del proceso y, en lo conducente los procedimientos especiales previstos en este Código.

Artículo 425. Sentencias

(REFORMADO PRIMER PÁRRAFO, D.O.F. 17 DE JUNIO DE 2016)

En la sentencia que se dicte el Órgano jurisdiccional resolverá lo pertinente a la persona física imputada, con independencia a la responsabilidad penal de la persona jurídica, imponiendo la sanción procedente.

En lo no previsto por este Capítulo, se aplicarán en lo que sea compatible, las reglas del procedimiento ordinario previstas en este Código.

CAPÍTULO III
ACCIÓN PENAL POR PARTICULAR

Artículo 426. Acción penal por particulares

El ejercicio de la acción penal corresponde al Ministerio Público, pero podrá ser ejercida por los particulares que tengan la calidad de víctima u ofendido en los casos y conforme a lo dispuesto en este Código.

Artículo 427. Acumulación de causas

Sólo procederá la acumulación de procedimientos de acción penal por particulares con procedimientos de acción penal pública cuando se trate de los mismos hechos y exista identidad de partes.

Artículo 428. Supuestos y condiciones en los que procede la acción penal por particulares

La víctima u ofendido podrá ejercer la acción penal únicamente en los delitos perseguibles por querella, cuya penalidad sea alternativa, distinta a la privativa de la libertad o cuya punibilidad máxima no exceda de tres años de prisión.

La víctima u ofendido podrá acudir directamente ante el Juez de control, ejerciendo acción penal por particulares en caso que cuente con datos que permitan establecer que se ha cometido un hecho que la ley señala como delito y exista probabilidad de que el imputado lo cometió o participó en su comisión. En tal caso deberá aportar para ello los datos de prueba que sustenten su acción, sin necesidad de acudir al Ministerio Público.

Cuando en razón de la investigación del delito sea necesaria la realización de actos de molestia que requieran control judicial, la víctima u ofendido deberá acudir ante el Juez de control. Cuando el acto de molestia no requiera control judicial, la víctima u ofendido deberá acudir ante el Ministerio Público para que éste los realice. En ambos supuestos, el Ministerio Público continuará con la investigación y, en su caso, decidirá sobre el ejercicio de la acción penal.

Artículo 429. Requisitos formales y materiales

El ejercicio de la acción penal por particular hará las veces de presentación de la querella y deberá sustentarse en audiencia ante el Juez de control con los requisitos siguientes:

I. El nombre y el domicilio de la víctima u ofendido;

II. Si la víctima o el ofendido son una persona jurídica, se indicará su razón social y su domicilio, así como el de su representante legal;

III. El nombre del imputado y, en su caso, cualquier dato que permita su localización;

IV. El señalamiento de los hechos que se consideran delictivos, los datos de prueba que los establezcan y determinen la probabilidad de que el imputado los cometió o participó en su comisión, los que acrediten los daños causados y su monto aproximado, así como aquellos que establezcan la calidad de víctima u ofendido;

V. Los fundamentos de derecho en que se sustenta la acción, y

VI. La petición que se formula, expresada con claridad y precisión.

Artículo 430. Contenido de la petición

El particular al ejercer la acción penal ante el Juez de control podrá solicitar lo siguiente:

I. La orden de comparecencia en contra del imputado o su citación a la audiencia inicial, y

II. El reclamo de la reparación del daño.

Artículo 431. Admisión

En la audiencia, el Juez de control constatará que se cumplen los requisitos formales y materiales para el ejercicio de la acción penal particular.

De no cumplirse con alguno de los requisitos formales exigidos, el Juez de control prevendrá al particular para su cumplimiento dentro de la misma audiencia y de no ser posible, dentro de los tres días siguientes. De no subsanarse o de ser improcedente su pretensión, se tendrá por no interpuesta la acción penal y no podrá volver a ejercerse por parte del particular por esos mismos hechos.

Admitida la acción penal promovida por el particular, el Juez de control ordenará la citación del imputado a la audiencia inicial, apercibido que en caso de no asistir se ordenará su comparecencia o aprehensión, según proceda.

El imputado deberá ser citado a la audiencia inicial a más tardar dentro de las cuarenta y ocho horas siguientes a aquella en la que se fije la fecha de celebración de la misma.

La audiencia inicial deberá celebrarse dentro de los cinco a diez días siguientes a aquel en que se tenga admitida la acción penal, informándole al imputado en el momento de la citación el derecho que tiene de designar y asistir acompañado de un Defensor de su elección y que de no hacerlo se le nombrará un Defensor público.

Artículo 432. Reglas generales

Si la víctima u ofendido decide ejercer la acción penal, por ninguna causa podrá acudir al Ministerio Público a solicitar su intervención para que investigue los mismos hechos.

La carga de la prueba para acreditar la existencia del delito y la responsabilidad del imputado corresponde al particular que ejerza la acción penal. Las partes, en igualdad procesal, podrán aportar todo elemento de prueba con que cuenten e interponer los medios de impugnación que legalmente procedan.

A la acusación de la víctima u ofendido, le serán aplicables las reglas previstas para la acusación presentada por el Ministerio Público.

De igual forma, salvo disposición legal en contrario, en la substanciación de la acción penal promovida por particulares, se observarán en todo lo que resulte aplicable las disposiciones relativas al procedimiento, previstas en este Código y los mecanismos alternativos de solución de controversias.

TÍTULO XI
ASISTENCIA JURÍDICA INTERNACIONAL EN MATERIA PENAL

CAPÍTULO I
DISPOSICIONES GENERALES

Artículo 433. Disposiciones generales

Los Estados Unidos Mexicanos prestarán a cualquier Estado extranjero que lo requiera o autoridad ministerial o judicial, tanto en el ámbito federal como del fuero común, la más amplia ayuda relacionada con la investigación, el procesamiento y la sanción de delitos que correspondan a la jurisdicción de éste.

La ejecución de las solicitudes se realizará según la legislación de los Estados Unidos Mexicanos, y la misma será desahogada a la mayor brevedad posible. Las autoridades que intervengan actuarán con la mayor diligencia con la finalidad de cumplir con lo solicitado en la asistencia jurídica.

Artículo 434. Ámbito de aplicación

La asistencia jurídica internacional tiene como finalidad brindar apoyo entre las autoridades competentes en relación con asuntos de naturaleza penal.

De conformidad con los compromisos internacionales suscritos por el Estado mexicano en materia de asistencia jurídica, así como de los respectivos ordenamientos internos, se deberá prestar la mayor colaboración para la investigación y persecución de los delitos, y en cualquiera de las actuaciones comprendidas en el marco de procedimientos del orden penal que sean competencia de las autoridades de la parte requirente en el momento en que la asistencia sea solicitada.

La asistencia jurídica sólo podrá ser invocada para la obtención de medios de prueba ordenados por la autoridad investigadora, o bien la judicial para mejor proveer, pero jamás para las ofrecidas por los imputados o sus defensas, aún cuando sean aceptadas o acordadas favorablemente por las autoridades judiciales.

Artículo 435. Trámite y resolución

Los procedimientos establecidos en este Capítulo se deberán aplicar para el trámite y resolución de cualquier solicitud de asistencia jurídica que se reciba del extranjero, cuando no exista Tratado internacional. Si existiera Tratado entre el Estado requirente y los Estados Unidos Mexicanos, las disposiciones de éste, regirán el trámite y desahogo de la solicitud de asistencia jurídica.

Todo aquello que no esté contemplado de manera específica en un Tratado de asistencia jurídica, se aplicará lo dispuesto en este Código.

Artículo 436. Principios

La asistencia jurídica internacional deberá regirse por los siguientes principios:

I. Conexidad. Toda petición de asistencia para ser procedente necesariamente debe estar vinculada a una investigación o proceso en curso;

II. Especificidad. Las solicitudes de asistencia jurídica internacional deben contener hechos concretos y requerimientos precisos;

III. Identidad de Normas. Se prestará la asistencia con independencia de que el hecho que motiva la solicitud constituya o no delito según las leyes del Estado requerido. Se exceptúa de lo anterior el supuesto de que la asistencia se solicite para la ejecución de las medidas de aseguramiento o embargo, cateo o registro domiciliario o decomiso o incautación, en cuyo caso será necesario que el hecho que da lugar al procedimiento sea también considerado como delito por la legislación del Estado requerido, y

IV. Reciprocidad. Consiste en la colaboración internacional entre Estados soberanos en los que priva la igualdad.

Artículo 437. Autoridad Central

La Autoridad Central en materia de asistencia jurídica internacional será la Procuraduría General de la República quien ejercerá las atribuciones establecidas en este Código.

Cualquier solicitud de asistencia jurídica formulada con base en los instrumentos internacionales vigentes, de conformidad con el principio de reciprocidad internacional, podrá presentarse para su trámite y atención ante la Autoridad Central, o a través de la vía diplomática.

Artículo 438. Reciprocidad

En ausencia de convenio o Tratado internacional, los Estados Unidos Mexicanos prestarán ayuda bajo el principio de reciprocidad internacional, la cual estará subordinada a la existencia u ofrecimiento por parte del Estado o autoridad requirente a cooperar en casos similares. Dicho compromiso deberá asentarse por escrito en los términos que para tales efectos establezca la Autoridad Central.

Artículo 439. Alcances

La asistencia jurídica comprenderá:

I. Notificación de documentos procesales;

II. Obtención de pruebas;

III. Intercambio de información e iniciación de procedimientos penales en la parte requerida;

IV. Localización e identificación de personas y objetos;

V. Recepción de declaraciones y testimonios, así como práctica de dictámenes periciales;

VI. Ejecución de órdenes de cateo o registro domiciliario y demás medidas cautelares; aseguramiento de objetos, productos o instrumentos del delito;

VII. Citación de imputados, testigos, víctimas y peritos para comparecer voluntariamente ante autoridad competente en la parte requirente;

VIII. Citación y traslado temporal de personas privadas de libertad en la parte requerida, a fin de comparecer como testigos o víctimas ante la parte requirente, o para otras actuaciones procesales indicadas en la solicitud de asistencia;

IX. Entrega de documentos, objetos y otros medios de prueba;

X. Autorización de la presencia o participación, durante la ejecución de una solicitud de asistencia jurídica de representantes de las autoridades competentes del Estado o autoridad requirente, y

XI. Cualquier otra forma de asistencia, siempre y cuando no esté prohibida por la legislación mexicana.

Artículo 440. Denegación o aplazamiento

La asistencia jurídica solicitada podrá ser denegada cuando:

I. El cumplimiento de la solicitud pueda contravenir la seguridad y el orden público;

II. El cumplimiento de la solicitud sea contrario a la legislación nacional;

III. La ejecución de la solicitud sea contraria a las obligaciones internacionales adquiridas por los Estados Unidos Mexicanos;

IV. La solicitud se refiera a delitos del fuero militar;

V. La solicitud se refiera a un delito que sea considerado de carácter político por el Gobierno mexicano;

VI. La solicitud de asistencia jurídica se refiera a un delito sancionado con pena de muerte, a menos que la parte requirente otorgue garantías suficientes de que no se impondrá la pena de muerte o de que, si se impone, no será ejecutada;

VII. La solicitud de asistencia jurídica se refiera a hechos con base en los cuales la persona sujeta a investigación o a proceso haya sido definitivamente absuelta o condenada por la parte requerida.

Se podrá diferir el cumplimiento de la solicitud de asistencia jurídica cuando la Autoridad Central considere que su ejecución puede perjudicar u obstaculizar una investigación o procedimiento judicial en curso.

En caso de denegar o diferir la asistencia jurídica, la Autoridad Central lo informará a la parte requirente, expresando los motivos de tal decisión.

Artículo 441. Solicitudes

Toda solicitud de asistencia deberá formularse por escrito y en tratándose de casos urgentes la misma podrá ser enviada a la Autoridad Central por fax, correo electrónico o mediante cualquier otro medio de comunicación permitido, bajo el compromiso de remitir el documento original a la brevedad posible. Tratándose de solicitudes provenientes de autoridades extranjeras, la misma deberá estar acompañada de su respectiva traducción al idioma español.

Artículo 442. Requisitos esenciales

Se tienen como requisitos mínimos que toda petición de asistencia jurídica debe contener, los siguientes:

I. La identidad de la autoridad que hace la solicitud;

II. El asunto y la naturaleza de la investigación, el procedimiento o diligencia;

III. Una breve relatoría de los hechos;

IV. El propósito para el que se requieren las pruebas; la información o la actuación;

V. Los métodos de ejecución a seguirse;

VI. De ser posible, la identidad, ubicación y nacionalidad de toda persona interesada, y

VII. La transcripción de las disposiciones legales aplicables.

Artículo 443. Ejecución de las solicitudes de asistencia jurídica de autoridad extranjera

La Autoridad Central analizará si la solicitud de asistencia jurídica cumple con los requisitos esenciales y si se encuentra apegada a los términos del convenio o Tratado internacional, si lo hubiere en su caso procederá al desahogo de la misma de acuerdo con las formas y procedimientos especiales indicados en la solicitud por la parte requirente, salvo cuando éstos sean incompatibles con la legislación interna.

La Autoridad Central remitirá oportunamente la información o la actuación y, en su caso, las pruebas obtenidas como resultado de la ejecución de la solicitud a la parte requirente.

Cuando no sea posible cumplir con la solicitud, en todo o en parte, la Autoridad Central lo hará saber inmediatamente a la parte requirente e informará de las razones que impidan su ejecución.

Artículo 444. Confidencialidad y limitaciones en el uso de la información

La Autoridad Central, así como aquellas autoridades que tengan conocimiento o participen en la ejecución y desahogo de alguna solicitud de asistencia, están obligadas a mantener confidencialidad sobre el contenido de la misma y de los documentos que la sustenten.

La obtención de información y pruebas suministradas en atención a una solicitud de asistencia jurídica internacional, sólo podrán ser utilizadas para el objetivo por el que fue solicitada y para la investigación o proceso judicial que se trate, salvo que se obtenga el consentimiento expreso y por escrito del Estado o la autoridad requirente para su uso con fines diversos.

CAPÍTULO II
FORMAS ESPECÍFICAS DE ASISTENCIA

Artículo 445. Notificación de documentos procesales

En aquellas asistencias que tengan como finalidad la notificación de documentos, se deberá especificar el nombre y domicilio de la persona o personas a quienes se deba notificar.

Cuando la notificación tenga por objeto hacer del conocimiento alguna diligencia o actuación con una fecha determinada, la misma deberá enviarse con una anticipación razonable respecto de la fecha de la diligencia.

En todos los casos, la Autoridad Central, sin demora, procederá a realizar o tramitar la notificación de documentos procesales aportados por el Estado o la autoridad requirente, en la forma y términos solicitados.

La autoridad que realice la notificación levantará un acta circunstanciada o bien una declaración fechada y firmada por el destinatario, en la que conste el hecho, la fecha y la forma de notificación.

Artículo 446. Recepción de testimonios o declaraciones de personas

La autoridad requirente deberá proporcionar el nombre completo de la persona a quien deberá recabarse su declaración o testimonio, el domicilio en donde se le puede ubicar, su fecha de nacimiento y un pliego de preguntas a contestar.

Artículo 447. Suministro de documentos, registros o pruebas

En la solicitud de asistencia, el Estado o la autoridad requirente deberá indicar la ubicación de los registros o documentos requeridos, y tratándose de instituciones financieras, el nombre y en la medida de lo posible el número de cuenta respectivo, este último requisito podrá variar de conformidad con el convenio o Tratado que aplique en su caso.

Artículo 448. Localización e identificación de personas u objetos

A petición de la parte requirente, la parte requerida adoptará todas las medidas contempladas en su legislación para la localización e identificación de personas y objetos indicados en la solicitud, y mantendrá informada a la requirente del avance y los resultados de sus investigaciones.

Artículo 449. Cateo, inmovilización y aseguramiento de bienes

En el caso de diligencias ordenadas por autoridades judiciales que tengan como finalidad la realización de un cateo o medidas tendentes a la inmovilización y aseguramiento de bienes, el Estado o autoridad requirente deberá proporcionar:

I. La ubicación exacta de los bienes;

II. Tratándose de instituciones financieras, el nombre y la dirección de la institución y el número de cuenta respectiva;

III. La documentación en donde se acredite la relación entre las medidas solicitadas y los elementos de prueba con los que se cuente, y

IV. Las razones y argumentos que se tienen para creer que los objetos, productos o instrumentos de un delito se encuentran en el territorio de la parte requerida.

Artículo 450. Videoconferencia

Se podrá solicitar la declaración de personas a través del sistema de videoconferencias. Para tal efecto, el procedimiento se efectuará de acuerdo con la legislación vigente, dichas declaraciones se recibirán en audiencia por el Órgano jurisdiccional y con las formalidades del desahogo de prueba.

Artículo 451. Traslado de personas detenidas

Cuando sea necesaria la presencia de una persona que está detenida en el territorio de la parte requerida, el Estado o la autoridad requirente deberá manifestar las causas suficientes que acrediten la necesidad del traslado a efecto de hacer del conocimiento, y en caso de que resulte procedente, obtener la autorización por parte de la autoridad ante la cual la persona detenida se encuentra a disposición.

Igualmente, para los efectos de traslado es requisito indispensable contar con el consentimiento expreso de la persona detenida; en este caso, el Estado o la autoridad requirente se deberá comprometer a tener bajo su custodia a la persona y tramitar su retorno en cuanto la solicitud de asistencia haya culminado, por lo que deberá establecerse entre la autoridad requerida y la autoridad requirente un acuerdo en el que se fije una fecha para su regreso, la cual podrá ser prorrogable sólo en caso de no existir impedimento legal alguno.

Artículo 452. Decomiso de bienes

En caso de que la asistencia se refiera al decomiso de bienes relacionados con la comisión de un delito o cualquiera otra figura con los mismos efectos, el Estado o la autoridad requirente deberá presentar conjuntamente con la solicitud una copia de la orden de decomiso debidamente certificada por el funcionario que la expidió, así como información sobre las pruebas que sustenten la base sobre la cual se dictó la orden de decomiso e indicación de que la sentencia es firme.

En el caso de solicitudes de asistencia jurídica provenientes del extranjero, además de los requisitos antes señalados y los estipulados en el convenio o Tratado del que se trate, dicho procedimiento será desahogado en los términos establecidos por este Código para regular la figura de decomiso.

Artículo 453. Presencia y participación de representantes de la parte requirente en la ejecución

Cuando el Estado o la autoridad requirente solicite autorización para la presencia y participación de sus representantes en calidad de observadores, será facultad discrecional de la Autoridad Central requerida el otorgamiento de dicha autorización.

En caso de emitir la aprobación respectiva, la Autoridad Central informará con antelación al Estado o a la autoridad requirente sobre la fecha y el lugar de la ejecución de la solicitud.

El Estado o la autoridad requirente remitirá la relación de los nombres, cargos y motivo de la presencia de sus representantes, con un plazo razonable de anticipación a la fecha de la ejecución de la solicitud.

La diligencia a desahogar será conducida en todo momento por el agente del Ministerio Público designado para tal efecto, quien de considerarlo procedente podrá permitir que los representantes del Estado o la autoridad requirente formulen preguntas u observaciones por su conducto.

Artículo 454. Gastos de cumplimentación

El Estado mexicano sufragará todos los gastos relacionados con el cumplimiento de una solicitud de asistencia jurídica internacional, salvo los honorarios legales de peritos y los relacionados con el traslado de testigos.

La Autoridad Central tiene la facultad de determinar, de acuerdo con la naturaleza de la solicitud, aquellos casos en los que no sea posible cubrir el costo de su desahogo, lo que comunicará de inmediato al Estado o a la autoridad requirente para que sufrague los mismos, o en su defecto decida o no continuar cumplimentando la petición.

CAPÍTULO III
DE LA ASISTENCIA INFORMAL

Artículo 455. Asistencia informal

Toda aquella información o documentación que puede ser obtenida de manera informal por la Autoridad Central, sin que medie una solicitud oficial basada en un convenio o Tratado internacional ni formalidad alguna, es una asistencia informal.

Este tipo de información o documentación sólo servirá como indicio a la autoridad investigadora y en ningún caso podrá formalizarse, a menos que sea requerida mediante la figura de asistencia jurídica internacional, cubriendo todos los requisitos señalados en los convenios y Tratados de conformidad con los preceptos establecidos en el presente Código.

TÍTULO XII
RECURSOS

CAPÍTULO I
DISPOSICIONES COMUNES

Artículo 456. Reglas generales

Las resoluciones judiciales podrán ser recurridas sólo por los medios y en los casos expresamente establecidos en este Código.

(ADICIONADO, D.O.F. 17 DE JUNIO DE 2016)

Para efectos de su impugnación, se entenderán como resoluciones judiciales, las emitidas oralmente o por escrito.

El derecho de recurrir corresponderá tan sólo a quien le sea expresamente otorgado y pueda resultar afectado por la resolución.

En el procedimiento penal sólo se admitirán los recursos de revocación y apelación, según corresponda.

Artículo 457. Condiciones de interposición

Los recursos se interpondrán en las condiciones de tiempo y forma que se determinan en este Código, con indicación específica de la parte impugnada de la resolución recurrida.

Artículo 458. Agravio

Las partes sólo podrán impugnar las decisiones judiciales que pudieran causarles agravio, siempre que no hayan contribuido a provocarlo.

El recurso deberá sustentarse en la afectación que causa el acto impugnado, así como en los motivos que originaron ese agravio.

Artículo 459. Recurso de la víctima u ofendido

La víctima u ofendido, aunque no se haya constituido como coadyuvante, podrá impugnar por sí o a través del Ministerio Público, las siguientes resoluciones:

I. Las que versen sobre la reparación del daño causado por el delito, cuando estime que hubiere resultado perjudicado por la misma;

II. Las que pongan fin al proceso, y

III. Las que se produzcan en la audiencia de juicio, sólo si en este último caso hubiere participado en ella.

Cuando la víctima u ofendido solicite al Ministerio Público que interponga los recursos que sean pertinentes y éste no presente la impugnación, explicará por escrito al solicitante la razón de su proceder a la mayor brevedad.

Artículo 460. Pérdida y preclusión del derecho a recurrir y desistimiento

Se tendrá por perdido el derecho a recurrir una resolución judicial cuando se ha consentido expresamente la resolución contra la cual procediere.

Precluye el derecho a recurrir una resolución judicial cuando, una vez concluido el plazo que la ley señala para interponer algún recurso, éste no se haya interpuesto.

Quienes hubieren interpuesto un recurso podrán desistir de él antes de su resolución. En todo caso, los efectos del desistimiento no se extenderán a los demás recurrentes o a los adherentes del recurso.

El Ministerio Público podrá desistirse del recurso interpuesto mediante determinación motivada y fundada en términos de las disposiciones aplicables. Para que el desistimiento del Defensor sea válido se requerirá la autorización expresa del imputado.

Artículo 461. Alcance del recurso

El Órgano jurisdiccional ante el cual se haga valer el recurso, dará trámite al mismo y corresponderá al Tribunal de alzada competente que deba resolverlo, su admisión o desechamiento, y sólo podrá pronunciarse sobre los agravios expresados por los recurrentes, quedando prohibido extender el examen de la decisión recurrida a cuestiones no planteadas en ellos o más allá de los límites del recurso, a menos que se trate de un acto violatorio de derechos fundamentales del imputado. En caso de que el Órgano jurisdiccional no encuentre violaciones a derechos fundamentales que, en tales términos, deba reparar de oficio, no estará obligado a dejar constancia de ello en la resolución.

Si sólo uno de varios imputados por el mismo delito interpusiera algún recurso contra una resolución, la decisión favorable que se dictare aprovechará a los demás, a menos que los fundamentos fueren exclusivamente personales del recurrente.

Artículo 462. Prohibición de modificación en perjuicio

Cuando el recurso ha sido interpuesto sólo por el imputado o su Defensor, no podrá modificarse la resolución recurrida en perjuicio del imputado.

Artículo 463. Efectos de la interposición de los recursos

La interposición de un recurso no suspenderá la ejecución de la decisión, salvo las excepciones previstas en este Código.

Artículo 464. Rectificación

Los errores de derecho en la fundamentación de la sentencia o resolución impugnadas que no hayan influido en la parte resolutiva, así como los errores de forma en la transcripción, en la designación o el cómputo de las penas no anularán la resolución, pero serán corregidos en cuanto sean advertidos o señalados por alguna de las partes, o aún de oficio.

CAPÍTULO II
RECURSOS EN PARTICULAR

SECCIÓN I
REVOCACIÓN

Artículo 465. Procedencia del recurso de revocación

El recurso de revocación procederá en cualquiera de las etapas del procedimiento penal en las que interviene la autoridad judicial en contra de las resoluciones de mero trámite que se resuelvan sin sustanciación.

El objeto de este recurso será que el mismo Órgano jurisdiccional que dictó la resolución impugnada, la examine de nueva cuenta y dicte la resolución que corresponda.

Artículo 466. Trámite

El recurso de revocación se interpondrá oralmente, en audiencia o por escrito, conforme a las siguientes reglas:

I. Si el recurso se hace valer contra las resoluciones pronunciadas durante audiencia, deberá promoverse antes de que termine la misma. La tramitación se efectuará verbalmente, de inmediato y de la misma manera se pronunciará el fallo, o

II. Si el recurso se hace valer contra resoluciones dictadas fuera de audiencia, deberá interponerse por escrito en un plazo de dos días siguientes a la notificación de la resolución impugnada, expresando los motivos por los cuales se solicita. El Órgano jurisdiccional se pronunciará de plano, pero podrá oír previamente a las demás partes dentro del plazo de dos días de interpuesto el recurso, si se tratara de un asunto cuya complejidad así lo amerite.

La resolución que decida la revocación interpuesta oralmente en audiencia, deberá emitirse de inmediato; la resolución que decida la revocación interpuesta por escrito deberá emitirse dentro de los tres días siguientes a su interposición; en caso de que el Órgano jurisdiccional cite a audiencia por la complejidad del caso, resolverá en ésta.

SECCIÓN II
APELACIÓN

APARTADO I
REGLAS GENERALES DE LA APELACIÓN

Artículo 467. Resoluciones del Juez de control apelables

Serán apelables las siguientes resoluciones emitidas por el Juez de control:

I. Las que nieguen el anticipo de prueba;

II. Las que nieguen la posibilidad de celebrar acuerdos reparatorios o no los ratifiquen;

III. La negativa o cancelación de orden de aprehensión;

IV. La negativa de orden de cateo;

V. Las que se pronuncien sobre las providencias precautorias o medidas cautelares;

VI. Las que pongan término al procedimiento o lo suspendan;

VII. El auto que resuelve la vinculación del imputado a proceso;

VIII. Las que concedan, nieguen o revoquen la suspensión condicional del proceso;

IX. La negativa de abrir el procedimiento abreviado;

X. La sentencia definitiva dictada en el procedimiento abreviado, o

XI. Las que excluyan algún medio de prueba.

Artículo 468. Resoluciones del Tribunal de enjuiciamiento apelables

Serán apelables las siguientes resoluciones emitidas por el Tribunal de enjuiciamiento:

I. Las que versen sobre el desistimiento de la acción penal por el Ministerio Público;

II. La sentencia definitiva en relación a aquellas consideraciones contenidas en la misma, distintas a la valoración de la prueba siempre y cuando no comprometan el principio de inmediación, o bien aquellos actos que impliquen una violación grave del debido proceso.

Artículo 469. Solicitud de registro para apelación

Inmediatamente después de pronunciada la resolución judicial que se pretenda apelar, las partes podrán solicitar copia del registro de audio y video de la audiencia en la que fue emitida sin perjuicio de obtener copia de la versión escrita que se emita en los términos establecidos en el presente Código.

Artículo 470. Inadmisibilidad del recurso

El Tribunal de alzada declarará inadmisible el recurso cuando:

I. Haya sido interpuesto fuera del plazo;

II. Se deduzca en contra de resolución que no sea impugnable por medio de apelación;

III. Lo interponga persona no legitimada para ello, o

IV. El escrito de interposición carezca de fundamentos de agravio o de peticiones concretas.

APARTADO II
TRÁMITE DE APELACIÓN

Artículo 471. Trámite de la apelación

El recurso de apelación contra las resoluciones del Juez de control se interpondrá por escrito ante el mismo Juez que dictó la resolución, dentro de los tres días contados a partir de aquel en el que surta efectos la notificación si se tratare de auto o cualquier otra providencia y de cinco días si se tratare de sentencia definitiva.

En los casos de apelación sobre el desistimiento de la acción penal por el Ministerio Público se interpondrá ante el Tribunal de enjuiciamiento que dictó la resolución dentro de los tres días contados a partir de que surte efectos la notificación. El recurso de apelación en contra de las sentencias definitivas dictadas por el Tribunal de enjuiciamiento se interpondrá ante el Tribunal que conoció del juicio, dentro de los diez días siguientes a la notificación de la resolución impugnada, mediante escrito en el que se precisarán las disposiciones violadas y los motivos de agravio correspondientes.

En el escrito de interposición de recurso deberá señalarse el domicilio o autorizar el medio para ser notificado; en caso de que el Tribunal de alzada competente para conocer de la apelación tenga su sede en un lugar distinto al del proceso, las partes deberán fijar un nuevo domicilio en la jurisdicción de aquél para recibir notificaciones o el medio para recibirlas.

Los agravios deberán expresarse en el mismo escrito de interposición del recurso; el recurrente deberá exhibir una copia para el registro y una para cada una de las otras partes. Si faltan total o parcialmente las copias, se le requerirá para que presente las omitidas dentro del término de veinticuatro horas. En caso de que no las exhiba, el Órgano jurisdiccional las tramitará e impondrá al promovente multa de diez a ciento cincuenta días de salario, excepto cuando éste sea el imputado o la víctima u ofendido.

Interpuesto el recurso, el Órgano jurisdiccional deberá correr traslado del mismo a las partes para que se pronuncien en un plazo de tres días respecto de los agravios expuestos y señalen domicilio o medios en los términos del segundo párrafo del presente artículo.

Al interponer el recurso, al contestarlo o al adherirse a él, los interesados podrán manifestar en su escrito su deseo de exponer oralmente alegatos aclaratorios sobre los agravios ante el Tribunal de alzada.

Artículo 472. Efecto del recurso

Por regla general la interposición del recurso no suspende la ejecución de la resolución judicial impugnada.

En el caso de la apelación contra la exclusión de pruebas, la interposición del recurso tendrá como efecto inmediato suspender el plazo de remisión del auto de apertura de juicio al Tribunal de enjuiciamiento, en atención a lo que resuelva el Tribunal de alzada competente.

Artículo 473. Derecho a la adhesión

Quien tenga derecho a recurrir podrá adherirse, dentro del término de tres días contados a partir de recibido el traslado, al recurso interpuesto por cualquiera de las otras partes, siempre que cumpla con los demás requisitos formales de interposición. Quien se adhiera podrá formular agravios. Sobre la adhesión se correrá traslado a las demás partes en un término de tres días.

Artículo 474. Envío a Tribunal de alzada competente

Concluidos los plazos otorgados a las partes para la sustanciación del recurso de apelación, el Órgano jurisdiccional enviará los registros correspondientes al Tribunal de alzada que deba conocer del mismo.

Artículo 475. Trámite del Tribunal de alzada

Recibidos los registros correspondientes del recurso de apelación, el Tribunal de alzada se pronunciará de plano sobre la admisión del recurso.

Artículo 476. Emplazamiento a las otras partes

Si al interponer el recurso, al contestarlo o al adherirse a él, alguno de los interesados manifiesta en su escrito su deseo de exponer oralmente alegatos aclaratorios sobre los agravios, o bien cuando el Tribunal de alzada lo estime pertinente, decretará lugar y fecha para la celebración de la audiencia, la que deberá tener lugar dentro de los cinco y quince días después de que fenezca el término para la adhesión.

El Tribunal de alzada, en caso de que las partes soliciten exponer oralmente alegatos aclaratorios o en caso de considerarlo pertinente, citará a audiencia de alegatos para la celebración de la audiencia para que las partes expongan oralmente sus alegatos aclaratorios sobre agravios, la que deberá tener lugar dentro de los cinco días después de admitido el recurso.

Artículo 477. Audiencia

Una vez abierta la audiencia, se concederá la palabra a la parte recurrente para que exponga sus alegatos aclaratorios sobre los agravios manifestados por escrito, sin que pueda plantear nuevos conceptos de agravio.

En la audiencia, el Tribunal de alzada podrá solicitar aclaraciones a las partes sobre las cuestiones planteadas en sus escritos.

Artículo 478. Conclusión de la audiencia

La sentencia que resuelva el recurso al que se refiere esta sección, podrá ser dictada de plano, en audiencia o por escrito dentro de los tres días siguientes a la celebración de la misma.

Artículo 479. Sentencia

La sentencia confirmará, modificará o revocará la resolución impugnada, o bien ordenará la reposición del acto que dio lugar a la misma.

En caso de que la apelación verse sobre exclusiones probatorias, el Tribunal de alzada requerirá el auto de apertura al Juez de control, para que en su caso se incluya el medio o medios de prueba indebidamente excluidos, y hecho lo anterior lo remita al Tribunal de enjuiciamiento competente.

Artículo 480. Efectos de la apelación por violaciones graves al debido proceso

Cuando el recurso de apelación se interponga por violaciones graves al debido proceso, su finalidad será examinar que la sentencia se haya emitido sobre la base de un proceso sin violaciones a derechos de las partes y determinar, si corresponde, cuando resulte estrictamente necesario, ordenar la reposición de actos procesales en los que se hayan violado derechos fundamentales.

Artículo 481. Materia del recurso

Interpuesto el recurso de apelación por violaciones graves al debido proceso, no podrán invocarse nuevas causales de reposición del procedimiento; sin embargo, el Tribunal de alzada podrá hacer valer y reparar de oficio, a favor del sentenciado, las violaciones a sus derechos fundamentales.

Artículo 482. Causas de reposición

Habrá lugar a la reposición del procedimiento por alguna de las causas siguientes:

I. Cuando en la tramitación de la audiencia de juicio oral o en el dictado de la sentencia se hubieren infringido derechos fundamentales asegurados por la Constitución, las leyes que de ella emanen y los Tratados;

II. Cuando no se desahoguen las pruebas que fueron admitidas legalmente, o no se desahoguen conforme a las disposiciones previstas en este Código;

III. Cuando si se hubiere violado el derecho de defensa adecuada o de contradicción siempre y cuando trascienda en la valoración del Tribunal de enjuiciamiento y que cause perjuicio;

IV. Cuando la audiencia del juicio hubiere tenido lugar en ausencia de alguna de las personas cuya presencia continuada se exija bajo sanción de nulidad;

V. Cuando en el juicio oral hubieren sido violadas las disposiciones establecidas por este Código sobre publicidad, oralidad y concentración del juicio, siempre que se vulneren derechos de las partes, o

VI. Cuando la sentencia hubiere sido pronunciada por un Tribunal de enjuiciamiento incompetente o que, en los términos de este Código, no garantice su imparcialidad.

En estos supuestos, el Tribunal de alzada determinará, de acuerdo con las circunstancias particulares del caso, si ordena la reposición parcial o total del juicio.

La reposición total de la audiencia de juicio deberá realizarse íntegramente ante un Tribunal de enjuiciamiento distinto. Tratándose de la reposición parcial, el Tribunal de alzada determinará si es posible su realización ante el mismo Órgano jurisdiccional u otro distinto, tomando en cuenta la garantía de la inmediación y el principio de objetividad del Órgano jurisdiccional, establecidos en las fracciones II y IV del Apartado A del artículo 20 de la Constitución y el artículo 9o. de este Código.

Para la declaratoria de nulidad y la reposición será aplicable también lo dispuesto en los artículos 97 a 102 de este Código.

En ningún caso habrá reposición del procedimiento cuando el agravio se fundamente en la inobservancia de derechos procesales que no vulneren derechos fundamentales o que no trasciendan a la sentencia.

Artículo 483. Causas para modificar o revocar la sentencia

Será causa de nulidad de la sentencia la transgresión a una norma de fondo que implique una violación a un derecho fundamental.

En estos casos, el Tribunal de alzada modificará o revocará la sentencia. Sin embargo, si ello compromete el principio de inmediación, ordenará la reposición del juicio, en los términos del artículo anterior.

Artículo 484. Prueba

Podrán ofrecerse medios de prueba cuando el recurso se fundamente en un defecto del proceso y se discuta la forma en que fue llevado a cabo un acto, en contraposición a lo señalado en las actuaciones, en el acta o registros del debate, o en la sentencia.

También es admisible la prueba propuesta por el imputado o en su favor, incluso relacionada con la determinación de los hechos que se discuten, cuando sea indispensable para sustentar el agravio que se formula.

Las partes podrán ofrecer medio de prueba esencial para resolver el fondo del reclamo, sólo cuando tengan el carácter de superveniente.

TÍTULO XIII
RECONOCIMIENTO DE INOCENCIA DEL SENTENCIADO Y ANULACIÓN DE SENTENCIA

CAPÍTULO ÚNICO
PROCEDENCIA

Artículo 485. Causas de extinción de la acción penal

La pretensión punitiva y la potestad para ejecutar las penas y medidas de seguridad se extinguirán por las siguientes causas:

I. Cumplimiento de la pena o medida de seguridad;

II. Muerte del acusado o sentenciado;

III. Reconocimiento de inocencia del sentenciado o anulación de la sentencia;

IV. Perdón de la persona ofendida en los delitos de querella o por cualquier otro acto equivalente;

V. Indulto;

VI. Amnistía;

VII. Prescripción;

VIII. Supresión del tipo penal;

IX. Existencia de una sentencia anterior dictada en proceso instaurado por los mismos hechos, o

X. El cumplimiento del criterio de oportunidad o la solución alterna correspondiente.

Artículo 486. Reconocimiento de inocencia

Procederá cuando después de dictada la sentencia aparezcan pruebas de las que se desprenda, en forma plena, que no existió el delito por el que se dictó la condena o que, existiendo éste, el sentenciado no participó en su comisión, o bien cuando se desacrediten formalmente, en sentencia irrevocable, las pruebas en las que se fundó la condena.

Artículo 487. Anulación de la sentencia

La anulación de la sentencia ejecutoria procederá en los casos siguientes:

I. Cuando el sentenciado hubiere sido condenado por los mismos hechos en juicios diversos, en cuyo caso se anulará la segunda sentencia, y

II. Cuando una ley se derogue, o se modifique el tipo penal o en su caso, la pena por la que se dictó sentencia o la sanción impuesta, procediendo a aplicar la más favorable al sentenciado.

La sola causación del resultado no podrá fundamentar, por sí sola, la responsabilidad penal. Por su parte los tipos penales estarán limitados a la exclusiva protección de los bienes jurídicos necesarios para la adecuada convivencia social.

Artículo 488. Solicitud de declaración de inocencia o anulación de la sentencia

El sentenciado que se crea con derecho a obtener el reconocimiento de su inocencia o la anulación de la sentencia por concurrir alguna de las causas señaladas en los artículos anteriores, acudirá al Tribunal de alzada que fuere competente para conocer del recurso de apelación; le expondrá detalladamente por escrito la causa en que funda su petición y acompañarán a su solicitud las pruebas que correspondan u ofrecerá exhibirlas en la audiencia respectiva.

En relación con las pruebas, si el recurrente no tuviere en su poder los documentos que pretenda presentar, deberá indicar el lugar donde se encuentren y solicitar al Tribunal de alzada que se recaben.

Al presentar su solicitud, el sentenciado designará a un licenciado en Derecho o abogado con cédula profesional como Defensor en este procedimiento, conforme a las disposiciones conducentes de este Código; si no lo hace, el Tribunal de alzada le nombrará un Defensor público.

Artículo 489. Trámite

Recibida la solicitud, el Tribunal de alzada que corresponda pedirá inmediatamente los registros del proceso al juzgado de origen o a la oficina en que se encuentren y, en caso de que el promovente haya protestado exhibir las pruebas, se le otorgará un plazo no mayor de diez días para su recepción.

Recibidos los registros y, en su caso las pruebas del promovente, el Tribunal de alzada citará al Ministerio Público, al solicitante y a su Defensor, así como a la víctima u ofendido y a su Asesor jurídico, a una audiencia que se celebrará dentro de los cinco días siguientes al recibo de los registros y de las pruebas. En dicha audiencia se desahogarán las pruebas ofrecidas por el promovente y se escuchará a éste y al Ministerio Público, para que cada uno formule sus alegatos.

Dentro de los cinco días siguientes a la formulación de los alegatos y a la conclusión de la audiencia, el Tribunal de alzada dictará sentencia. Si se declara fundada la solicitud de reconocimiento de inocencia o modificación de sentencia, el Tribunal de alzada resolverá anular la sentencia impugnada y dará aviso al Tribunal de enjuiciamiento que condenó, para que haga la anotación correspondiente en la sentencia y publicará una síntesis del fallo en los estrados del Tribunal; asimismo, informará de esta resolución a la autoridad competente encargada de la ejecución penal, para que en su caso sin más trámite ponga en libertad absoluta al sentenciado y haga cesar todos los efectos de la sentencia anulada, o bien registre la modificación de la pena comprendida en la nueva sentencia.

Artículo 490. Indemnización

En caso de que se dicte reconocimiento de inocencia, en ella misma se resolverá de oficio sobre la indemnización que proceda en términos de las disposiciones aplicables. La indemnización sólo podrá acordarse a favor del beneficiario o de sus herederos, según el caso.

TRANSITORIOS

Artículo Primero. Declaratoria

Para los efectos señalados en el párrafo tercero del artículo segundo transitorio del Decreto por el que se reforman y adicionan diversas disposiciones de la Constitución Política de los Estados Unidos Mexicanos, publicado en el Diario Oficial de la Federación el 18 de junio de 2008, se declara que la presente legislación recoge el sistema procesal penal acusatorio y entrará en vigor de acuerdo con los artículos siguientes.

Artículo Segundo. Vigencia

Este Código entrará en vigor a nivel federal gradualmente en los términos previstos en la Declaratoria que al efecto emita el Congreso de la Unión previa solicitud conjunta del Poder Judicial de la Federación, la Secretaría de Gobernación y de la Procuraduría General de la República, sin que pueda exceder del 18 de junio de 2016.

En el caso de las Entidades federativas y del Distrito Federal, el presente Código entrará en vigor en cada una de ellas en los términos que establezca la Declaratoria que al efecto emita el órgano legislativo correspondiente, previa solicitud de la autoridad encargada de la implementación del Sistema de Justicia Penal Acusatorio en cada una de ellas.

En todos los casos, entre la Declaratoria a que se hace referencia en los párrafos anteriores y la entrada en vigor del presente Código deberán mediar sesenta días naturales.

Artículo Tercero. Abrogación

(REFORMADO PRIMER PÁRRAFO, D.O.F. 17 DE JUNIO DE 2016)

El Código Federal de Procedimientos Penales publicado en el Diario Oficial de la Federación el 30 de agosto de 1934, y los de las respectivas entidades federativas vigentes a la entrada en vigor del presente Decreto, quedarán abrogados para efectos de su aplicación en los procedimientos penales que se inicien a partir de la entrada en vigor del presente Código, sin embargo respecto a los procedimientos penales que a la entrada en vigor del presente ordenamiento se encuentren en trámite, continuarán su sustanciación de conformidad con la legislación aplicable en el momento del inicio de los mismos.

(DEROGADO SEGUNDO PÁRRAFO, D.O.F. 17 DE JUNIO DE 2016)

(ADICIONADO, D.O.F. 17 DE JUNIO DE 2016)

En consecuencia el presente Código será aplicable para los procedimientos penales que se inicien a partir de su entrada en vigor, con independencia de que los hechos hayan sucedido con anterioridad a la entrada en vigor del mismo.

Artículo Cuarto. Derogación tácita de preceptos incompatibles

Quedan derogadas todas las normas que se opongan al presente Decreto, con excepción de las leyes relativas a la jurisdicción militar así como de la Ley Federal contra la Delincuencia Organizada.

Artículo Quinto. Convalidación o regularización de actuaciones

Cuando por razón de competencia por fuero o territorio, se realicen actuaciones conforme a un fuero o sistema procesal distinto al que se remiten, podrá el Órgano jurisdiccional receptor convalidarlas, siempre que de manera, fundada y motivada, se concluya que se respetaron las garantías esenciales del debido proceso en el procedimiento de origen.

Asimismo, podrán regularizarse aquellas actuaciones que también de manera fundada y motivada el Órgano jurisdiccional que las recibe, determine que las mismas deban ajustarse a las formalidades del sistema procesal al cual se incorporarán.

Artículo Sexto. Prohibición de acumulación de procesos

No procederá la acumulación de procesos penales, cuando alguno de ellos se esté tramitando conforme al presente Código y el otro proceso conforme al código abrogado.

Artículo Séptimo. De los planes de implementación y del presupuesto

El Consejo de la Judicatura Federal, el Instituto de la Defensoría Pública Federal, la Procuraduría General de la República, la Secretaría de Gobernación, la Secretaría de Hacienda y Crédito Público y toda dependencia de las Entidades federativas a la que se confieran responsabilidades directas o indirectas por la entrada en vigor de este Código, deberán elaborar los planes y programas necesarios para una adecuada y correcta implementación del mismo y deberán establecer dentro de los proyectos de presupuesto respectivos, a partir del año que se proyecte, las partidas necesarias para atender la ejecución de esos programas, las obras de infraestructura, la contratación de personal, la capacitación y todos los demás requerimientos que sean necesarios para cumplir los objetivos para la implementación del sistema penal acusatorio.

Artículo Octavo. Legislación complementaria

En un plazo que no exceda de doscientos setenta días naturales después de publicado el presente Decreto, la Federación y las entidades federativas deberán publicar las reformas a sus leyes y demás normatividad complementaria que resulten necesarias para la implementación de este ordenamiento.

Artículo Noveno. Auxilio procesal

Cuando una autoridad penal reciba por exhorto, mandamiento o comisión, una solicitud para la realización de un acto procesal, deberá seguir los procedimientos legales vigentes para la autoridad que remite la solicitud, salvo excepción justificada.

Artículo Décimo. Cuerpos especializados de Policía

La Federación y las entidades federativas a la entrada en vigor del presente ordenamiento, deberán contar con cuerpos especializados de Policía con capacidades para procesar la escena del hecho probablemente delictivo, hasta en tanto se capacite a todos los cuerpos de Policía para realizar tales funciones.

Artículo Décimo Primero. Adecuación normativa y operativa

A la entrada en vigor del presente Código, en aquellos lugares donde se inicie la operación del proceso penal acusatorio, tanto en el ámbito federal como en el estatal, se deberá contar con el equipamiento necesario y con protocolos de investigación y de actuación del personal sustantivo y los manuales de procedimientos para el personal administrativo, pudiendo preverse la homologación de criterios metodológicos, técnicos y procedimentales, para lo cual podrán coordinarse los órganos y demás autoridades involucradas.

Artículo Décimo Segundo. Comité para la Evaluación y Seguimiento de la Implementación del Nuevo Sistema

El Consejo de Coordinación para la Implementación del Sistema de Justicia Penal, instancia de coordinación nacional creada por mandato del artículo noveno transitorio del Decreto de reformas y adiciones a la Constitución Política de los Estados Unidos Mexicanos publicado el 18 de junio de 2008, constituirá un Comité para la Evaluación y Seguimiento de la Implementación del Nuevo Sistema, el cual remitirá un informe semestral al señalado Consejo.

Artículo Décimo Tercero. Revisión legislativa

A partir de la entrada en vigor del Código Nacional de Procedimientos Penales, el Poder Judicial de la Federación, la Procuraduría General de la República, la Comisión Nacional de Seguridad, la Comisión Nacional de Tribunales Superiores de Justicia de los Estados Unidos Mexicanos y la Conferencia Nacional de Procuradores remitirán, de manera semestral, la información indispensable a efecto de que las Comisiones de Justicia de ambas Cámaras del Congreso de la Unión evalúen el funcionamiento y operatividad de las disposiciones contenidas en el presente Código.

México, D.F., a 5 de febrero de 2014.- Sen. **Raúl Cervantes Andrade**, Presidente.- Dip. **Ricardo Anaya Cortés**, Presidente.- Sen. **Lilia Guadalupe Merodio Reza**, Secretaria.- Dip. **Javier Orozco Gómez**, Secretario.- Rúbricas.

En cumplimiento de lo dispuesto por la fracción I del Artículo 89 de la Constitución Política de los Estados Unidos Mexicanos, y para su debida publicación y observancia, expido el presente Decreto en la Residencia del Poder Ejecutivo Federal, en la Ciudad de México, Distrito Federal, a cuatro de marzo de dos mil catorce.- **Enrique Peña Nieto**.- Rúbrica.- El Secretario de Gobernación, **Miguel Ángel Osorio Chong**.- Rúbrica.

LEY NACIONAL DE MECANISMOS ALTERNATIVOS DE SOLUCIÓN DE CONTROVERSIAS EN MATERIA PENAL

ÚLTIMA REFORMA PUBLICADA EN EL DIARIO OFICIAL DE LA FEDERACIÓN: 20 DE MAYO DE 2021.

Ley publicada en la Primera Sección del Diario Oficial de la Federación, el lunes 29 de diciembre de 2014.

Al margen un sello con el Escudo Nacional, que dice: Estados Unidos Mexicanos.- Presidencia de la República.

ENRIQUE PEÑA NIETO, Presidente de los Estados Unidos Mexicanos, a sus habitantes sabed:

Que el Honorable Congreso de la Unión, se ha servido dirigirme el siguiente

DECRETO

EL CONGRESO GENERAL DE LOS ESTADOS UNIDOS MEXICANOS, D E C R E T A:

SE EXPIDE LA LEY NACIONAL DE MECANISMOS ALTERNATIVOS DE SOLUCIÓN DE CONTROVERSIAS EN MATERIA PENAL, SE REFORMAN DIVERSAS DISPOSICIONES DEL CÓDIGO NACIONAL DE PROCEDIMIENTOS PENALES Y SE REFORMAN Y ADICIONAN DIVERSAS DISPOSICIONES DEL CÓDIGO FEDERAL DE PROCEDIMIENTOS PENALES.

Artículo Primero. Se expide la Ley Nacional de Mecanismos Alternativos de Solución de Controversias en Materia Penal.

LEY NACIONAL DE MECANISMOS ALTERNATIVOS DE SOLUCIÓN DE CONTROVERSIAS EN MATERIA PENAL

TÍTULO PRIMERO
DE LAS GENERALIDADES

CAPÍTULO ÚNICO
DISPOSICIONES GENERALES

Artículo 1. Objeto general

Las disposiciones de esta Ley son de orden público e interés social y de observancia general en todo el territorio nacional y tienen por objeto establecer los principios, bases, requisitos y condiciones de los mecanismos alternativos de solución de controversias en materia penal que conduzcan a las Soluciones Alternas previstas en la legislación procedimental penal aplicable.

Los mecanismos alternativos de solución de controversias en materia penal tienen como finalidad propiciar, a través del diálogo, la solución de las controversias que surjan entre miembros de la sociedad con motivo de la denuncia o querella referidos a un hecho delictivo, mediante procedimientos basados en la oralidad, la economía procesal y la confidencialidad.

Artículo 2. Ámbito de competencia

Esta Ley será aplicable para los hechos delictivos que sean competencia de los órdenes federal y local en el marco de los principios y derechos previstos en la Constitución Política de los Estados Unidos Mexicanos y los tratados internacionales de los que el Estado mexicano sea parte.

La competencia de las Instituciones especializadas en mecanismos alternativos de solución de controversias en materia penal dependientes de las Procuradurías o Fiscalías y de los Poderes Judiciales de la Federación o de las entidades federativas, según corresponda, se determinará de conformidad con lo dispuesto por la legislación procedimental penal y demás disposiciones jurídicas aplicables.

Artículo 3. Glosario

Para los efectos de esta Ley se entenderá por:

I. Acuerdo: El acuerdo reparatorio celebrado entre los Intervinientes que pone fin a la controversia total o parcialmente y surte los efectos que establece esta Ley;

II. Cita: El acto realizado por el personal del Área de Seguimiento del Órgano para requerir la comparecencia de alguno de los Intervinientes en el Mecanismo Alternativo respectivo;

III. Conferencia: La Conferencia Nacional de Procuración de Justicia;

IV. Consejo: El Consejo de certificación en sede judicial;

V. Facilitador: El profesional certificado del Órgano cuya función es facilitar la participación de los Intervinientes en los Mecanismos Alternativos;

VI. Intervinientes: Las personas que participan en los Mecanismos Alternativos, en calidad de Solicitante o de Requerido, para resolver las controversias de naturaleza penal;

VII. Invitación: El acto del personal del Órgano realizado para solicitar la comparecencia de alguno de los Intervinientes en el Mecanismo Alternativo;

VIII. Ley: La Ley Nacional de Mecanismos Alternativos de Solución de Controversias en Materia Penal;

IX. Mecanismos Alternativos: La mediación, la conciliación y la junta restaurativa;

X. Órgano: La Institución especializada en Mecanismos Alternativos de Solución de Controversias en materia penal de la Federación o de las entidades federativas;

XI. Requerido: La persona física o moral convocada para solucionar la controversia penal mediante la aplicación de un mecanismo alternativo;

XII. Secretario: El Secretario Técnico de la Conferencia, así como el Secretario Técnico del Consejo;

XIII. Solicitante: La persona física o moral que acude a los Órganos de Justicia Alternativa, con la finalidad de buscar la solución de una controversia penal;

(REFORMADA, D.O.F. 20 DE MAYO DE 2021)

XIV. Unidad de Atención Inmediata: Instancia adscrita a la Fiscalía General de la República, las Procuradurías o fiscalías generales de las entidades federativas, encargada de canalizar las solicitudes al Órgano.

Artículo 4. Principios de los Mecanismos Alternativos

Son principios rectores de los Mecanismos Alternativos los siguientes:

I. Voluntariedad: La participación de los Intervinientes deberá ser por propia decisión, libre de toda coacción y no por obligación;

II. Información: Deberá informarse a los Intervinientes, de manera clara y completa, sobre los Mecanismos Alternativos, sus consecuencias y alcances;

III. Confidencialidad: La información tratada no deberá ser divulgada y no podrá ser utilizada en perjuicio de los Intervinientes dentro del proceso penal, salvo que se trate de un delito que se esté cometiendo o sea inminente su consumación y por el cual peligre la integridad física o la vida de una persona, en cuyo caso, el Facilitador lo comunicará al Ministerio Público para los efectos conducentes;

IV. Flexibilidad y simplicidad: Los mecanismos alternativos carecerán de toda forma estricta, propiciarán un entorno que sea idóneo para la manifestación de las propuestas de los Intervinientes para resolver por consenso la controversia; para tal efecto, se evitará establecer formalismos innecesarios y se usará un lenguaje sencillo;

V. Imparcialidad: Los Mecanismos Alternativos deberán ser conducidos con objetividad, evitando la emisión de juicios, opiniones, prejuicios, favoritismos, inclinaciones o preferencias que concedan u otorguen ventajas a alguno de los Intervinientes;

VI. Equidad: Los Mecanismos Alternativos propiciarán condiciones de equilibrio entre los Intervinientes;

VII. Honestidad: Los Intervinientes y el Facilitador deberán conducir su participación durante el mecanismo alternativo con apego a la verdad.

Artículo 5. Procedencia

El Mecanismo Alternativo será procedente en los casos previstos por la legislación procedimental penal aplicable.

Artículo 6. Oportunidad

Los Mecanismos Alternativos podrán ser aplicados desde el inicio del procedimiento penal y hasta antes de dictado el auto de apertura a juicio o antes de que se formulen las conclusiones, según corresponda, de conformidad con lo dispuesto en la legislación procedimental penal aplicable.

TÍTULO SEGUNDO
DE LOS MECANISMOS ALTERNATIVOS

CAPÍTULO I
DISPOSICIONES COMUNES

Artículo 7. Derechos de los Intervinientes

Los Intervinientes en los Mecanismos Alternativos tendrán los derechos siguientes:

I. Recibir la información necesaria en relación con los Mecanismos Alternativos y sus alcances;

II. Solicitar al titular del Órgano o al superior jerárquico del Facilitador la sustitución de este último, cuando exista conflicto de intereses o alguna otra causa justificada que obstaculice el normal desarrollo del Mecanismo Alternativo;

III. Recibir un servicio acorde con los principios y derechos previstos en esta Ley;

IV. No ser objeto de presiones, intimidación, ventaja o coacción para someterse a un Mecanismo Alternativo;

V. Expresar libremente sus necesidades y pretensiones en el desarrollo de los Mecanismos Alternativos sin más límite que el derecho de terceros;

VI. Dar por concluida su participación en el Mecanismo Alternativo en cualquier momento, cuando consideren que así conviene a sus intereses, siempre y cuando no hayan suscrito el Acuerdo;

VII. Intervenir personalmente en todas las sesiones del Mecanismo Alternativo;

VIII. De ser procedente, solicitar al Órgano, a través del Facilitador, la intervención de auxiliares y expertos, y

IX. Los demás previstos en la presente Ley.

Artículo 8. Obligaciones de los Intervinientes

Son obligaciones de los Intervinientes:

I. Acatar los principios y reglas que disciplinan los Mecanismos Alternativos;

II. Conducirse con respeto y observar buen comportamiento durante las sesiones de los Mecanismos Alternativos;

III. Cumplir con los Acuerdos a que se lleguen como resultado de la aplicación de un Mecanismo Alternativo;

IV. Asistir a cada una de las sesiones personalmente o por conducto de su representante o apoderado legal en los casos que establece esta Ley y demás normas aplicables, y

V. Las demás que contemplen la presente Ley y otras disposiciones aplicables.

Artículo 9. Solicitud para la aplicación del Mecanismo Alternativo y su inicio

Los Mecanismos Alternativos se solicitarán de manera verbal o escrita ante la autoridad competente. Cuando se trate de personas físicas la solicitud se hará personalmente y, en el caso de personas morales, por conducto de su representante o apoderado legal.

La solicitud contendrá la conformidad del Solicitante para participar voluntariamente en el Mecanismo Alternativo y su compromiso de ajustarse a las reglas que lo disciplinan. Asimismo se precisarán los datos generales del Solicitante, así como los nombres y datos de localización de las personas complementarias que hayan de ser invitadas a las sesiones.

Realizada la solicitud a que se refiere este artículo, o la derivación de la autoridad competente a que se refiere el artículo siguiente, dará inicio el Mecanismo Alternativo.

Artículo 10. Derivación

El Ministerio Público, una vez recibida la denuncia o querella orientará al denunciante o querellante sobre los Mecanismos Alternativos de solución de controversias y le informará en qué consisten éstos y sus alcances.

El Ministerio Público, podrá derivar el asunto al Órgano adscrito a las procuradurías o fiscalías cuando la víctima u ofendido esté de acuerdo con solicitar el inicio del Mecanismo Alternativo previsto en esta Ley, los Intervinientes se encuentren identificados, se cuente con su domicilio y se cumplan con los requisitos de oportunidad y procedencia que establece el presente ordenamiento legal. El Ministerio Público deberá realizar las actuaciones urgentes o inaplazables para salvaguardar los indicios necesarios.

Cuando el imputado haya sido vinculado a proceso, el Juez derivará el asunto al Órgano respectivo si el imputado y la víctima u ofendido están de acuerdo en solicitar el inicio del Mecanismo Alternativo previsto en esta Ley y se cumplan los requisitos de oportunidad y procedencia.

(REFORMADO, D.O.F. 20 DE MAYO DE 2021)

Artículo 11. Elección de órgano por parte de los Intervinientes

Cuando el imputado haya sido vinculado a proceso, los Intervinientes podrán optar por que el mecanismo se desarrolle en el órgano adscrito a la Fiscalía, o en el órgano adscrito al poder judicial, si lo hubiere.

Artículo 12. Admisibilidad

El Órgano, al recibir la solicitud examinará la controversia y determinará si es susceptible de resolverse a través del Mecanismo Alternativo. Una vez admitida, se turnará al Facilitador para los efectos conducentes.

Cuando se estime de manera fundada y motivada que el asunto no es susceptible de ser resuelto por un Mecanismo Alternativo, el Órgano se lo comunicará al Solicitante, y en su caso, al Ministerio Público o al Juez que haya hecho la derivación para los efectos legales a que haya lugar.

Se podrá solicitar al Órgano que reconsidere la negativa de admisión. En caso de que se estime procedente el Mecanismo Alternativo, se asignará a un Facilitador.

En su caso, se hará constar que el Solicitante acepta sujetarse al Mecanismo Alternativo, por lo que se fijará la Cita o Invitación correspondiente al Requerido a la sesión inicial.

Artículo 13. Registro del Mecanismo Alternativo

Con la solicitud planteada se abrirá y registrará el expediente del caso, mismo que contendrá una breve relación de los hechos, el Mecanismo Alternativo a aplicar y el resultado obtenido.

Artículo 14. Invitación al Requerido

La Invitación al Requerido la realizará el Órgano dentro de los cinco días hábiles siguientes contados a partir de la fecha del registro del expediente del caso, por cualquier medio que asegure la transmisión de la información en los términos de la legislación procedimental penal aplicable. La Invitación se hará preferentemente de manera personal.

Artículo 15. Contenido de la Invitación

La Invitación a que se refiere el artículo anterior deberá precisar:

I. Nombre y domicilio del Requerido;

II. Motivo de la Invitación;

III. Lugar y fecha de expedición;

IV. Indicación del día, hora y lugar de celebración de la sesión del Mecanismo Alternativo;

V. Breve explicación de la naturaleza del mecanismo con su fundamento legal, y

VI. Nombre y firma del Facilitador que la elaboró.

Artículo 16. Sesiones preliminares

El Facilitador podrá tener, cuando las características del caso así lo requieran, sesiones privadas de carácter preparatorio con todos los Intervinientes por separado, previas a la sesión conjunta del Mecanismo Alternativo, con el objeto de explicarles las características del mecanismo elegido y las reglas que deberán observar durante la realización del mismo.

El Facilitador podrá indagar con los Intervinientes, la interpretación que ellos tienen del conflicto, a efecto de preparar las preguntas y herramientas que utilizará durante el desarrollo de las sesiones conjuntas.

Artículo 17. Aceptación de sujetarse al Mecanismo Alternativo

Cuando el Solicitante y el Requerido acepten someterse a un Mecanismo Alternativo manifestarán su voluntad en ese sentido y se registrará esa circunstancia por escrito.

Artículo 18. Suspensión de la prescripción

El término de la prescripción de la acción penal se suspenderá durante la sustanciación de los Mecanismos Alternativos, a partir de la primera sesión del Mecanismo Alternativo y hasta que se actualice alguna de las causales de conclusión, salvo que ésta produzca la extinción de la acción penal.

Artículo 19. De las sesiones de Mecanismos Alternativos

Las sesiones de Mecanismos Alternativos se realizarán únicamente con la presencia de los Intervinientes y, en su caso, de auxiliares y expertos, a petición de las partes. Los Intervinientes podrán recibir orientación jurídica. Para tal efecto, cuando ambos Intervinientes cuenten con abogado, éstos podrán presenciar las sesiones, sin embargo, no podrán intervenir durante las mismas.

En caso de que se suscite alguna duda de índole jurídica que no pueda ser resuelta por los auxiliares y expertos invocados por el Facilitador, cualquiera de los Intervinientes podrá solicitar la suspensión de la sesión a fin de que pueda consultar con su abogado, si lo tuviere.

Cuando los Intervinientes sean miembros de comunidades indígenas o personas que no entiendan el idioma español, deberán ser asistidos durante las sesiones por un intérprete de conformidad con la legislación procedimental penal aplicable.

Al inicio de la sesión del Mecanismo Alternativo, el Facilitador hará saber a los Intervinientes las características del mecanismo, las reglas a observar, así como sus derechos y obligaciones. Se explicará que el mecanismo es confidencial en los términos que establece la fracción III del artículo 4 de esta Ley.

Se hará saber a los Intervinientes los alcances y efectos legales de los Acuerdos que en su caso lleguen a concretarse.

El Mecanismo Alternativo se dará por concluido si alguno de los Intervinientes revela información confidencial, sin perjuicio de las responsabilidades en que se incurra por tal conducta.

Artículo 20. Mecanismo alternativo en detención por flagrancia o medida cautelar

En los casos en los que el imputado se encuentre detenido por flagrancia el Ministerio Público podrá disponer la libertad del imputado durante la investigación en términos del artículo 140 del Código Nacional de Procedimientos Penales, a efecto de que participe en el mecanismo alternativo.

En los casos en los que al imputado se le haya impuesto la medida cautelar de prisión preventiva, o alguna otra que implique privación de su libertad, se estará a lo dispuesto en el artículo 161 del Código Nacional de Procedimientos Penales, a fin de que se modifique la medida cautelar y esté en posibilidad de participar en el Mecanismo Alternativo.

CAPÍTULO II
DE LA MEDIACIÓN

Artículo 21. Concepto

Es el mecanismo voluntario mediante el cual los Intervinientes, en libre ejercicio de su autonomía, buscan, construyen y proponen opciones de solución a la controversia, con el fin de alcanzar la solución de ésta. El Facilitador durante la mediación propicia la comunicación y el entendimiento mutuo entre los Intervinientes.

Artículo 22. Desarrollo de la sesión

Una vez que los Intervinientes acuerden sujetarse a la mediación, el Facilitador hará una presentación general y explicará brevemente el propósito de la sesión, el papel que él desempeñará, las reglas y principios que rigen la sesión así como sus distintas fases; acto seguido, formulará las preguntas pertinentes a fin de que los Intervinientes puedan exponer el conflicto, plantear sus preocupaciones y pretensiones, así como identificar las posibles soluciones a la controversia existente.

El Facilitador deberá clarificar los términos de la controversia de modo que se eliminen todos los aspectos negativos y las descalificaciones entre los Intervinientes, para resaltar las áreas en las que se puede propiciar el consenso

El Facilitador podrá sustituir el Mecanismo Alternativo, con la anuencia de los interesados, cuando considere que es idóneo, dadas las características del caso concreto y la posición que tienen los Intervinientes en el conflicto.

En el caso de que los Intervinientes logren alcánzar un Acuerdo que consideren idóneo para resolver la controversia, el Facilitador lo registrará y lo preparará para la firma de los Intervinientes de conformidad con las disposiciones aplicables previstas en esta Ley.

Artículo 23. Oralidad de la sesiones

Todas las sesiones de mediación serán orales y sólo se registrará el Acuerdo alcanzado, en su caso.

Artículo 24. Pluralidad de sesiones

Cuando una sesión no sea suficiente para que los Intervinientes se avengan, se procurará conservar su voluntad para participar y se les citará, de común acuerdo, a la brevedad posible para asistir a sesiones subsecuentes para continuar con la mediación, siempre dentro del marco de lo que resulte razonable y sin que ello pueda propiciar el agravamiento de la controversia.

CAPÍTULO III
DE LA CONCILIACIÓN

Artículo 25. Concepto

Es el mecanismo voluntario mediante el cual los Intervinientes, en libre ejercicio de su autonomía, proponen opciones de solución a la controversia en que se encuentran involucrados.

Además de propiciar la comunicación entre los Intervinientes, el Facilitador podrá, sobre la base de criterios objetivos, presentar alternativas de solución diversas.

Artículo 26. Desarrollo de la sesión

La conciliación se desarrollará en los mismos términos previstos para la mediación; sin embargo, a diferencia de ésta, el Facilitador estará autorizado para proponer soluciones basadas en escenarios posibles y discernir los más idóneos para los Intervinientes, con respeto a los principios de esta Ley.

El Facilitador podrá proponer la alternativa que considere más viable para la solución de la controversia.

CAPÍTULO IV
DE LA JUNTA RESTAURATIVA

Artículo 27. Concepto

La junta restaurativa es el mecanismo mediante el cual la víctima u ofendido, el imputado y, en su caso, la comunidad afectada, en libre ejercicio de su autonomía, buscan, construyen y proponen opciones de solución a la controversia, con el objeto de lograr un Acuerdo que atienda las necesidades y responsabilidades individuales y colectivas, así como la reintegración de la víctima u ofendido y del imputado a la comunidad y la recomposición del tejido social.

Artículo 28. Desarrollo de la sesión

Es posible iniciar una junta restaurativa por la naturaleza del caso o por el número de involucrados en el conflicto. Para tal efecto, el Facilitador realizará sesiones preparatorias con cada uno de los Intervinientes a quienes les invitará y explicará la junta restaurativa, sus alcances, reglas, metodología e intentará despejar cualquier duda que éstos planteen.

Asimismo, deberá identificar la naturaleza y circunstancias de la controversia, así como las necesidades de los Intervinientes y sus perspectivas individuales, evaluar su disposición para participar en el mecanismo, la posibilidad de realizar la reunión conjunta y las condiciones para llevarla a cabo.

En la sesión conjunta de la junta restaurativa el Facilitador hará una presentación general y explicará brevemente el propósito de la sesión. Acto seguido, formulará las preguntas previamente establecidas. Las preguntas se dirigirán en primer término al imputado, posteriormente a la víctima u ofendido, en su caso a otros Intervinientes afectados por parte de la víctima u ofendido y del imputado respectivamente, y por último, a los miembros de la comunidad que hubieren concurrido a la sesión.

Una vez que los Intervinientes hubieren contestado las preguntas del Facilitador, éste procederá a coadyuvar para encontrar formas específicas en que el daño causado pueda quedar satisfactoriamente reparado. Enseguida, el Facilitador concederá la palabra al imputado para que manifieste las acciones que estaría dispuesto a realizar para reparar el daño causado, así como los compromisos que adoptará con los Intervinientes.

El Facilitador, sobre la base de las propuestas planteadas por los Intervinientes, concretará el Acuerdo que todos estén dispuestos a aceptar como resultado de la sesión de la junta restaurativa. Finalmente, el Facilitador realizará el cierre de la sesión.

En el caso de que los Intervinientes logren alcanzar una solución que consideren idónea para resolver la controversia, el Facilitador lo registrará y lo preparará para la firma de éstos, de conformidad con lo previsto en esta Ley

Artículo 29. Alcance de la reparación

La Reparación del daño derivada de la junta restaurativa podrá comprender lo siguiente:

I. El reconocimiento de responsabilidad y la formulación de una disculpa a la víctima u ofendido en un acto público o privado, de conformidad con el Acuerdo alcanzado por los intervinientes, por virtud del cual el imputado acepta que su conducta causó un daño;

II. El compromiso de no repetición de la conducta originadora de la controversia y el establecimiento de condiciones para darle efectividad, tales como inscribirse y concluir programas o actividades de cualquier naturaleza que contribuyan a la no repetición de la conducta o aquellos programas específicos para el tratamiento de adicciones;

III. Un plan de restitución que pueda ser económico o en especie, reparando o reemplazando algún bien, la realización u omisión de una determinada conducta, la prestación de servicios a la comunidad o de cualquier otra forma lícita solicitada por la víctima u ofendido y acordadas entre los Intervinientes en el curso de la sesión.

CAPÍTULO V
REGLAS GENERALES DE LOS MECANISMOS ALTERNATIVOS

Artículo 30. Sustitución del Mecanismo Alternativo

En el supuesto de que los Intervinientes hubieren participado en alguno de los Mecanismos Alternativos y no se hubiese logrado por este Mecanismo la solución de la controversia, el Facilitador podrá sugerirles que recurran a uno diverso. En caso de que los Intervinientes estuvieren de acuerdo, el Facilitador fijará fecha y hora para iniciar dicho Mecanismo en una sesión posterior.

Artículo 31. Salvaguarda de derechos

Cuando no se alcance Acuerdo, los Intervinientes conservarán sus derechos para resolver la controversia mediante las acciones legales que procedan, o bien, cuando se alcance parcialmente, respecto del conflicto que no fue posible resolver.

Del mismo modo, cuando el Acuerdo verse sobre la solución parcial de la controversia, se dejarán a salvo los derechos de los Intervinientes respecto de lo no resuelto en el Acuerdo.

Artículo 32. Conclusión anticipada de los Mecanismos Alternativos

El Mecanismo Alternativo se tendrá por concluido de manera anticipada en los casos siguientes:

I. Por voluntad de alguno de los Intervinientes;

II. Por inasistencia injustificada a las sesiones por más de una ocasión de alguno de los Intervinientes;

III. Cuando el Facilitador constate que los Intervinientes mantienen posiciones irreductibles que impiden continuar con el mecanismo y se aprecie que no se arribará a un resultado que solucione la controversia;

IV. Si alguno de los Intervinientes incurre reiteradamente en un comportamiento irrespetuoso, agresivo o con intención notoriamente dilatoria del mecanismo alternativo;

V. Por incumplimiento del Acuerdo entre los Intervinientes, y

VI. En los demás casos en que proceda dar por concluido el Mecanismo Alternativo de conformidad con la Ley.

CAPÍTULO VI
DE LOS ACUERDOS

Artículo 33. Requisitos de los Acuerdos

En caso de que el Mecanismo Alternativo concluya con una solución mutuamente acordada por los Intervinientes, el Facilitador lo hará constar por escrito con la siguiente información:

I. El lugar y la fecha de su celebración;

II. El nombre y edad, información que se cotejará con un documento fehaciente; nacionalidad, estado civil, profesión u oficio y domicilio de cada uno de los Intervinientes. En caso de representante o apoderado legal, se hará constar la documentación con la que se haya acreditado dicho carácter;

III. El número de registro del Mecanismo Alternativo;

IV. Una descripción precisa de las obligaciones de dar, hacer o no hacer que hubieran acordado los Intervinientes y, en su caso, los terceros civilmente obligados, así como la forma y tiempo en que éstas deban cumplirse el cual no podrá exceder de tres años a partir de la firma del Acuerdo;

V. La firma o huellas dactilares de quienes lo suscriban y, en su caso, el nombre de la persona o personas que hayan firmado a petición de una o ambas partes, cuando éstos no sepan o no puedan firmar;

VI. La firma del Facilitador que haya intervenido en el Mecanismo Alternativo y el sello de la dependencia, y

VII. Los efectos del incumplimiento.

El Acuerdo podrá versar sobre la solución total o parcial de la controversia. En el segundo supuesto se dejarán a salvo los derechos de los Intervinientes respecto de lo no resuelto en el Acuerdo.

El Acuerdo deberá ser validado por un licenciado en derecho del Órgano, del cual se incluirá su nombre y firma. Se entregará un ejemplar del Acuerdo a cada uno de los Intervinientes, conservándose uno en los archivos que corresponda.

El Órgano informará de dicho Acuerdo al Ministerio Público y, en su caso, al Juez de control y se observarán las reglas aplicables para la protección de datos personales.

Artículo 34. Efectos de los Acuerdos

El Acuerdo celebrado entre los Intervinientes con las formalidades establecidas por esta Ley será válido y exigible en sus términos.

Artículo 35. Cumplimiento de los Acuerdos

Corresponde al Ministerio Público o al Juez aprobar el cumplimiento del Acuerdo, en cuyo caso resolverá de inmediato sobre la extinción de la acción penal o el sobreseimiento del asunto, según corresponda. La resolución emitida por el Juez tendrá efectos de sentencia ejecutoriada.

El incumplimiento del Acuerdo dará lugar a la continuación del procedimiento penal. En caso de cumplimiento parcial de contenido pecuniario éste será tomado en cuenta por el Ministerio Público para efectos de la reparación del daño.

TÍTULO TERCERO
DEL SEGUIMIENTO DE LOS ACUERDOS

CAPÍTULO ÚNICO
SEGUIMIENTO

Artículo 36. Área de seguimiento

El Órgano contará con un área de seguimiento, la cual tendrá la obligación de monitorear e impulsar el cumplimiento de los Acuerdos alcanzados por los Intervinientes en el Mecanismo Alternativo. El seguimiento podrá consistir en:

I. Apercibimiento a los Intervinientes para el caso de incumplimiento del Acuerdo;

II. Visitas de verificación;

III. Llamadas telefónicas;

IV. Recepción o entrega de documentos, pagos, bienes u objetos;

V. Citación de los Intervinientes y demás personas que sean necesarias;

VI. Envío de correspondencia o comunicación, pudiendo usar medios electrónicos, y

VII. Cualquier otra medida necesaria para el cumplimiento del Acuerdo de conformidad con los principios y disposiciones establecidas en esta Ley.

Artículo 37. Integración

El Órgano designará personal cuya función será dar seguimiento al Acuerdo alcanzado en el Mecanismo Alternativo, con el propósito de informar al Facilitador, al Ministerio Público, al Juez competente y a los Intervinientes, sobre el cumplimiento del Acuerdo o en su caso, sobre su incumplimiento, a efecto de que se determinen las consecuencias jurídicas respectivas.

Artículo 38. Reuniones de revisión

El área de seguimiento se comunicará periódicamente con los Intervinientes, de acuerdo con la naturaleza del caso, para verificar o facilitar el cumplimiento de las obligaciones contraídas. En caso de que se produzca un incumplimiento por parte de los Intervinientes obligados, el área de seguimiento los podrá exhortar al cumplimiento o citar a una reunión de revisión, preferentemente con el Facilitador que originalmente estuvo a cargo del asunto.

El Facilitador y los Intervinientes revisarán la justificación de los motivos por los que se ha producido el incumplimiento y, en su caso, propondrán las modificaciones que deban realizarse que resulten satisfactorias para todos sin afectar la efectiva Reparación del daño.

En caso de no considerar pertinente una reunión de revisión por existir un riesgo de revictimización o porque el cumplimiento se torne imposible, se procederá de conformidad con el artículo siguiente.

Artículo 39. Comunicación

Si por riesgo de revictimización no se lleva a cabo la reunión, o bien, de la reunión de revisión se desprende que no podrá haber cumplimiento del Acuerdo alcanzado, el área de seguimiento lo comunicará de inmediato al Facilitador, al Ministerio Público y en su caso al Juez, con el objeto de que se continúe con el procedimiento penal, si la víctima así lo decide.

TÍTULO CUARTO
DE LAS BASES PARA EL FUNCIONAMIENTO DE LOS MECANISMOS ALTERNATIVOS

CAPÍTULO I
DEL ÓRGANO

Artículo 40. Del Órgano

(REFORMADO PRIMER PÁRRAFO, D.O.F. 20 DE MAYO DE 2021)

La Fiscalía General de la República y las procuradurías o fiscalías estatales deberán contar con órganos especializados en mecanismos alternativos de resolución de controversias. El Poder Judicial Federal y los poderes judiciales estatales podrán contar con dichos órganos.

Los Órganos deberán tramitar los Mecanismos Alternativos previstos en esta Ley y ejercitar sus facultades con independencia técnica y de gestión. Asimismo realizarán acciones tendientes al fomento de la cultura de paz.

Para cumplir con las finalidades señaladas en el párrafo precedente, el Órgano contará con Facilitadores certificados y demás personal profesional necesario para el ejercicio de sus funciones.

Artículo 41. Capacitación y difusión

Las instituciones mencionadas en el artículo precedente estarán obligadas a estandarizar programas de capacitación continua para su personal, así como de difusión para promover la utilización de los Mecanismos Alternativos, de conformidad con los estándares mínimos establecidos por la Conferencia o el Consejo. La certificación será un requisito fundamental para poder ser designado como Facilitador en algún Órgano y de permanencia, de conformidad con las pautas generales establecidas en esta Ley.

Artículo 42. Interdisciplinariedad

El Órgano contará con personal profesional de las disciplinas necesarias para el cumplimiento del objeto de esta Ley. Deberá contar con profesionales en derecho, así como con el personal administrativo necesario para realizar las labores de apoyo.

Artículo 43. Bases de datos

El Órgano estará obligado a conservar una base de datos de los asuntos que tramite de acuerdo con su competencia, la cual contendrá el número de asuntos que ingresaron, el estatus en que se encuentran y su resultado final. El Órgano mantendrá actualizada la base de datos y llevará a cabo estudios estadísticos en torno al funcionamiento del servicio, el porcentaje de cumplimiento e incumplimiento de los Acuerdos y los casos de reiteración de las controversias entre los Intervinientes.

Se contará con una base de datos nacional con la información anterior, a la cual podrán acceder los Órganos; los lineamientos de ésta serán dictados por la Conferencia y el Consejo y administrada por el Centro Nacional de Información del Secretariado Ejecutivo del Sistema Nacional de Seguridad Pública. Los Poderes Judiciales deberán reportar la información correspondiente a las procuradurías o fiscalías de la federación o de las entidades federativas; éstas, a su vez, remitirán la información al Centro Nacional de Información del Secretariado Ejecutivo del Sistema Nacional de Seguridad Pública.

Los reportes de la base de datos nacional servirán para verificar si alguno de los Intervinientes ha participado en Mecanismos Alternativos, si ha celebrado Acuerdos y si los ha incumplido.

Artículo 44. Autoridades auxiliares y redes de apoyo

El Órgano podrá celebrar convenios para su adecuado funcionamiento con los servicios auxiliares y complementarios prestados por instituciones públicas o privadas, que puedan coadyuvar para el adecuado cumplimiento de su función.

Se consideran como autoridades auxiliares del Órgano, para efectos de esta Ley, las dependencias y entidades de las administraciones públicas federal y de las entidades federativas, así como las demás instituciones y organismos que por la naturaleza de sus atribuciones deban intervenir en el cumplimiento de la presente Ley.

Las autoridades auxiliares deberán atender los requerimientos que en el ámbito de su competencia tenga el Órgano, el cual podrá remitir al Órgano interno de control de dichas autoridades las denuncias por la falta o inoportunidad del auxilio requerido.

(REFORMADO, D.O.F. 20 DE MAYO DE 2021)

Artículo 45. Coordinación entre la Federación y entidades federativas

La Fiscalía General de la República y procuradurías y fiscalías generales de las entidades federativas, así como el Poder Judicial de la Federación y de las entidades federativas podrán celebrar convenios de colaboración para el cumplimiento de los objetivos previstos en esta Ley.

Artículo 46. Del Consejo de certificación en sede judicial

El Poder Judicial de la Federación y los poderes judiciales de las entidades federativas, que cuenten con un Órgano en los términos de la fracción X del artículo 3, conformarán un Consejo de certificación en sede judicial, para los efectos establecidos en la presente Ley y contará con una Secretaría Técnica.

Artículo 47. Criterios mínimos de certificación

La Conferencia y el Consejo serán las Instancias responsables de emitir los criterios mínimos para la certificación de Facilitadores de los Órganos de la Federación y de las entidades federativas de conformidad con lo dispuesto en esta Ley.

El Órgano contará con Facilitadores certificados de conformidad con los estándares mínimos en materia de capacitación, evaluación y certificación que emitan la Conferencia o el Consejo; para tal efecto, ésta tendrá las funciones siguientes:

I. Establecer los criterios mínimos para las capacitaciones orientadas a cubrir los requisitos de certificación o renovación de la misma, de acuerdo a los estándares establecidos en esta Ley;

II. Determinar las normas y procedimientos técnicos para la evaluación y certificación de los Facilitadores;

III. Establecer los lineamientos para la construcción de las bases de datos a las que se refiere esta Ley, y

IV. Las demás que se acuerden para el cumplimiento de lo dispuesto en este artículo.

La Conferencia y el Consejo podrán celebrar convenios de colaboración para los efectos del presente artículo.

CAPÍTULO II
DE LOS FACILITADORES

Artículo 48. Requisitos para ser Facilitador

Los Facilitadores deberán:

I. Poseer grado de Licenciatura afín a las labores que deberán desarrollar, con cédula profesional con registro federal;

II. Acreditar la certificación que establece esta Ley;

III. Acreditar las evaluaciones de control de confianza que establecen las disposiciones aplicables para los miembros de instituciones de procuración de justicia;

IV. No haber sido sentenciados por delito doloso, y

V. Los demás requisitos que establezca esta Ley y otras disposiciones que resulten aplicables.

Artículo 49. Vigencia de la certificación

El Órgano deberá realizar las tareas de certificación periódica de los Facilitadores que presten los servicios previstos en esta Ley, ésta se llevará a cabo de conformidad con los lineamientos emitidos por la Conferencia o el Consejo y tendrá una vigencia de tres años, que podrá ser renovable.

Artículo 50. Requisitos mínimos de ingreso y permanencia

Para ingresar al Órgano los Facilitadores deberán cubrir 180 horas de capacitación teórico-práctica en los Mecanismos Alternativos establecidos en esta Ley, de conformidad con los lineamientos generales emitidos por la Conferencia o el Consejo. Para permanecer como miembro del Órgano los Facilitadores deberán renovar su certificación cada tres años y cumplir con 100 horas de capacitación durante ese periodo.

Artículo 51. Obligaciones de los Facilitadores

Son obligaciones de los Facilitadores:

I. Cumplir con la certificación en los términos de las disposiciones aplicables en esta Ley;

II. Conducirse con respeto a los derechos humanos;

III. Actuar con prontitud, profesionalismo, eficacia y transparencia, en congruencia con los principios que rigen la presente Ley y las disposiciones que al efecto se establezcan;

IV. Vigilar que en los Mecanismos Alternativos no se afecten derechos de terceros, intereses de menores, incapaces, disposiciones de orden público o interés social;

V. Abstenerse de fungir como testigos, representantes jurídicos o abogados de los asuntos relativos a los Mecanismos Alternativos en los que participen;

VI. Excusarse de intervenir en asuntos en los que se vea afectada su imparcialidad;

VII. Solicitar a los Intervinientes la información necesaria para el cumplimiento eficaz de la función encomendada;

VIII. Cerciorarse de que los Intervinientes comprenden el alcance del Acuerdo, así como los derechos y obligaciones que de éste se deriven;

IX. Verificar que los Intervinientes participen de manera libre y voluntaria, exentos de coacciones o de cualquier otra influencia que vicie su voluntad;

X. Mantener el buen desarrollo de los Mecanismos Alternativos y solicitar respeto de los Intervinientes durante el desarrollo de los mismos;

XI. Asegurarse de que los Acuerdos a los que lleguen los Intervinientes sean apegados a la legalidad;

XII. Abstenerse de coaccionar a los Intervinientes para acudir, permanecer o retirarse del Mecanismo Alternativo;

XIII. Mantener la confidencialidad de la información a la que tengan acceso en el ejercicio de su función, salvo las excepciones previstas en esta Ley;

XIV. No ejercer la abogacía por sí o por interpósita persona, salvo en causa propia, de su cónyuge, concubina o concubinario, convivientes, de sus ascendientes o descendientes, de sus hermanos o de su adoptante o adoptado, y

XV. Los demás que señale la Ley y las disposiciones reglamentarias en la materia.

El incumplimiento de las disposiciones anteriores será sancionado en los términos de la legislación correspondiente.

Artículo 52. Impedimentos y Excusas

Los Facilitadores deberán excusarse o podrán ser recusados para conocer de los asuntos en que intervengan, por cualquiera de las siguientes causas de impedimento:

I. Haber intervenido en el mismo Mecanismo Alternativo como Ministerio Público, Defensor, Asesor jurídico, denunciante o querellante, o haber ejercido la acción penal particular; haber actuado como perito, consultor técnico, testigo o tener interés directo en el Mecanismo Alternativo;

II. Ser cónyuge, concubina o concubinario, conviviente, tener parentesco en línea recta sin limitación de grado en la colateral por consanguinidad y por afinidad hasta el segundo con alguno de los Intervinientes, éste cohabite o haya cohabitado con alguno de ellos;

III. Ser o haber sido tutor, curador, haber estado bajo tutela o curatela de alguna de las partes, ser o haber sido administrador de sus bienes por cualquier título;

IV. Cuando él, su cónyuge, concubina, concubinario, conviviente, o cualquiera de sus parientes en los grados que expresa la fracción II de este artículo, tengan un juicio pendiente iniciado con anterioridad con alguna de las partes;

V. Cuando él, su cónyuge, concubina, concubinario, conviviente, o cualquiera de sus parientes en los grados que expresa la fracción II de este artículo, sean acreedores, deudores, arrendadores, arrendatarios o fiadores de alguna de las partes, o tengan alguna sociedad con éstos;

VI. Cuando antes de comenzar el Mecanismo Alternativo o durante éste, haya presentado él, su cónyuge, concubina, concubinario, conviviente o cualquiera de sus parientes en los grados que expresa la fracción II de este artículo, querella, denuncia, demanda o haya entablado cualquier acción legal en contra de alguna de las partes, o hubiera sido denunciado o acusado por alguna de ellas;

VII. Haber manifestado su opinión sobre el Mecanismo Alternativo o haber hecho promesas que impliquen parcialidad a favor o en contra de alguna de las partes, o

VIII. Cuando él, su cónyuge, concubina, concubinario, conviviente o cualquiera de sus parientes en los grados que expresa la fracción II de este artículo, hubieran recibido o reciban beneficios de alguna de las partes o si, después de iniciado el Mecanismo Alternativo, hubieran recibido presentes o dádivas independientemente de cuál haya sido su valor.

TRANSITORIOS

Primero. La Ley Nacional de Mecanismos Alternativos de Solución de Controversias en Materia Penal entrará en vigor en los mismos términos y plazos en que entrará en vigor el Código Nacional de Procedimientos Penales, de conformidad con lo previsto en el artículo segundo transitorio del Decreto por el que se expide el Código Nacional de Procedimientos Penales.

Las reformas y adiciones al Código Federal de Procedimientos Penales previstas en el presente Decreto entrarán en vigor en las regiones y gradualidad en las que se lleve a cabo la declaratoria a que refiere el artículo segundo transitorio del Decreto por el que se expide el Código Nacional de Procedimientos Penales, serán aplicables para los procedimientos iniciados con anterioridad a la entrada en vigor del sistema de justicia penal acusatorio y se sustanciarán de conformidad con lo previsto en la Ley Nacional de Mecanismos Alternativos de Solución de Controversias en Materia Penal.

Segundo. Se derogan todas las disposiciones que se opongan al presente Decreto.

Tercero. A partir de la entrada en vigor del presente Decreto, el Poder Judicial de la Federación y los poderes judiciales de las entidades federativas que cuenten con un Órgano, conformarán, dentro del término de sesenta días hábiles, el Consejo a que se refiere el artículo 46 de la presente Ley.

Cuarto. La certificación inicial de Facilitadores a que se refiere la Ley Nacional de Mecanismos Alternativos de Solución de Controversias en Materia Penal deberá concluirse antes del dieciocho de junio de 2016.

Dentro de los sesenta días siguientes a la publicación de este Decreto en el Diario Oficial de la Federación, la Secretaría Técnica de la Conferencia Nacional de Procuración de Justicia, así como la Secretaría Técnica del Consejo de certificación en sede judicial deberán elaborar el proyecto de criterios mínimos de certificación de Facilitadores. Para la elaboración de los criterios referidos deberán tomar en consideración la opinión de los representantes de las zonas en que estén conformadas la Conferencia y el Consejo. El proyecto deberá ser sometido a consideración del Pleno de la Conferencia o el Consejo en la sesión plenaria siguiente al vencimiento del plazo a que se refiere este párrafo.

Quinto. La Federación y las entidades federativas emitirán las disposiciones administrativas que desarrollen lo previsto en el presente Decreto a más tardar el día de su entrada en vigor de conformidad con el artículo primero transitorio anterior.

Sexto. La Federación y las entidades federativas, en su ámbito de competencia respectivo, proveerán los recursos humanos, materiales, tecnológicos y financieros que requiera la implementación del presente Decreto, conforme a sus presupuestos autorizados. Para el presente ejercicio fiscal, la Procuraduría General de la República, cubrirá con cargo a su presupuesto autorizado las erogaciones necesarias para el cumplimiento del presente Decreto, en el ámbito de su competencia.

México, D.F., a 2 de diciembre de 2014.- Sen. **Miguel Barbosa Huerta**, Presidente.- Dip. **Silvano Aureoles Conejo**, Presidente.- Sen. **María Elena Barrera Tapia**, Secretaria.- Dip. **Magdalena del Socorro Núñez Monreal**, Secretaria.- Rúbricas.

En cumplimiento de lo dispuesto por la fracción I del Artículo 89 de la Constitución Política de los Estados Unidos Mexicanos, y para su debida publicación y observancia, expido el presente Decreto en la Residencia del Poder Ejecutivo Federal, en la Ciudad de México, Distrito Federal, a veintitrés de diciembre de dos mil catorce.- **Enrique Peña Nieto**.- Rúbrica.- El Secretario de Gobernación, **Miguel Ángel Osorio Chong**.- Rúbrica.

LEY DE LA FISCALÍA GENERAL DE LA REPÚBLICA

TEXTO ORIGINAL

Ley publicada en el Número 16 del Diario Oficial de la Federación, el jueves 20 de mayo de 2021.

Al margen un sello con el Escudo Nacional, que dice: Estados Unidos Mexicanos.- Presidencia de la República.

ANDRÉS MANUEL LÓPEZ OBRADOR, Presidente de los Estados Unidos Mexicanos, a sus habitantes sabed:

Que el Honorable Congreso de la Unión, se ha servido dirigirme el siguiente

DECRETO

EL CONGRESO GENERAL DE LOS ESTADOS UNIDOS MEXICANOS, DECRETA:

SE EXPIDE LA LEY DE LA FISCALÍA GENERAL DE LA REPÚBLICA, SE ABROGA LA LEY ORGÁNICA DE LA FISCALÍA GENERAL DE LA REPÚBLICA Y SE REFORMAN, ADICIONAN Y DEROGAN DIVERSAS DISPOSICIONES DE DISTINTOS ORDENAMIENTOS LEGALES.

Artículo Primero.- Se expide la Ley de la Fiscalía General de la República.

LEY DE LA FISCALÍA GENERAL DE LA REPÚBLICA

TÍTULO I
DISPOSICIONES GENERALES

CAPÍTULO ÚNICO
DISPOSICIONES PRELIMINARES

Artículo 1. La presente Ley es reglamentaria del Apartado A, del artículo 102 de la Constitución Política de los Estados Unidos Mexicanos, y sus disposiciones son de orden público, de interés social y de observancia general en todo el territorio nacional.

Artículo 2. El Ministerio Público de la Federación se organizará en una Fiscalía General de la República como órgano público autónomo, dotado de personalidad jurídica y de patrimonio propio; ejercerá sus facultades atendiendo al orden público e interés social.

Artículo 3. La presente Ley tiene por objeto establecer la integración, estructura, funcionamiento y atribuciones de la Fiscalía General de la República, así como la organización, responsabilidades y función ética jurídica del Ministerio Público de la Federación y demás personas servidoras públicas de la Fiscalía General de la República, conforme a las facultades que le confiere la Constitución Política de los Estados Unidos Mexicanos.

Artículo 4. Las personas servidoras públicas de la Fiscalía General de la República se regirán por los principios de autonomía, legalidad, objetividad, eficiencia, profesionalismo, honradez, respeto a los derechos humanos, interculturalidad, perspectiva de protección integral de los derechos de la niñez y adolescencia, debida diligencia, lealtad, imparcialidad, especialidad y perspectiva de género.

Artículo 5. Al Ministerio Público de la Federación le corresponde, en representación de los intereses de la sociedad: la investigación y la persecución de los delitos del orden federal y los de su competencia ante los tribunales, la preparación y el ejercicio de la acción de extinción de dominio, la intervención en todos los asuntos que correspondan a sus funciones constitucionales, así como promover, respetar, proteger y garantizar los derechos humanos de la persona imputada, de la víctima o de la persona ofendida durante el desarrollo del procedimiento penal, establecidos en la Constitución, en los tratados internacionales en los que el Estado mexicano sea parte, en el Código Nacional, la presente Ley, y las demás disposiciones legales aplicables.

La Fiscalía General de la República podrá ejercer la facultad de atracción de casos del fuero común en los supuestos previstos en la Constitución Política de los Estados Unidos Mexicanos, tratados internacionales y las leyes aplicables.

La víctima podrá solicitar a la Fiscalía General que ejerza su facultad de atracción.

Artículo 6. Las personas agentes del Ministerio Público de la Federación ejercerán sus funciones con independencia y autonomía, libres de cualquier tipo de coacción o interferencia en su actuar. En el ejercicio de sus funciones, se conducirán conforme al criterio de objetividad, con base en el cual dirigirán la investigación de los hechos y las circunstancias que prueben, eximan o atenúen la responsabilidad de las personas imputadas, así como en materia de extinción de dominio, de conformidad con lo previsto en la legislación aplicable y en el Plan Estratégico de Procuración de Justicia.

Artículo 7. En la investigación de los hechos que puedan ser constitutivos de delitos de su competencia, el Ministerio Público de la Federación se auxiliará de las policías, incluyendo la Guardia Nacional y las instituciones de seguridad pública del fuero federal o común, así como de las personas investigadoras, personas peritas, personas analistas, y personas facilitadoras, quienes actuarán bajo su mando y conducción, en términos de lo dispuesto en la Constitución Política de los Estados Unidos Mexicanos, las demás leyes y normatividad aplicable.

Artículo 8. La persona titular de la Fiscalía General de la República durará en su encargo un periodo de nueve años y será designada de conformidad con lo dispuesto en el artículo 102, Apartado A, de la Constitución Política de los Estados Unidos Mexicanos.

En el procedimiento de designación de la persona titular de la Fiscalía General se atenderá el principio de paridad a que se refiere el artículo 41 de la Constitución.

Para ello, el listado que envíe el Senado de la República al Ejecutivo Federal y la terna propuesta por el Ejecutivo Federal al mismo, deberán estar integradas por propuestas de personas de ambos géneros, de las cuales hará su designación el Senado de la República.

Artículo 9. Para los efectos de esta Ley se entenderá por:

I. Constitución: La Constitución Política de los Estados Unidos Mexicanos;

II. Código Nacional: El Código Nacional de Procedimientos Penales;

III. Estatuto orgánico: El Estatuto Orgánico de la Fiscalía General de la República;

IV. Fiscalía General: La Fiscalía General de la República;

V. Fiscal General: La persona titular de la Fiscalía General de la República;

VI. Ley: Ley de la Fiscalía General de la República;

VII. Ministerio Público: El Ministerio Público de la Federación, y

VIII. Policías: Las personas agentes de la Policía Federal Ministerial, así como aquellas que pertenezcan a las instituciones de seguridad pública del fuero federal o común, incluida la Guardia Nacional, que en el ámbito de sus respectivas competencias actúen bajo el mando y conducción del Ministerio Público, en la investigación de delitos de su competencia.

TÍTULO II
ESTRUCTURA ORGÁNICA

CAPÍTULO I
FACULTADES DE LA FISCALÍA GENERAL

Artículo 10. Corresponde a la Fiscalía General:

I. Coordinarse, para el cumplimiento de la acción penal con absoluto respeto a su autonomía, con otras autoridades en los temas de seguridad pública de conformidad con el Sistema Nacional de Seguridad Pública a que refiere el artículo 21 de la Constitución;

II. Formar parte del Sistema Nacional de Seguridad Pública como entidad autónoma;

III. Remitir al Congreso de la Unión la postura institucional mediante una opinión técnica jurídica sobre las iniciativas de ley, de reformas constitucionales y legales en el ámbito de su competencia presentadas por la persona titular del Ejecutivo Federal y en las Cámaras del Congreso de la Unión;

IV. Formar y actualizar a las personas servidoras públicas para la investigación y persecución de los delitos en las materias que sean de su competencia, así como implementar un servicio profesional de carrera de las personas agentes del Ministerio Público de la Federación, personas policías federales ministeriales, personas peritas, personas analistas y personas facilitadoras;

V. Implementar un sistema institucional de evaluación de resultados, a través del establecimiento de indicadores que sirvan para evaluar su desempeño para mejorar sus resultados;

VI. Crear y administrar las bases nacionales de información en el ámbito de su competencia;

VII. Establecer medios de información sistemática y directa a la sociedad, para dar cuenta de sus actividades. Para efectos del acceso a la información pública, la Fiscalía General se regirá bajo el principio de máxima publicidad en los términos de la Constitución, no obstante, se reservará la información cuya divulgación pueda poner en riesgo la seguridad de las personas que intervienen en un procedimiento penal o las investigaciones que realice la persona agente del Ministerio Público de la Federación y mantendrá la confidencialidad de los datos personales, en los términos que disponga el Código Nacional, otras disposiciones aplicables y la presente Ley;

VIII. Hacer del conocimiento de la sociedad los instrumentos jurídicos a que refiere la presente Ley, los que serán publicados gratuitamente en el Diario Oficial de la Federación;

IX. Llevar a cabo todos los actos que deriven de las disposiciones aplicables para la constitución y administración de fondos en el ámbito de su competencia;

X. Desarrollar los mecanismos necesarios de comunicación y colaboración con agencias de policía internacional para la investigación de los hechos que la ley señala como delito de conformidad con lo previsto en la Constitución y los tratados internacionales;

XI. Desarrollar e instrumentar un sistema de medidas de protección para las personas servidoras públicas de la Institución;

XII. Participar como entidad autónoma en el Mecanismo de Apoyo Exterior, previsto por la Ley General en Materia de Desaparición Forzada de Personas, Desaparición Cometida por Particulares y del Sistema Nacional de Búsqueda de Personas, y mantener comunicación continua y permanente con éste, para coadyuvar en la investigación y persecución de delitos, a través de las Fiscalías Especializadas, fiscalías o unidades competentes; así como garantizar los derechos reconocidos por el orden jurídico nacional en favor de las personas víctimas y personas ofendidas para recibir, recabar y proporcionar información sobre las acciones de investigación y persecución de los delitos cometidos en contra de personas migrantes, y

XIII. Las demás que prevean otras disposiciones jurídicas aplicables.

La Fiscalía General contará con todas aquellas unidades que le permitan cumplir con sus facultades y obligaciones constitucionales.

CAPÍTULO II
ESTRUCTURA DE LA FISCALÍA GENERAL

Artículo 11. La Fiscalía General, para el ejercicio de sus facultades, estará integrada por:

I. La persona titular de la Fiscalía General;

II. La Fiscalía Especializada de Control Competencial;

III. La Fiscalía Especializada de Control Regional;

IV. La Fiscalía Especializada en materia de Delincuencia Organizada;

V. La Fiscalía Especializada en materia de Delitos Electorales;

VI. La Fiscalía Especializada en materia de Combate a la Corrupción;

VII. La Fiscalía Especializada en materia de Derechos Humanos;

VIII. La Fiscalía Especializada en Delitos de Violencia Contra las Mujeres y Trata de Personas;

IX. La Fiscalía Especializada de Asuntos Internos;

X. La Agencia de Investigación Criminal;

XI. El Órgano Especializado de Mecanismos Alternativos de Solución de Controversias;

XII. La Oficialía Mayor;

XIII. El Órgano Interno de Control;

XIV. Las demás unidades administrativas y fiscalías creadas por mandato legal, y

XV. Las que se determinen en el Estatuto orgánico.

Artículo 12. Las personas titulares de las Fiscalías Especializadas previstas en el artículo 11 de esta Ley, tendrán las siguientes facultades:

I. Organizar, coordinar, planear, programar, ejecutar, administrar, dirigir, controlar, distribuir y dar seguimiento a las actividades del personal adscrito a la Fiscalía Especializada y de las unidades administrativas que les estén adscritas, conforme a lo previsto en la presente Ley, las leyes aplicables y el Estatuto orgánico;

II. Ejercer y supervisar de forma directa o a través de las personas titulares de las unidades administrativas que le están adscritas, las facultades que les correspondan;

III. Originar mecanismos de coordinación y colaboración con las instancias públicas o privadas que se requieran para el ejercicio de sus funciones;

IV. Participar en estrategias de coordinación internacional con las instancias homólogas o que resulten pertinentes para el ejercicio de sus funciones atendiendo, en su caso, a los acuerdos que se generen con la Secretaría de Relaciones Exteriores, en términos de las disposiciones jurídicas aplicables;

V. Celebrar y emitir los instrumentos jurídicos necesarios para el desempeño de sus funciones;

VI. Presentar un informe público anual sobre los avances y resultados de su gestión, dichos informes deben ser añadidos al informe que la persona titular de la Fiscalía General de la República presentará ante el Congreso;

VII. Tomar medidas que privilegien la integridad y no fragmentación de la investigación y el ejercicio de la acción penal, aún en aquellas investigaciones que versen sobre delincuencia organizada;

VIII. Las personas titulares de las Fiscalías Especializadas implementarán medidas y estrategias de coordinación con las fiscalías y procuradurías de los estados, en el ámbito de su competencia, así como con los sistemas, unidades, mecanismos y otras instancias especializadas creadas por las leyes especiales, tratados internacionales y demás ordenamientos vinculados con su competencia, a efecto de facilitar el ejercicio de su mandato. Las medidas de articulación y colaboración comprenderán acciones tales como:

a) El intercambio de información;

b) La designación de enlaces;

c) La realización de mesas de trabajo y encuentros en los que participen, inclusive, organizaciones de personas víctimas, de la sociedad civil especializadas y organismos internacionales;

d) Facilitar el contacto entre los mecanismos especializados y las personas vinculadas a las investigaciones de su competencia;

e) Representar a la Fiscalía General ante los mecanismos e instancias especializadas, relacionados con los asuntos de su competencia;

f) Las relaciones de colaboración entre las Fiscalías Especializadas y los mecanismos creados por leyes especiales serán revestidas de flexibilidad y de formalidad mínima, a efecto de no obstaculizar, complicar ni dilatar las mismas, y

g) Las demás que se establezcan en el Estatuto orgánico o por acuerdo de la persona titular de la Fiscalía General, y

IX. Las demás que establezcan la Constitución y las leyes aplicables para el cumplimiento de sus funciones.

Artículo 13. Las Fiscalías Especializadas adscritas a la Fiscalía General, gozarán de autonomía técnica y de gestión, en el ámbito de su competencia y tendrán, sin perjuicio de las facultades que se les concedan, deleguen o, en su caso, se desarrollen en el Estatuto orgánico, las siguientes:

I. A la Fiscalía Especializada de Control Competencial, la investigación y persecución de delitos previstos en las leyes especiales que no sean competencia de otra unidad administrativa de la Institución; de resolver las controversias competenciales entre las diversas Fiscalías Especializadas; y de atender, previo acuerdo con la persona titular de la Fiscalía General, los asuntos relevantes que le encomiende, procurará en todos los casos la no fragmentación de las investigaciones;

II. A la Fiscalía Especializada de Control Regional, la investigación y persecución de los delitos federales que no sean competencia de otra unidad administrativa de la Institución, así como de la coordinación y articulación de las unidades administrativas de la Fiscalía General que ejerzan sus funciones en las circunscripciones territoriales o regionales, garantizará la unidad de actuación, la coordinación institucional y la eficiencia del Ministerio Público;

III. A la Fiscalía Especializada en materia de Delincuencia Organizada, que será la unidad especializada a que se refiere el artículo 8 de la Ley Federal contra la Delincuencia Organizada, las facultades que dicho ordenamiento le confiere;

IV. A la Fiscalía Especializada en materia de Delitos Electorales, la investigación y persecución de los delitos establecidos en la Ley General en Materia de Delitos Electorales y en cualquier otro ordenamiento legal en la materia;

V. A la Fiscalía Especializada en materia de Combate a la Corrupción, la investigación y persecución de los delitos contenidos en el Título Décimo del Libro Segundo del Código Penal Federal;

VI. A la Fiscalía Especializada en materia de Derechos Humanos, la investigación y persecución de los delitos del orden federal previstos en: la Ley General para Prevenir, Investigar y Sancionar la Tortura y Otros Tratos o Penas Crueles, Inhumanos o Degradantes; en la Ley General en Materia de Desaparición Forzada de Personas, Desaparición Cometida por Particulares y del Sistema Nacional de Búsqueda de Personas; y de conocer de los delitos cometidos contra algún periodista, persona o instalación que dolosamente afecten, limiten o menoscaben el derecho a la información o a la libertad de expresión; de delitos derivados de asuntos de violaciones o violaciones graves a derechos humanos denunciados por la Comisión Nacional de los Derechos Humanos; de los delitos del orden federal en los que el sujeto pasivo o activo del mismo sea una persona migrante y, en ejercicio de la facultad de atracción, cuando se trate de un asunto de trascendencia social, la cual deberá ejercerse obligatoriamente cuando exista una declaración de violaciones graves a derechos humanos; de los delitos del orden federal en los que se encuentren involucradas personas de algún pueblo o comunidad indígena y, en ejercicio de la facultad de atracción, cuando se trate de un asunto de trascendencia social; así como de intervenir con las unidades administrativas de la Institución en el trámite y seguimiento de las Quejas, Conciliaciones y Recomendaciones de la Comisión Nacional de los Derechos Humanos. Asimismo, brindar atención a las víctimas u ofendidos del delito y facilitar el acceso de la comunidad a los servicios requeridos por ésta, en el ámbito de competencia de la Fiscalía General, promoviendo acciones de coordinación con dependencias y entidades federales, estatales y municipales;

VII. A la Fiscalía Especializada en Delitos de Violencia Contra las Mujeres y Trata de Personas, la investigación y persecución de los delitos del orden federal previstos en: el Código Penal Federal, relativos a hechos de violencia contra las mujeres por su condición de género y a los cometidos contra niñas, niños y adolescentes que sean competencia de la Federación; y en la Ley General para Prevenir, Sancionar y Erradicar los Delitos en Materia de Trata de Personas y para la Protección y Asistencia a las Víctimas de estos Delitos;

VIII. A la Fiscalía Especializada de Asuntos Internos, las investigaciones y el ejercicio de la acción penal en delitos cometidos por personal adscrito a los órganos sustantivos y administrativos de la Institución; del registro, seguimiento, canalización y atención de los asuntos para su adecuado desahogo a través de la ventanilla única, así como de la realización y desarrollo de visitas de supervisión, investigación, revisión y control, de la actuación de las personas agentes del Ministerio Público de la Federación, personas agentes de la Policía Federal Ministerial, personas peritas, personas analistas, personas facilitadoras, personas técnicas y en general de las personas servidoras públicas de la Fiscalía General, de conformidad con los lineamientos técnico-jurídicos que emita, previo acuerdo con el Fiscal General;

IX. Las Fiscalías Especializadas tomarán medidas que privilegien la integridad y no fragmentación de los asuntos de su competencia, y

X. Cuando sea estrictamente necesario, para evitar la fragmentación de las investigaciones de su competencia, las Fiscalías Especializadas podrán conocer de los delitos que hayan sido cometidos por miembros de la delincuencia organizada. En estos casos, estarán facultadas para aplicar de manera excepcional las disposiciones de la Ley Federal contra la Delincuencia Organizada, y ejercer las facultades y técnicas de investigación que correspondan.

Artículo 14. La Agencia de Investigación Criminal, sin perjuicio de las facultades que se establezcan y desarrollen en el Estatuto orgánico, será la encargada de llevar a cabo la operación, investigación e inteligencia para la investigación y persecución de los delitos, así como de coordinar y asignar personas agentes de la Policía Federal Ministerial, personas peritas y personas analistas para el desarrollo de las investigaciones que formen parte de la Fiscalía General.

La Agencia de Investigación Criminal contará con una unidad administrativa encargada de diseñar, integrar e implementar sistemas y mecanismos de sistematización y análisis de la información relativa al fenómeno de la delincuencia nacional e internacional, cuyas facultades se desarrollarán en el Estatuto orgánico.

Artículo 15. El Órgano Especializado de Mecanismos Alternativos de Solución de Controversias, será el responsable de la aplicación de los principios, bases, requisitos y condiciones para la aplicación de los mecanismos alternativos de solución de controversias en materia penal en los términos de la Ley Nacional de Mecanismos Alternativos de Solución de Controversias en Materia Penal, así como de las facultades que se prevean en el Estatuto orgánico.

Artículo 16. La Oficialía Mayor, sin perjuicio de las facultades que se le desarrollen en el Estatuto orgánico, será la encargada de la administración y gestión de los recursos humanos, materiales y financieros, así como de la información administrativa institucional.

Artículo 17. El Instituto Nacional de Ciencias Penales será un órgano con personalidad jurídica y patrimonio propio, que gozará de autonomía técnica y de gestión, dentro del ámbito de la Fiscalía General, que se encargará de impartir educación superior, capacitación técnica y profesional, realizar investigación académica, científica y tecnológica, contribuir en la formulación de políticas públicas en materia de justicia penal y seguridad pública. Además, dicho Instituto podrá participar en la capacitación y formación ética y profesional de las personas servidoras públicas de la Fiscalía General y en los procesos de selección, ingreso y evaluación de las personas integrantes del servicio profesional de carrera.

El Instituto Nacional de Ciencias Penales estará facultado para expedir certificados de estudios, grados y títulos académicos, en términos de las disposiciones aplicables en la materia.

CAPÍTULO III
DE LA PERSONA TITULAR DE LA FISCALÍA GENERAL

Artículo 18. La estructura de la Fiscalía General estará sujeta a la autoridad jerárquica del Fiscal General, quien ejercerá ésta sobre el personal de las fiscalías, unidades y áreas que la integran y garantizará la independencia y autonomía de las funciones del Ministerio Público.

El nombramiento de la persona titular de la Fiscalía General se sujetará al procedimiento y requisitos previstos en el artículo 102, Apartado A, de la Constitución en el que se promoverán los principios de transparencia, publicidad, mérito, participación ciudadana, e igualdad y no discriminación.

Quienes aspiren a ocupar la titularidad de la Fiscalía General de la República deberán cumplir, como mínimo, los siguientes requisitos de elegibilidad:

I. Contar con la ciudadanía mexicana por nacimiento;

II. Tener cuando menos treinta y cinco años cumplidos el día de la designación;

III. Contar, con una antigüedad mínima de diez años, con título profesional de licenciatura en derecho;

IV. Gozar de buena reputación, y

V. No haber recibido sentencia condenatoria por delito doloso.

El nombramiento deberá recaer en aquella persona que haya servido con eficiencia, capacidad y probidad en la procuración o impartición de justicia, o que se haya distinguido por su honorabilidad, competencia y antecedentes profesionales en el ejercicio de la actividad jurídica.

La buena reputación, a la que se refiere el artículo 102, Apartado A, de la Constitución, está compuesta por dos elementos:

I. El Objetivo que se refiere a la calidad profesional relevante, trayectoria en el servicio público o en ejercicio de la actividad jurídica, y

II. El Subjetivo que se refiere a la honorabilidad, alta calidad técnica, compromiso con valores democráticos, independencia y reconocimiento social.

CAPÍTULO IV
DE LAS FACULTADES Y LAS OBLIGACIONES DE LA PERSONA TITULAR DE LA FISCALÍA GENERAL

Artículo 19. Son facultades de la persona titular de la Fiscalía General:

I. Dirigir y coordinar la política general de la Fiscalía General;

II. Vigilar y evaluar la operación de las unidades administrativas que integran la Fiscalía General;

III. Expedir el Estatuto orgánico y los demás acuerdos, circulares e instrumentos necesarios para la organización y funcionamiento de la Fiscalía General;

IV. Determinar la organización y funcionamiento de la Fiscalía General, creando las unidades administrativas que se requieran y adscribirlas orgánicamente;

V. Instruir el mecanismo para establecer las circunscripciones territoriales o regiones, la adscripción de las unidades administrativas, así como sus atribuciones y su integración, atendiendo a las necesidades del servicio y las cargas de trabajo de conformidad con lo previsto en el Plan Estratégico de Procuración de Justicia;

VI. Establecer o delegar facultades en las personas servidoras públicas de la Institución, según sea el caso, mediante disposiciones de carácter general o especial, sin perder la posibilidad de su ejercicio directo, salvo aquéllas que las leyes señalen como indelegables;

VII. Instruir la integración de unidades o equipos especiales para la investigación de casos;

VIII. Nombrar y remover a las personas titulares de las Fiscalías Especializadas, fiscalías o unidades administrativas de la Institución, salvo aquellas para las que la Constitución establece un procedimiento de nombramiento o remoción.

En este caso, cualquier persona de ciudadanía mexicana podrá aportar información fidedigna y relevante para el nombramiento de las personas titulares de Fiscalías Especializadas;

IX. Emitir los estatutos, acuerdos, protocolos, lineamientos, circulares, instructivos, bases, criterios, el manual de organización y procedimientos de la Fiscalía General, y demás disposiciones administrativas generales necesarias para el ejercicio de las facultades a cargo de las personas agentes del Ministerio Público de la Federación y de las personas servidoras públicas de la Fiscalía General;

X. Presidir la Junta de Gobierno del Instituto Nacional de Ciencias Penales;

XI. Nombrar a la persona titular del Instituto Nacional de Ciencias Penales;

XII. Representar a la Fiscalía General en las relaciones institucionales con autoridades federales y con los gobiernos de las entidades federativas y municipios, organismos públicos autónomos, así como órganos gubernamentales extranjeros u organismos internacionales;

XIII. Presidir la Conferencia Nacional de Procuración de Justicia;

XIV. Participar con absoluto respeto a su autonomía en las instancias de coordinación del Sistema Nacional de Seguridad Pública o de cualquier otro sistema u órgano colegiado donde las leyes prevean su participación, que sean compatibles con la naturaleza y atribuciones constitucionales de la Fiscalía General;

XV. Celebrar acuerdos, bases de colaboración, convenios y demás instrumentos jurídicos con autoridades federales y con los gobiernos de las entidades federativas y de los municipios, órganos públicos autónomos, así como con organizaciones de los sectores social y privado, en el ámbito de su competencia;

XVI. Celebrar acuerdos interinstitucionales vinculados con los fines de la Fiscalía General con órganos gubernamentales extranjeros u organismos internacionales, en términos de lo dispuesto en la Ley sobre la Celebración de Tratados y demás disposiciones aplicables;

XVII. Celebrar los convenios de colaboración para el adecuado funcionamiento del Mecanismo de Apoyo Exterior, en cumplimiento a los fines institucionales;

XVIII. Proponer y promover ante la persona titular del Ejecutivo Federal la suscripción de convenios, tratados, declaraciones o acuerdos internacionales en el ámbito de su competencia, y vinculados con los fines institucionales;

XIX. Ejercer la facultad de atracción en los términos que la Constitución y las leyes prevean;

XX. Determinar las políticas para la investigación y persecución penal en el ámbito federal;

XXI. Emitir las políticas y disposiciones generales para la aplicación de los criterios de oportunidad y del procedimiento abreviado, y autorizar su aplicación en los términos que prevea el Código Nacional;

XXII. Solicitar al órgano jurisdiccional federal competente la autorización para practicar la intervención de las comunicaciones privadas, en los términos de las disposiciones aplicables;

XXIII. Solicitar y recibir de las personas concesionarias de telecomunicaciones, así como de las personas autorizadas y personas proveedoras de servicios de aplicación y contenido, la localización geográfica en tiempo real de los equipos de comunicación móvil y los datos conservados, en los términos de las disposiciones aplicables;

XXIV. Emitir los protocolos que regulen las técnicas de investigación, de entrega vigilada y las operaciones encubiertas;

XXV. Autorizar la infiltración de personas agentes de la Policía Federal Ministerial para investigaciones, así como los actos de entrega vigilada y las operaciones encubiertas previstos en la ley y en los tratados internacionales ratificados por el Estado mexicano;

XXVI. Ordenar la implementación de los bancos de datos y sistemas de información para la generación de inteligencia necesaria a efecto de dar cumplimiento a las atribuciones constitucionales de la Fiscalía General y del Ministerio Público;

XXVII. Autorizar a la persona agente del Ministerio Público de la Federación solicitar a la autoridad judicial la cancelación de las órdenes de aprehensión, reaprehensión o comparecencia, en los términos que disponga el Código Nacional;

XXVIII. Autorizar el no ejercicio de la acción penal o, en su caso, el desistimiento de la misma, en los términos que disponga el Código Nacional;

XXIX. Autorizar a la persona agente del Ministerio Público de la Federación para que solicite al órgano jurisdiccional la sustitución de la prisión preventiva oficiosa por otra medida cautelar en los términos y forma que prevea el Código Nacional;

XXX. Autorizar la publicación del Plan Estratégico de Procuración de Justicia de conformidad con lo dispuesto en la presente Ley, los criterios generales y prioridades en la investigación de los delitos, así como en el ejercicio de la acción penal y de extinción de dominio;

XXXI. Coordinar a las unidades y órganos de la Fiscalía General en el suministro de información y asegurar su consolidación, consistencia, oportunidad, y confiabilidad para los fines de formulación de la política de persecución penal que establecerá el Plan Estratégico de Procuración de Justicia;

XXXII. Poner a consideración de las Cámaras del Congreso de la Unión proyectos de iniciativas de ley o de reformas constitucionales y legales que estén vinculadas con las materias que sean competencia de la Fiscalía General;

XXXIII. Vigilar, en representación de la sociedad, la observancia de la constitucionalidad y legalidad de las normas generales, actos u omisiones de la autoridad, en términos de lo dispuesto en los artículos 103, 105 y 107 de la Constitución y sus leyes reglamentarias.

En ejercicio de esta facultad intervendrá por sí o por conducto de las personas agentes del Ministerio Público de la Federación que al efecto designe, en términos de lo establecido por la Ley de Amparo, Reglamentaria de los artículos 103 y 107 de la Constitución Política de los Estados Unidos Mexicanos;

XXXIV. Denunciar la contradicción de criterios en términos de lo dispuesto en la Ley de Amparo, Reglamentaria de los artículos 103 y 107 de la Constitución Política de los Estados Unidos Mexicanos, en asuntos en materia penal y procesal penal, así como en los relacionados con el ámbito de sus funciones;

XXXV. Tener a su cargo la Unidad Especial de Género y Violencia Contra la Mujer, que tendrá como objetivo la institucionalización de la perspectiva y transversalidad de género en todas las áreas de la Fiscalía, a través de la incorporación del enfoque de igualdad y no discriminación a la cultura institucional a través del diseño, planeación, presupuesto, ejecución y evaluación de las políticas de la Fiscalía y será responsable de coordinar y gestionar acciones con todas las áreas de la Fiscalía General de la República, para incorporar en su actuación, los principios rectores de la igualdad sustantiva y de oportunidades entre mujeres y hombres;

XXXVI. Promover las controversias constitucionales cuando:

a) Se suscite un conflicto con otro órgano constitucional autónomo o con los Poderes Ejecutivo o Legislativo de la Unión, sobre la constitucionalidad de sus actos o disposiciones generales, y

b) En su carácter de parte permanente en su caso, formulará opinión en los juicios de controversia constitucional, así como en los juicios sobre el cumplimiento de convenios de coordinación fiscal o los derivados de la Ley de Planeación cuando el asunto, a su juicio, así lo amerite;

XXXVII. Promover las acciones de inconstitucionalidad, en los siguientes supuestos:

a) Respecto de leyes federales y de las entidades federativas, en materia penal y procesal penal, así como las relacionadas con el ámbito de sus funciones, en términos de la ley de la materia, y

b) Para formular el pedimento que corresponda, en las acciones de inconstitucionalidad promovidas por otros sujetos legitimados;

XXXVIII. Solicitar a la Suprema Corte de Justicia de la Nación que ejerza la facultad de atracción para conocer de:

a) Los recursos de apelación en contra de sentencias de órganos jurisdiccionales competentes en los juicios en que intervenga el Ministerio Público y que por su interés y trascendencia así lo ameriten, y

b) Los amparos directos o en revisión, así como en el caso de los demás recursos e incidentes previstos en la ley de la materia que revistan las características de interés y trascendencia, conforme a lo dispuesto en la Ley de

Amparo, Reglamentaria de los artículos 103 y 107 de la Constitución Política de los Estados Unidos Mexicanos;

XXXIX. Promover acciones colectivas;

XL. Aprobar el proyecto de Presupuesto de Egresos de la Fiscalía General;

XLI. Presentar a la Secretaría de Hacienda y Crédito Público el Presupuesto de Egresos de la Fiscalía General, de conformidad con las disposiciones jurídicas aplicables;

XLII. Emitir las disposiciones normativas relativas a obra pública, administración, adquisición, control, arrendamiento, enajenación de bienes y contratación de servicios, así como en materia de programación, presupuestación, aprobación, ejercicio, control y evaluación de los ingresos y egresos públicos federales que formen parte de su patrimonio, en términos de lo previsto en la legislación aplicable;

XLIII. Establecer los criterios generales en materia de recursos humanos, condiciones generales de trabajo, así como para la fijación de los tabuladores y remuneraciones de las personas servidoras públicas de la Fiscalía General en términos de la legislación aplicable;

XLIV. Otorgar estímulos por productividad o desempeño a las personas servidoras públicas, así como en los términos de la Ley de Premios, Estímulos y Recompensas Civiles;

XLV. Designar de manera especial, cuando las necesidades de la función lo requieran, a las personas agentes del Ministerio Público de la Federación, personas agentes de la Policía Federal Ministerial, personas peritas, personas analistas y personas facilitadoras;

XLVI. Aprobar e implementar protocolos de actuación para la investigación de delitos con perspectivas de derechos humanos, género y protección integral de los derechos de la niñez;

XLVII. Diseñar estrategias para lograr la efectiva reparación del daño a las personas víctimas del delito, así como para brindarles apoyo integral en coordinación con las autoridades competentes en la materia;

XLVIII. Crear comisiones especiales, de carácter temporal que gozarán de autonomía técnica y de gestión, para colaborar en las investigaciones de fenómenos delictivos de orden federal, que debido a su contexto, a juicio de la persona titular de la Fiscalía General, amerite su creación, entre los que se incluyan aquellos que atenten contra la dignidad humana o grupos de personas por razones de origen o pertenencia a grupos étnicos o nacionales, raza, discapacidad, lengua, género, sexo, identidad o preferencia (sic) sexuales o condición de género, edad, estado civil, condición educativa, social o económica, condición de salud, embarazo, creencias religiosas, opiniones políticas o de cualquier otra similar.

Las Comisiones Especiales tendrán como enfoque el acceso a la verdad, la justicia, la reparación integral y la garantía de no repetición;

XLIX. Participar en el sistema de atención a las personas víctimas y personas ofendidas por la comisión de delitos competencia de la Fiscalía General, así como los demás sistemas nacionales que establezcan las leyes que determinen su participación;

L. Instruir el otorgamiento de recompensas en numerario, en un sólo pago o en exhibiciones periódicas, a aquellas personas que aporten información útil relacionada con las investigaciones que se realicen, así como a aquéllas que colaboren en la localización y detención de personas imputadas por la comisión de hechos que la ley señala como delito, en los términos y condiciones que se determinen en el Estatuto orgánico, y

LI. Las demás que prevean otras leyes, las cuales deberán ser compatibles con las atribuciones constitucionales de la Fiscalía General.

La persona titular de la Fiscalía General ejercerá sus facultades por sí o por conducto de las personas titulares de las Fiscalías Especializadas, fiscalías o unidades administrativas de la Institución.

Artículo 20. Son atribuciones indelegables de la persona titular de la Fiscalía General:

I. Las previstas en las fracciones I, III, IV, VI, IX, XI, XVI, XVIII, XXX, XXXII, XXXVI, inciso a), XXXVII, inciso a), XXXVIII, XL y XLVIII del artículo precedente;

II. Comparecer ante cualquiera de las Cámaras del Congreso de la Unión en los casos y bajo las condiciones que establecen los artículos 93, segundo párrafo y 102, Apartado A, párrafo séptimo, de la Constitución, de conformidad con lo dispuesto en esta Ley;

III. Remitir anualmente, en la apertura del segundo periodo ordinario de sesiones del Congreso de la Unión, a las Cámaras de Senadores y Diputados y a la persona titular del Ejecutivo Federal el informe de actividades a que se refiere el artículo 102, Apartado A, párrafo séptimo, de la Constitución.

El Senado de la República podrá solicitar a la persona titular de la Fiscalía General, dentro de los quince días naturales siguientes a la presentación del informe, datos adicionales, los cuales deberán remitirse dentro de los quince días naturales siguientes a la fecha de la notificación del requerimiento.

El Senado de la República tendrá máximo sesenta días naturales para la emisión del dictamen correspondiente sobre el informe, en caso de que esto no suceda en el plazo estipulado, se enlistará para su presentación y votación en el pleno en la primera sesión después de haber fenecido el plazo.

El informe anual deberá incluir los ejercicios o desistimientos de la acción penal y de la acción de extinción de dominio; asuntos remitidos al archivo temporal; la abstención de investigar, la aplicación de criterios de oportunidad, y las solicitudes de suspensión condicional del proceso, y

IV. Las demás que se prevean, con tal carácter, en otras disposiciones legales aplicables en el ámbito de las atribuciones constitucionales de la persona titular de la Fiscalía General.

En los supuestos anteriores, en el caso de registros de investigación estrictamente reservados en términos del artículo 218 del Código Nacional se aplicará lo que señala dicha legislación; información o datos que pongan en riesgo alguna investigación o proceso penal; o, se encuentre sujeta a reserva, secreto o confidencialidad, las personas que reciban la información deberán resguardarla con la reserva o confidencialidad que amerite el caso.

CAPÍTULO V
DE LA SUPLENCIA Y REPRESENTACIÓN

Artículo 21. La persona titular de la Fiscalía General será suplida en sus excusas, ausencias o faltas temporales por la persona titular de la Fiscalía Especializada de Control Competencial, en los términos que disponga el Estatuto orgánico, quien deberá cumplir con los requisitos establecidos para ser persona titular de la Fiscalía General.

En caso de ausencia definitiva, la titularidad de la Fiscalía General será ocupada temporalmente por la persona titular de la Fiscalía Especializada de Control Competencial, quien deberá notificar al Senado de la República a efectos de que proceda conforme al párrafo tercero del artículo 102, Apartado A, de la Constitución.

Las funciones de las personas titulares de las Fiscalías Especializadas, fiscalías o unidades administrativas de la Institución, durante sus ausencias temporales o definitivas, se llevarán a cabo por la persona servidora pública de la jerarquía inmediata inferior que corresponda conforme a la naturaleza de los asuntos de que se trate, salvo determinación de la persona titular de la Fiscalía General. Para tal efecto, la persona servidora pública suplente podrá ejercer todas las facultades y responsabilidades inherentes al cargo de quien suple.

Artículo 22. Sin perjuicio de lo dispuesto por el artículo 111 de la Constitución y por la Ley General de Responsabilidades Administrativas, en caso de que se impute algún delito a la persona titular de la Fiscalía General, se procederá de la siguiente manera:

I. La persona servidora pública a quien corresponda actuar como suplente de la persona titular de la Fiscalía General, de conformidad con esta Ley y su Estatuto orgánico, conocerá de la denuncia y se hará cargo de la investigación respectiva, y

II. La persona servidora pública suplente de la persona titular de la Fiscalía General resolverá sobre el inicio del procedimiento para la declaración de procedencia ante la Cámara de Diputados.

Artículo 23. La persona titular de la Fiscalía General contará con representación, ante las autoridades judiciales, administrativas y del trabajo, a través de la persona servidora pública que autorice o por las personas agentes del Ministerio Público de la Federación que establezca el Estatuto orgánico o determine para el caso concreto.

CAPÍTULO VI
REMOCIÓN DE LA PERSONA TITULAR DE LA FISCALÍA GENERAL POR CAUSA GRAVE

Artículo 24. La persona titular de la Fiscalía General sólo podrá ser removida por la persona titular del Ejecutivo Federal por incurrir en alguna de las causas graves contempladas en el Capítulo II del Título Tercero de la Ley General de Responsabilidades Administrativas o por la comisión de uno o más delitos que ameriten prisión preventiva oficiosa en términos del artículo 19 de la Constitución y 167 del Código Nacional o por los supuestos siguientes:

I. Perder la ciudadanía mexicana, en los términos que establece el artículo 37 de la Constitución;

II. Adquirir incapacidad total o permanente que impida el correcto ejercicio de sus funciones durante más de seis meses, dictaminada por el Instituto de Seguridad y Servicios Sociales de los Trabajadores del Estado, o

III. Cometer violaciones graves a la Constitución.

La persona titular del Ejecutivo Federal deberá acreditar ante el Senado de la República la causa grave que motivó la remoción de la persona titular de la Fiscalía General, e informar al Senado de la República, quien decidirá si objeta por el voto de la mayoría de los miembros presentes de la Cámara de Senadores dentro de un plazo de diez días hábiles, en términos del artículo 102, Apartado A, párrafo tercero, fracciones IV y V de la Constitución, sin perjuicio de lo previsto en los artículos 110 y 111 de la misma. Si el Senado de la República no se pronuncia al respecto, se entenderá que no existe objeción.

En caso de nombramiento o remoción de las personas titulares de las Fiscalías Especializadas en materia de delitos electorales y de combate a la corrupción, a que se refiere el párrafo quinto, del artículo 102, Apartado A, de la Constitución, se contará con un plazo de veinte días para su objeción. En caso de no hacerlo en ese término, se entenderá que no se tiene objeción.

El proceso de remoción de la persona titular de la Fiscalía General, así como el de las personas titulares de las Fiscalías Especializadas en materia de delitos electorales y de combate a la corrupción, deberá respetar en todo momento el derecho de audiencia y debido proceso.

La renuncia de la persona titular de la Fiscalía General será sometida para su aceptación y aprobación del Senado de la República, por mayoría simple de las personas integrantes presentes.

Dicha renuncia solamente procederá por la causa grave así calificada por el Senado de la República.

CAPÍTULO VII
UNIDADES ESPECIALIZADAS

Artículo 25. Además de las previstas en el artículo 11 de esta Ley, la persona titular de la Fiscalía General podrá crear unidades encargadas de la investigación de casos, delitos y fenómenos delictivos de orden federal, las que, en su caso, podrán contar con áreas de servicio que brinden apoyo en las tareas que realiza la Fiscalía General, siempre que sus funciones no dupliquen las de otra fiscalía o unidad, de conformidad con lo previsto en el Plan Estratégico de Procuración de Justicia.

Se entenderá que las unidades a que se refiere el artículo 11 cuentan con autonomía técnica y de gestión en cuanto a su funcionamiento interior, durante la investigación y en todas las etapas del proceso emitirán sus resoluciones de forma independiente y autónoma, pero estarán sujetas en todo momento en su estructura orgánica a la jerarquía institucional y facultades legales y normativas de cada unidad de la Fiscalía General, por lo que deberán sujetarse a todas y cada una de las obligaciones de las personas servidoras públicas de la Fiscalía General sin excepción, incluido el cumplimiento del régimen de control y confianza.

Artículo 26. Las personas titulares de las unidades administrativas de la Fiscalía General serán nombradas y removidas de conformidad con los requisitos que establezcan las leyes aplicables y el Estatuto orgánico.

Artículo 27. El Estatuto orgánico, los acuerdos, así como aquellas disposiciones por las que se deleguen facultades de la persona titular de la Fiscalía General o cualquier otro acto que requiera de publicidad, se difundirán en el Diario Oficial de la Federación de manera gratuita.

Las demás disposiciones normativas de carácter general serán obligatorias para todas las personas servidoras públicas de la Fiscalía General, las cuales se publicarán en el medio de difusión oficial interno que establezca el Estatuto orgánico.

CAPÍTULO VIII
MODELO DE GESTIÓN

Artículo 28. La Fiscalía General, para el desempeño de sus funciones de operación sustantiva, definirá las políticas de persecución penal que se desarrollarán en las unidades de investigación y litigación, cuya competencia, distribución, dimensiones, recursos y temporalidad se ajustarán a lo que disponga el Estatuto orgánico, y demás ordenamientos normativos, tomando en cuenta los principios reconocidos por la Ley.

Para estos efectos, definirá un modelo de gestión diferenciado para la atención de casos de baja y alta complejidad con base en la política de priorización.

Artículo 29. Las personas agentes del Ministerio Público de la Federación ejercerán sus funciones individualmente e integrados, en su caso, a equipos o unidades de investigación y litigación encargados del desarrollo de las investigaciones y el ejercicio de la acción penal y la de extinción de dominio, conforme lo que disponga el Estatuto orgánico, y demás ordenamientos normativos.

Los equipos de investigación y litigación tienen como función organizar, gestionar y aplicar la estrategia de persecución penal de la Fiscalía General de forma flexible y eficiente para el esclarecimiento de los hechos, desarrollarán las investigaciones conforme a planes de investigación congruentes, con el apoyo de análisis de contexto, que permitan la pronta determinación de los asuntos o su judicialización, cuando las circunstancias del caso así lo ameriten; fomentarán en todo momento la aplicación de soluciones alternas y formas de terminación anticipada, privilegiarán la celeridad y calidad del trabajo y la mejor solución del conflicto penal mediante el trabajo colaborativo de sus personas integrantes.

Los equipos de investigación y litigación se integrarán en fiscalías especiales o unidades de investigación y litigación, las cuales tendrán las competencias que determine el Estatuto orgánico.

Se podrán conformar equipos o unidades mixtas de investigación y litigación con personas integrantes de distintas unidades de la Fiscalía General, así como con personal de otras fiscalías o procuradurías de las entidades federativas a través de acuerdos de colaboración institucional, para el desarrollo de investigaciones y el ejercicio de la acción penal en el ámbito de sus competencias, cuando exista concurrencia de fenómenos delictivos. En todos los casos se cuidará la integridad y no fragmentación de las investigaciones.

La distribución de competencias entre las unidades administrativas en todo momento evitará la fragmentación de las investigaciones.

Las investigaciones se llevarán de manera que permitan construir casos complejos o transversales, aun cuando no se identifique a la persona imputada o no se reúnan los elementos para el ejercicio de la acción penal.

Se podrán conformar unidades de casos transversales integradas con personas agentes del Ministerio Público de la Federación, personas agentes de la Policía Federal Ministerial y personas analistas para el desarrollo de estas investigaciones y el ejercicio de la acción penal en el ámbito de sus competencias.

Aún en los casos de no ejercicio de la acción penal o archivo temporal del asunto, se deberán vincular los datos de las investigaciones para integrar investigaciones de casos complejos o transversales que permitan esclarecer hechos recurrentes, relacionados con formas de actuación similar, y efectuar el análisis sobre fenómenos criminales recurrentes o grupos o mercados criminales.

Artículo 30. Para el cumplimiento de sus funciones la Fiscalía General contará con una ventanilla única que registrará y dará seguimiento a la calidad del registro, canalización y atención de los asuntos para su adecuado desahogo y atención, conforme a un modelo de gestión, sujeto a un proceso de mejora continua a través de la política de priorización que contenga el Plan Estratégico de Procuración de Justicia y de la normativa que la Fiscalía General emita, y que aplicará en sus diversas unidades administrativas.

CAPÍTULO IX
EVALUACIÓN DE RESULTADOS

Artículo 31. La Fiscalía General contará con un sistema institucional de evaluación de resultados, el cual deberá integrar los procesos de captura y recopilación de los datos generados por el trámite y seguimiento derivado del ejercicio de las facultades del Ministerio Público, sus auxiliares y las unidades de apoyo, a efecto de coordinar y dirigir la integración, producción, administración, conservación y difusión de la información relacionada con la investigación, judicialización y litigación de los casos y demás procesos institucionales, de conformidad con lo dispuesto en el Estatuto orgánico.

El sistema institucional de evaluación de resultados deberá generar productos para el análisis de las actividades institucionales, indicadores de desempeño, identificar necesidades institucionales y productos estadísticos, orientados a la formulación, seguimiento, evaluación y replanteamiento del Plan Estratégico de Procuración de Justicia, así como a la toma de decisiones y la mejora continua de la procuración de justicia.

De igual forma, a través del sistema institucional de evaluación de resultados se realizará la planeación, determinación y administración de los sistemas y recursos tecnológicos, estableciendo un sistema de gobierno de la información útil para la investigación, inteligencia, desarrollo de estrategias tácticas y operativas y decisiones administrativas, garantizando la calidad de la información y la seguridad en su conservación y transmisión.

CAPÍTULO X
ORGANIZACIÓN REGIONAL

Artículo 32. La Fiscalía General contará con un sistema de coordinación regional, por conducto de unidades que ejercerán sus funciones en las circunscripciones territoriales o regiones que se establezcan por necesidades del servicio, tanto para la atención de los asuntos de su competencia, como para la coordinación y colaboración con el resto de las unidades que la integran.

Las unidades de la Fiscalía General que ejerzan sus funciones en las circunscripciones territoriales o regiones dependerán administrativamente del área central competente, y se coordinarán y articularán con ella y con las unidades centrales que sean necesarias a efecto de garantizar su unidad de actuación, la coordinación institucional y la eficiencia del Ministerio Público. El modelo de gestión privilegiará la concentración de los asuntos relevantes en las unidades centrales especializadas, conforme a lo que disponga el Estatuto orgánico.

TÍTULO III
COLABORACIÓN CON EL MINISTERIO PÚBLICO Y LA COORDINACIÓN INTERINSTITUCIONAL

CAPÍTULO I
COLABORACIÓN E INTERCAMBIO DE INFORMACIÓN

Artículo 33. De conformidad con lo dispuesto en los artículos 21 y 102, Apartado A, de la Constitución y el Código Nacional, los órganos constitucionales autónomos, las dependencias y entidades de la Administración Pública Federal y sus homólogos de las entidades federativas, las entidades paraestatales, organismos públicos descentralizados, las empresas de participación estatal mayoritaria, los fideicomisos públicos que tengan el carácter de entidad paraestatal, y otras dependencias de la Administración Pública Federal; los órganos, dependencias, entidades e instituciones de las entidades federativas y de gobierno, en su respectivo ámbito de competencia, así como las personas particulares que realicen actos equivalentes a los de autoridad de conformidad con una norma de carácter general, deberán brindar de inmediato la colaboración, apoyo y auxilio que solicite, de manera debidamente fundada y motivada, la persona agente del Ministerio Público de la Federación o sus auxiliares para el debido ejercicio de sus funciones.

La persona agente del Ministerio Público de la Federación podrá solicitar a las personas particulares informes, documentos, así como las conductas que correspondan, conforme a las formalidades previstas en la Constitución y el Código Nacional, así como el auxilio a otra autoridad de las entidades públicas para llevar a cabo la investigación y/o el acto judicial, siempre que dicha solicitud sea realizada de manera fundada y motivada. De igual forma, podrá solicitar el auxilio de personas particulares, conforme a las formalidades previstas en el Código Nacional y las leyes que regulan los actos de autoridad.

De igual manera, todas las autoridades y las personas particulares que actúen en auxilio de las acciones previstas en el párrafo anterior serán corresponsables de las actuaciones y diligencias que formen parte de la investigación, procedimiento penal o juicio de extinción de dominio, por lo que, en su caso, deberán comparecer ante las autoridades competentes y rendir los informes en los términos que establezcan las leyes.

El incumplimiento por parte de las personas servidoras públicas de los órganos, dependencias, entidades e instituciones de los tres órdenes de gobierno a lo dispuesto en el presente artículo dará lugar al requerimiento por parte de la persona agente del Ministerio Público de la Federación al superior jerárquico de aquéllos, para que se dé inicio a los procedimientos de responsabilidades o disciplinarios y se impongan las sanciones que correspondan, sin perjuicio de la responsabilidad penal que resulte.

Artículo 34. Los órganos constitucionales autónomos, las dependencias y entidades de la Administración Pública Federal, las entidades paraestatales, organismos públicos descentralizados, las empresas de participación estatal mayoritaria, los fideicomisos públicos que tengan el carácter de entidad paraestatal, y otras dependencias de la Administración Pública Federal; los órganos, dependencias, entidades e instituciones de las entidades federativas y de gobierno que por sus funciones o actividades tengan registros, bases de datos, información o documentación, aun cuando tengan el carácter de reservado o confidencial, que sea útil para la investigación y persecución de los delitos, deberán cumplir de inmediato con las solicitudes debidamente fundadas y motivadas, que les sean formuladas por la persona agente del Ministerio Público de la Federación o sus auxiliares para el debido ejercicio de sus funciones, de conformidad con lo dispuesto en los artículos 21 y 102, Apartado A, de la Constitución, el Código Nacional y las leyes que regulan los actos de autoridad. En estos casos, se entregará al requirente la información solicitada sin que pueda argumentarse su reserva o confidencialidad, estando obligada la persona agente del Ministerio Público de la Federación a mantener dicha clasificación previa.

Durante la investigación y el procedimiento penal y el juicio de extinción de dominio la persona agente del Ministerio Público de la Federación y sus auxiliares conservarán el secreto, la reserva y confidencialidad de la información que le sea proporcionada de conformidad con el párrafo anterior, en los términos que prevea la legislación aplicable.

Artículo 35. Las personas particulares deberán colaborar con la persona agente del Ministerio Público de la Federación y sus auxiliares, proporcionando todos los datos, información y documentación con la que cuenten de conformidad con lo dispuesto por los artículos 21 y 102, Apartado A, de la Constitución, así como lo dispuesto en el Código Nacional, la persona que no lo haga incurrirá en la responsabilidad establecida en la Constitución, esta Ley y los demás ordenamientos aplicables.

Artículo 36. La Fiscalía General de conformidad con las competencias y autonomía que le confiere la Constitución y las autoridades a que se refiere el artículo 34 de esta Ley, se coordinarán y colaborarán dentro del ámbito de sus competencias y autonomías constitucionales para el debido cumplimiento de sus respectivas facultades.

Artículo 37. Las personas servidoras públicas que contravengan lo dispuesto en el presente Capítulo serán, en su caso, sujetas de responsabilidad administrativa, penal, o cualquier otra que corresponda.

CAPÍTULO II
SISTEMA DE COORDINACIÓN INTERINSTITUCIONAL

Artículo 38. La Fiscalía General diseñará, construirá y administrará un sistema informático nacional interoperable, alimentado en conjunto con las procuradurías y fiscalías de las entidades federativas del país, con el propósito de compartir información sobre datos existentes en las investigaciones, fenómenos y mercados criminales, características delictivas relevantes, incidencia, reincidencia, resoluciones y criterios relevantes, sanciones, reparación del daño y casos de éxito; así como toda la información relativa a registros y análisis de perfiles genéticos de personas, vestigios biológicos, huellas de individuos, huella balística, análisis de voz, sistemas biométricos, de vehículos y otros elementos relacionados con hechos delictivos, para la investigación.

Todos los entes públicos, deberán poner a disposición de la Fiscalía General la información con la que cuenten en el ámbito de sus atribuciones, que pueda resultar útil para el ejercicio de las investigaciones y persecución de los delitos, con el señalamiento de la clasificación de la información que corresponda o datos de que se trate, de conformidad con la legislación procesal penal que resulta aplicable al caso.

El sistema a que se refiere este artículo servirá para definir políticas en materia de procuración de justicia y estrategias para el combate al delito, por lo que las autoridades que cuenten con información deberán realizar la alimentación de datos de manera fidedigna, periódica y eficaz.

La información a que se refieren los Capítulos I y II de este Título será reservada cuando afecte los derechos humanos de las partes en el proceso penal o sea un obstáculo para las investigaciones, por lo que, en ese caso, únicamente será consultada, revisada o transmitida para los fines y propósitos del ejercicio de las facultades constitucionales de la Fiscalía General y la investigación y persecución de los delitos, salvo aquella de carácter estadístico que será pública. El derecho a la protección en los casos enunciados, de los datos personales contenidos en las bases de datos se regirá y limitará conforme a lo dispuesto en la Ley General de Protección de Datos Personales en Posesión de Sujetos Obligados, por razones de seguridad nacional, seguridad pública, para la prevención, investigación o persecución de los delitos, para proteger los derechos de terceros y de las partes en el proceso penal.

TÍTULO IV
PERSONAS SERVIDORAS PÚBLICAS DE LA FISCALÍA GENERAL

CAPÍTULO I
PERSONAS SERVIDORAS PÚBLICAS DE LA FISCALÍA GENERAL

Artículo 39. La Fiscalía General contará con personal directivo y de mando, personas agentes del Ministerio Público de la Federación, personas agentes de la Policía Federal Ministerial, personas peritas, personas analistas y personas facilitadoras, así como personas servidoras públicas especializadas, profesionales, técnicas y administrativas necesarias para la realización de sus funciones previstas en las disposiciones legales aplicables.

Tendrán el carácter de personas agentes del Ministerio Público de la Federación las personas titulares de las Fiscalías Especializadas, fiscalías o unidades administrativas de la Institución, que tengan bajo su mando personas agentes del Ministerio Público de la Federación, por la naturaleza de las funciones que deban ejercer.

CAPÍTULO II
PERSONAS AGENTES DEL MINISTERIO PÚBLICO DE LA FEDERACIÓN

Artículo 40. Son facultades de las personas agentes del Ministerio Público de la Federación las siguientes:

I. Investigar y perseguir los delitos del orden federal;

II. Promover la pronta, expedita y debida procuración de justicia;

III. Recibir denuncias o querellas sobre acciones u omisiones que puedan constituir delito;

IV. Iniciar con eficiencia, puntualidad y eficacia la investigación que corresponda conforme a lo dispuesto por el artículo 131, fracción V, del Código Nacional, cuando tenga conocimiento de la existencia de un hecho que la ley señale como delito;

V. Investigar y perseguir los delitos del fuero común respecto de los cuales se haya ejercitado la facultad de atracción, en los términos de las disposiciones aplicables;

VI. Determinar la procedencia de la detención de las personas imputadas por la comisión de hechos que la ley señale como delito, en los términos previstos por el artículo 16 de la Constitución, procediendo en consecuencia;

VII. Realizar el aseguramiento y registro de bienes de conformidad con las disposiciones aplicables;

VIII. Participar en todas las etapas del procedimiento penal, desde la investigación inicial hasta que se dicte sentencia, conforme a lo previsto en el Código Nacional;

IX. Impugnar, en los términos previstos por la presente Ley y demás disposiciones legales aplicables, las resoluciones judiciales;

X. Informar a la persona víctima o a la persona ofendida del delito, desde el momento en que se presente o comparezca ante él, los derechos que le otorga la Constitución, la Ley General de Víctimas, el Código Nacional y las demás disposiciones legales aplicables, así como sus alcances, incluyendo el derecho de designar a la persona asesora jurídica;

XI. Garantizar en toda la investigación y el proceso penal los derechos de las personas víctimas establecidos en la Constitución, la Ley General de Víctimas, el Código Nacional y en las leyes aplicables. Para lo cual tendrá las siguientes obligaciones:

a) Recibir las propuestas de líneas de investigación que les formulen las personas víctimas y sus personas asesoras y tomarlas en consideración en la generación o modificación de planes de investigación y la práctica de diligencias específicas que las involucren;

b) Dar acceso a los registros y proporcionar copia gratuita de estos en forma física o magnética solicitadas por las personas víctimas y sus personas representantes, con relación a los casos, para facilitar su conocimiento y participación en los mismos, de conformidad con el Código Nacional de Procedimientos Penales y las disposiciones legales aplicables;

c) Garantizar el derecho de las personas víctimas y sus personas representantes, a presentar peritajes independientes, facilitando para ello el acceso a los registros que obren en las carpetas de investigación que sean necesarios para la emisión de los dictámenes;

d) Garantizar a las víctimas la protección y asistencia a la que tienen derecho, por parte de las entidades públicas o privadas que correspondan, de conformidad con la presente Ley y demás disposiciones aplicables;

e) Garantizar a las personas víctimas o sus familiares, la consulta de la información genética de sus familiares resguardada en las bases de datos que conforman el Banco Nacional de Datos Forenses, para la identificación de cuerpos o restos humanos, en el caso de personas desaparecidas, de conformidad con lo que establezcan los Lineamientos Generales en esta materia;

f) Garantizar la perspectiva de género, de interculturalidad, de niñez y adolescencia, así como el enfoque diferencial y especializado en la investigación y ejercicio de la acción penal, de acuerdo a las condiciones específicas de las personas víctimas, y

g) Garantizar a las personas víctimas que lo requieran, intérprete y traductor, por sí o en coordinación con otras entidades públicas privadas o personas en lo individual;

XII. Dictar medidas de protección especial a favor de las personas víctimas para la salvaguarda de sus derechos o bienes jurídicos, en el marco de la Constitución, la Ley General de Víctimas, el Código Nacional y las demás disposiciones legales aplicables, por sí o en coordinación con otras entidades públicas o privadas;

XIII. Ejercer la conducción y mando de las Policías en la investigación de los delitos, en los términos previstos en el artículo 21 de la Constitución;

XIV. Intervenir como parte en el juicio de amparo, en los términos previstos por el artículo 107 Constitucional y en los casos previstos en la Ley de Amparo, Reglamentaria de los artículos 103 y 107 de la Constitución Política de los Estados Unidos Mexicanos;

XV. Dictar sin demora la orden de búsqueda y localización de personas desaparecidas cuando reciba denuncia de la probable comisión de un delito relacionado con esos hechos;

XVI. Ordenar y coordinar la realización de los actos de investigación; la recolección de indicios y medios de prueba para el esclarecimiento del hecho delictivo; supervisar la aplicación y ejecución de las medidas necesarias para impedir que se pierdan, destruyan o alteren los indicios, una vez que tenga noticia del mismo, así como cerciorarse de que se ha cumplido con la normatividad para su preservación y procesamiento;

XVII. Instruir a las Policías sobre la legalidad, pertinencia, suficiencia y contundencia de los indicios recolectados o por recolectar;

XVIII. Requerir de forma debidamente fundada y motivada informes, documentos, opiniones y datos de prueba en general, a autoridades de los tres órdenes de gobierno, entes autónomos constitucionales y a particulares, así como solicitar la práctica de peritajes y de diligencias para la obtención de medios de prueba, para el debido ejercicio de sus facultades de investigación, estableciendo las sanciones correspondientes en caso de incumplimiento;

XIX. Acceder, de conformidad con la legislación aplicable a la información, documentos, registros físicos y electrónicos en poder de las instituciones públicas y privadas;

XX. Solicitar al órgano jurisdiccional la autorización de actos de investigación y demás actuaciones que así lo requieran las leyes aplicables;

XXI. Informar y facilitar a las personas víctimas de nacionalidad extranjera el ejercicio del derecho a recibir asistencia consular por las embajadas o consulados, y comunicar sin demora esos hechos a dichas representaciones diplomáticas; con independencia de la asistencia y protección que les brinde las disposiciones jurídicas aplicables;

XXII. Dictar las medidas necesarias para que la persona imputada reciba atención médica o psicológica de emergencia y demás medidas de protección idóneas para su seguridad, así como asegurar su cumplimiento, de conformidad con las disposiciones jurídicas aplicables;

XXIII. Dictar las medidas necesarias que permitan garantizar la reparación del daño para la persona víctima o la persona ofendida;

XXIV. Determinar la investigación, a través del ejercicio o desistimiento de la acción penal o de la acción de extinción de dominio, así como ordenar el archivo temporal, aplicar la abstención de investigar, algún criterio de oportunidad o solicitar la suspensión condicional del proceso de conformidad con lo dispuesto en esta Ley y la legislación aplicable;

XXV. Solicitar la cancelación de órdenes de aprehensión, reaprehensión o comparecencia, así como la reclasificación de la conducta o hecho por los cuales se haya ejercido la acción penal previa autorización de la persona titular de la Fiscalía General o de la persona servidora pública en quien delegue esta facultad;

XXVI. Promover la aplicación de mecanismos alternativos de solución de controversias, soluciones alternas y de formas anticipadas de terminación del proceso penal en los términos de la legislación aplicable y con base en los lineamientos institucionales que al efecto establezca la Fiscalía General;

XXVII. Solicitar las providencias precautorias y medidas cautelares aplicables a la persona imputada en el proceso, y promover su cumplimiento;

XXVIII. Solicitar al órgano jurisdiccional la sustitución de la prisión preventiva oficiosa por otra medida cautelar, previa autorización de la persona titular de la Fiscalía General o de la persona servidora pública en quien delegue esta facultad;

XXIX. Presentar la acusación contra la persona imputada ante la autoridad judicial competente, y en general, promover lo conducente al desarrollo de los procesos y ejercer las demás atribuciones que le señalen las leyes aplicables;

XXX. Solicitar a la autoridad judicial la imposición de las penas, así como las medidas de seguridad que en su caso correspondan;

XXXI. Intervenir en el procedimiento de ejecución de las sanciones penales y medidas de seguridad en los términos de las disposiciones legales aplicables;

XXXII. Intervenir en la extradición, entrega o traslado de personas imputadas, procesadas o sentenciadas, en los términos de las disposiciones aplicables, así como en cumplimiento de los tratados internacionales en que el Estado mexicano sea parte;

XXXIII. Solicitar y, en su caso, proporcionar la asistencia jurídica internacional que le sea requerida de conformidad con los tratados internacionales en los que el Estado mexicano sea parte y lo dispuesto en la legislación aplicable;

XXXIV. Realizar las funciones a que se refiere el artículo 18 de la Constitución, respecto de las personas menores de dieciocho años que hubieren incurrido en acciones u omisiones que la ley señale como delitos, competencia de la persona agente del Ministerio Público de la Federación;

XXXV. Llevar a cabo las diligencias correspondientes para comprobar la edad de la persona adolescente;

XXXVI. Velar por el respeto y cumplimiento de los derechos humanos de la persona adolescente;

XXXVII. Garantizar que, desde el momento en que sea puesta a su disposición, la persona adolescente se encuentre en un lugar adecuado a su condición de persona en desarrollo;

XXXVIII. Informar a la persona adolescente, desde el momento en que sea puesta a su disposición, sobre su derecho a nombrar a una persona defensora y, en caso de no contar con una, requerir de forma inmediata a la Defensoría Pública para que le sea designada;

XXXIX. Comunicar de inmediato a la persona adolescente, a sus familiares, a la persona defensora y, en su caso, a quien designe como persona en quien confíe, sobre su situación jurídica y los derechos que le asisten;

XL. Otorgar a la persona adolescente, persona defensora y, en su caso, a su familia, la información sobre la investigación, salvo las excepcionales que prevé el Código Nacional;

XLI. Solicitar, siempre que resulte procedente en materia de personas adolescentes, la aplicación de criterios de oportunidad;

XLII. Derivar en materia de personas adolescentes, para efectos de que se determine la procedencia, en los términos de la Ley Nacional de Mecanismos Alternativos de Solución de Controversias en Materia Penal;

XLIII. Evitar la divulgación de la identidad de la persona adolescente y de la persona víctima o de la persona ofendida;

XLIV. Preparar y ejercer la acción de extinción de dominio, así como interponer en esta materia cualquier recurso o medio de defensa legal que en derecho proceda, incluyendo el juicio de amparo;

XLV. Intervenir en las controversias en que sean parte las personas diplomáticas y personas cónsules generales, en virtud de esta calidad. Cuando se trate de un procedimiento penal y no aparezcan inmunidades que respetar, la persona agente del Ministerio Público de la Federación procederá en cumplimiento estricto de sus obligaciones legales, observando las disposiciones contenidas en los tratados internacionales en los que el Estado mexicano sea parte;

XLVI. Participar con el carácter que la ley le confiera durante la investigación y en todas las etapas de aquellos procedimientos en que así lo determinen las leyes aplicables, siempre que la actuación encomendada sea acorde con sus funciones constitucionales;

XLVII. Certificar los documentos materia de su competencia que obren en sus archivos, y

XLVIII. Las demás que determinen otros ordenamientos las que deberán ser compatibles con las atribuciones constitucionales del Ministerio Público.

CAPÍTULO III
PERSONAS AGENTES DE LA POLICÍA FEDERAL MINISTERIAL

Artículo 41. Con independencia de las facultades que señalan la Constitución, el Código Nacional, y las demás disposiciones aplicables, las personas agentes de la Policía Federal Ministerial deberán actuar durante la investigación bajo la conducción y mando de la persona agente del Ministerio Público de la Federación, en ejercicio de las siguientes facultades:

I. Investigar hechos que puedan ser constitutivos de delito y los bienes relacionados o producto del mismo, llevando a cabo las técnicas de investigación autorizadas al efecto y que resulten necesarias;

II. Constatar la veracidad de los datos aportados en informaciones anónimas, mediante los actos de investigación que resulten necesarios conforme a su ámbito de facultades;

III. Practicar las diligencias necesarias que permitan el esclarecimiento de los hechos y la identidad de las personas autores o de las personas partícipes en la comisión del delito, por lo que si durante la realización de actos de investigación se percata de la probable comisión de un delito diverso deberá dar cuenta inmediatamente a la persona agente del Ministerio Público de la Federación y proceder a su investigación;

IV. Preservar y procesar el lugar de los hechos o del hallazgo y en general, realizar todos los actos necesarios para garantizar la integridad de los indicios o datos de prueba;

V. Requerir a las autoridades competentes y solicitar a las personas físicas o morales, informes y documentos para fines de la investigación;

VI. Llevar a cabo operaciones encubiertas y de usuarios simulados, en términos de las disposiciones aplicables;

VII. Llevar a cabo la intervención de comunicaciones privadas o extracción de información autorizada a la persona titular de la Fiscalía General o a la persona agente del Ministerio Público de la Federación por el órgano jurisdiccional, en apego estricto a la legislación en la materia y en los términos de dicha autorización;

VIII. Procesar la orden de localización geográfica en tiempo real o la entrega de los datos conservados previamente autorizada a la persona agente del Ministerio Público de la Federación, así como el requerimiento de conservación inmediata de datos, a que se refiere el Código Nacional;

IX. Dejar registro de todas las actuaciones que se realicen durante la investigación, utilizando al efecto cualquier medio que permita garantizar que la información recabada sea completa, íntegra y exacta;

X. Dar cumplimiento a las órdenes de aprehensión y participar en la detención de personas y el aseguramiento de bienes y desahogar aquellas diligencias ministeriales que le sean encomendadas;

XI. Registrar de inmediato la detención en términos de las disposiciones aplicables;

XII. Poner a disposición inmediatamente ante la persona agente del Ministerio Público de la Federación a las personas detenidas y los bienes que se encuentren bajo su custodia;

XIII. Realizar las técnicas de investigación en operativos policiales de búsqueda y localización de personas con orden de extradición en términos de la legislación aplicable;

XIV. Proporcionar atención a personas víctimas, personas ofendidas o personas testigos del hecho ilícito en términos de las disposiciones legales aplicables;

XV. Diseñar e implementar operaciones especiales, que permitan la ubicación de objetivos en investigaciones estratégicas o de alto impacto social;

XVI. Recabar información mediante la utilización de medios e instrumentos y cualquier herramienta que resulte necesaria para la generación de inteligencia. En el ejercicio de esta facultad se deberán respetar irrestrictamente los derechos humanos de las personas ponderando el derecho a la vida privada de las personas. Los datos obtenidos con afectación a la vida privada carecen de todo valor probatorio pudiendo dar lugar a las responsabilidades a que haya lugar, incluida la penal;

XVII. Realizar operativos en conjunto con instituciones policiales de los tres órdenes de gobierno o extranjeras, mediante la eficaz coordinación del mando designado y bajo los principios de actuación policial;

XVIII. Emitir los informes, partes policiales y demás documentos que se generen, con los requisitos de fondo y forma que establezcan las disposiciones aplicables;

XIX. Cumplir con profesionalismo y dignidad la actuación como persona agente de la Policía Federal Ministerial, tanto en los ámbitos laboral como social a nivel nacional e internacional, y

XX. Las ordenadas por el órgano jurisdiccional y demás que las leyes determinen, siempre que éstas sean compatibles con las atribuciones constitucionales y legales de la Fiscalía General.

CAPÍTULO IV
PERSONAL DE LOS SERVICIOS PERICIALES

Artículo 42. Las personas peritas además de las facultades previstas en otras disposiciones aplicables, actuarán bajo la autoridad, conducción y mando de la persona agente del Ministerio Público de la Federación, y contarán con las siguientes facultades:

I. Emitir los dictámenes, documentos, opiniones o informes derivados de la solicitud de las personas agentes del Ministerio Público de la Federación;

II. Auxiliar a las personas agentes del Ministerio Público de la Federación y a las personas agentes de la Policía Federal Ministerial en la búsqueda, preservación y obtención de indicios o datos de prueba, así como el esclarecimiento de los hechos a efecto de lograr la identificación de las personas autores o las personas partícipes, a través de los informes o productos que emitan las personas peritas en su rama de especialidad;

III. Acudir al lugar que la persona agente del Ministerio Público de la Federación solicite a fin de apoyar en el procesamiento del lugar de los hechos, del hallazgo o cualquier sitio en el que se requiera de su pericia;

IV. Aportar información que permita la actualización de los bancos de datos criminalísticos de la Institución;

V. Brindar asesoría técnica a las unidades de la Fiscalía General, respecto de las especialidades con que cuente, en el ámbito de su competencia;

VI. Realizar los análisis, pruebas de laboratorio, operaciones o estudios que su ciencia, técnica o arte requiera a los elementos de estudio recabados en el lugar de investigación o aportados por la autoridad solicitante, conforme a lo previsto en el Código Nacional;

VII. Registrar sus actuaciones en el sistema informático de la Fiscalía General, con el registro que genere la persona agente del Ministerio Público de la Federación, y alimentarlo con la información requerida de conformidad con las disposiciones aplicables y la normatividad que al efecto se emita;

VIII. Atender los requerimientos de la persona agente del Ministerio Público de la Federación y de la persona agente de la Policía Federal Ministerial, aplicar los procedimientos y protocolos para la recolección, el levantamiento, la preservación y el traslado de indicios, de las huellas o vestigios del hecho delictivo y de los instrumentos, objetos o productos del delito para asegurar su integridad a través de la cadena de custodia, conforme a las disposiciones aplicables y la normatividad emitida por la persona titular de la Fiscalía General;

IX. Atender las bodegas o almacenes de evidencias en cuanto a las técnicas de manejo y preservación de las sustancias y bienes materia de custodia, en coordinación con la autoridad administrativa a cargo de estas instalaciones;

X. Operar junto con la unidad administrativa correspondiente los bancos de datos criminalísticos y compartir la información con unidades específicas del Ministerio Público, de la Policía Federal Ministerial y de información y análisis;

XI. Operar junto con la unidad administrativa correspondiente un sistema informático de registro y análisis de la huella balística, análisis de voz, sistemas biométricos, información genética y otros elementos relacionados con hechos delictivos, que se obtengan de conformidad con las disposiciones aplicables, así como compartir la información con unidades específicas del Ministerio Público, de la Policía Federal Ministerial y de información y análisis;

XII. Proponer la actuación y participación del personal de los servicios periciales en programas de intercambio de experiencias, conocimientos y avances tecnológicos con las unidades de servicios periciales, de las procuradurías o fiscalías generales de justicia de los estados o de la Ciudad de México y demás dependencias, entidades y organismos municipales, estatales, federales o internacionales, públicos, sociales, privados y académicos, en materia de servicios periciales para el mejoramiento y modernización de sus funciones;

XIII. Promover la cooperación y colaboración con los servicios periciales de las procuradurías o fiscalías de las entidades federativas, así como con otras instituciones;

XIV. Examinar objetos o situaciones de hechos relevantes, de acuerdo con su especialidad con el fin de establecer un razonamiento científico sobre lo examinado;

XV. Servir de personas consultoras ante las autoridades investigadoras brindando asesorías para la intervención de solicitudes periciales, así como de participar proactivamente en las áreas de mando, consultorías técnicas en juicio, entre otras, a efecto de proporcionar los elementos científico-técnicos a las autoridades investigadoras que lo requieran;

XVI. Informar sobre los resultados de su actividad, los cuales podrán ser utilizados con fines estadísticos;

XVII. Ejercer sus atribuciones con objetividad, imparcialidad y apego a los estándares científico-técnicos que rijan su actuación, y

XVIII. Las demás que les confieran otras disposiciones, las que deberán ser compatibles con las atribuciones constitucionales de la Fiscalía General.

Artículo 43. Las personas peritas en ejercicio de su encargo tienen libertad y autonomía técnica para emitir y determinar el sentido de sus informes, opiniones o dictámenes, por lo que las solicitudes de las personas agentes del Ministerio Público de la Federación o de las personas Policías Federales Ministeriales no influyen, dirigen, condicionan ni afectan los criterios que emitan en sus informes, documentos, opiniones y dictámenes.

Artículo 44. La unidad administrativa correspondiente a los servicios periciales tendrá a su cargo el padrón de las personas peritas, que preferentemente integrará a las personas profesionales y personas expertas destacadas en las diversas áreas del conocimiento, ciencias, artes, técnicas u oficios.

CAPÍTULO V
PERSONAS ANALISTAS

Artículo 45. Con independencia de lo que señalan las disposiciones aplicables, las personas analistas actuarán bajo la autoridad, conducción y mando de la persona agente del Ministerio Público de la Federación, en el ejercicio de las siguientes facultades:

I. Realizar el análisis de información estratégica, a través de la elaboración de productos de inteligencia que permita a las personas agentes del Ministerio Público de la Federación contar con elementos de información integral para una efectiva integración de los indicios, datos y medios de prueba suficientes que fortalezcan las investigaciones a cargo de la Institución;

II. Analizar los contenidos de los expedientes de las investigaciones para sugerir líneas de investigación para el esclarecimiento de los hechos y la probable autoría o participación de las personas;

III. Realizar análisis de contexto sobre fenómenos criminales, reiterados o emergentes para contribuir a la política de persecución penal;

IV. Llevar el control y seguimiento de resultados del análisis de la información con el fin de establecer el vínculo correcto de las investigaciones relacionadas con organizaciones delictivas;

V. Realizar reportes estratégicos sobre criminalidad nacional, trasnacional o internacional a efecto de identificar patrones, estructuras, organizaciones, modos de operación, así como cualquier otra información que se considere necesaria, oportuna o útil para la formulación, seguimiento, evaluación y replanteamiento del Plan Estratégico de Procuración de Justicia y la investigación de los delitos;

VI. Analizar la información derivada de los sistemas de comunicación inherente a las investigaciones relacionadas con delitos cometidos por organizaciones delictivas;

VII. Implementar y administrar bancos de datos y sistemas de información delincuencial que permitan la consulta, integración y clasificación adecuada de los elementos que fortalezcan las investigaciones, así como la investigación y persecución de delitos;

VIII. Efectuar el mantenimiento y control documental de los bancos de datos y de los sistemas de información delincuencial para generar y procesar información relacionada con las investigaciones y persecución de delitos;

IX. Clasificar la información, así como integrar fichas técnicas y elaborar mapas delincuenciales para la compilación de datos de carácter sensible que permitan vincular e integrar los indicios existentes que fortalezcan las investigaciones a cargo de la Fiscalía General;

X. Alimentar y actualizar los bancos de datos y sistemas de información delincuencial;

XI. Registrar los casos en que se haya optado por alguna de las vías de solución alterna de conflictos;

XII. Llevar el control de la información sensible almacenada en el banco de datos, así como en otros medios de acuerdo con las políticas establecidas;

XIII. Contribuir en la captación, recuperación, control, análisis y compilación de información delincuencial, así como para la estandarización de procesos de trabajo y la elaboración de bases de colaboración con instituciones públicas y privadas;

XIV. Colaborar en el diseño de metodologías para la custodia, seguridad y análisis de información ministerial relacionada con cateos y aseguramientos de bienes relacionados con las investigaciones;

XV. Enviar la información que corresponda a las bases de datos de los Sistemas Nacional y Estatal de Seguridad Pública, conforme a las normas aplicables, en coordinación con las áreas correspondientes;

XVI. Apoyar en la elaboración de metodologías que permitan la consulta de bases de datos nacionales e internacionales para la obtención y vinculación de información criminal o delincuencial, y

XVII. Las demás que determinen las disposiciones aplicables, las que deberán ser compatibles con las atribuciones constitucionales y legales de la Fiscalía General.

CAPÍTULO VI
PERSONAS FACILITADORAS

Artículo 46. Con independencia de lo que dispongan otras leyes aplicables, las personas facilitadoras tendrán las siguientes facultades:

I. Cumplir con la certificación en los términos de las disposiciones aplicables en la Ley Nacional de Mecanismos Alternativos de Solución de Controversias en Materia Penal;

II. Actuar con prontitud, profesionalismo, eficacia y transparencia, en congruencia con los principios que rigen la Ley Nacional de Mecanismos Alternativos de Solución de Controversias en Materia Penal y las disposiciones que al efecto se establezcan;

III. Vigilar que en los mecanismos alternativos no se afecten derechos de terceras personas, intereses de personas menores de edad, o personas mayores de edad que por alguna discapacidad así lo requieran, disposiciones de orden público o interés social y que estos procuren la reparación del daño;

IV. Abstenerse de fungir con la calidad de personas testigos, asesores, representantes, patronos, licenciados en derecho, o abogados, de los asuntos relativos a los mecanismos alternativos en los que participen;

V. Excusarse de intervenir en asuntos en los que se vea afectada su imparcialidad;

VI. Solicitar a las personas intervinientes la información necesaria para el cumplimiento eficaz de la función encomendada;

VII. Cerciorarse de que las personas intervinientes comprenden el alcance del acuerdo, así como los derechos y obligaciones que de éste se deriven;

VIII. Verificar que las personas intervinientes participen de manera libre y voluntaria, exentos de coacciones o de cualquier otra influencia que vicie su voluntad;

IX. Mantener el buen desarrollo de los mecanismos alternativos y solicitar respeto de las personas intervinientes durante el desarrollo de estos;

X. Asegurarse de que los acuerdos a los que lleguen las personas intervinientes sean apegados a la legalidad;

XI. Obtener la reparación del daño para las personas víctimas y ofendidos, como resultado de los acuerdos;

XII. Abstenerse de coaccionar a las personas intervinientes para acudir, permanecer o retirarse del mecanismo alternativo;

XIII. Mantener la confidencialidad de la información a la que tengan acceso en el ejercicio de su función, salvo las excepciones previstas en la Ley Nacional de Mecanismos Alternativos de Solución de Controversias en Materia Penal, y

XIV. Las demás que señalen otras disposiciones legales.

CAPÍTULO VII
OBLIGACIONES DE LAS PERSONAS SERVIDORAS PÚBLICAS DE LA FISCALÍA GENERAL

Artículo 47. Son obligaciones de las personas servidoras públicas de la Fiscalía General, las siguientes:

I. Conducirse siempre con apego al orden jurídico y respeto a los derechos humanos;

II. Cumplir con diligencia, en tiempo y forma, su participación en la investigación y persecución del delito y demás atribuciones de la Fiscalía General;

III. Abstenerse de realizar actos u omisiones que afecten la buena imagen o prestigio de la Fiscalía General;

IV. Preservar el secreto, reserva y confidencialidad, en términos de las disposiciones aplicables, de los asuntos que por razón del desempeño de su función conozcan;

V. Prestar auxilio a las personas que hayan sido víctimas de algún delito. Su actuación deberá ser congruente, oportuna y proporcional al hecho;

VI. Cumplir sus funciones con absoluta imparcialidad, sin discriminación a persona alguna;

VII. Impedir, por los medios que tuvieren a su alcance y en el ámbito de sus atribuciones, que se infrinjan, toleren o permitan actos de tortura física o psicológica u otros tratos o sanciones crueles, inhumanos o degradantes;

VIII. Abstenerse de realizar cualquiera de las conductas siguientes:

a) Desempeñar empleo, cargo o comisión de cualquier naturaleza en la administración pública, poder legislativo, judicial u órgano constitucional autónomo, en alguno de los órdenes de gobierno, así como trabajos o servicios en instituciones privadas cuando resulten incompatibles o representen un conflicto de interés con sus funciones públicas. Los remunerados de carácter docente, científico u honorario en todos los casos deberán ser comunicados por escrito, a la persona superior inmediata para contar con la autorización de la persona titular de la Fiscalía General o de la persona servidora pública que se determine en el Estatuto orgánico;

b) Ordenar o realizar la detención o retención de persona alguna sin cumplir con los requisitos previstos en la Constitución y en los ordenamientos legales aplicables;

c) Desempeñar sus funciones con el auxilio de personas no autorizadas por las disposiciones aplicables;

d) Abandonar las funciones, comisión o servicio que tengan (sic) encomendado, sin causa justificada;

e) Permitir el acceso a las investigaciones a quienes no tengan derecho en términos de lo que establece la Constitución y demás disposiciones legales aplicables;

f) Ejercer su técnica o profesión en actividades diversas al ejercicio de sus funciones en el servicio público de la Fiscalía General, por sí o por interpósita persona, salvo en causa propia, de su persona cónyuge, concubina, conviviente, de sus personas ascendientes o descendientes, de sus personas consanguíneas colaterales hasta el cuarto grado o de las personas con las que tenga parentesco legal o por afinidad hasta el cuarto grado;

g) Ejercer o desempeñar las funciones de persona depositaria o apoderada judicial, síndica, administradora, árbitra o arbitradora, interventora en quiebra o concurso, o cualquiera otra función que no sea inherente a su desempeño en el servicio público;

h) Ejecutar actos de molestia no justificados;

i) Abrir y desarrollar investigaciones sin sustento jurídico, y

j) Dar a conocer, entregar, revelar, publicar, transmitir, exponer, remitir, distribuir, videograbar, audiograbar, fotografiar, reproducir, comercializar, intercambiar o compartir a quien no tenga derecho, documentos, constancias, información, imágenes, audios, videos, indicios, evidencias, objetos o cualquier instrumento que obre en una carpeta de investigación o en un proceso penal y que por disposición de la ley o resolución de la autoridad judicial, sean reservados o confidenciales;

IX. Observar un trato respetuoso con todas las personas debiendo abstenerse de todo acto arbitrario y de limitar indebidamente las acciones o manifestaciones que en ejercicio de sus derechos constitucionales y con carácter pacífico realice la población;

X. Desempeñar su función sin solicitar ni aceptar compensaciones, pagos o gratificaciones distintas a las previstas legalmente, rechazando y denunciando cualquier acto de corrupción del que tengan conocimiento;

XI. Utilizar los recursos económicos que se les entreguen con motivo de sus funciones para los fines a que están afectos y, en su caso, reembolsar los excedentes de conformidad con las disposiciones aplicables;

XII. Velar por la vida e integridad física y psicológica de las personas detenidas o puestas a su disposición, así como de las personas víctimas;

XIII. Registrar en los sistemas que disponga el Estatuto orgánico, los datos de las actividades o investigaciones que realicen y rendir los informes que prevén las disposiciones aplicables;

XIV. Remitir a la instancia que corresponda la información recopilada en el cumplimiento de sus funciones, para su análisis y registro;

XV. Realizar, en los términos que determinen las disposiciones aplicables, tareas de búsqueda, recopilación y análisis de información;

XVI. Obedecer las órdenes que conforme a derecho les dicten las personas superiores jerárquicas;

XVII. Resguardar la documentación e información que por razón de sus funciones tengan bajo su responsabilidad o a la cual tengan acceso;

XVIII. Emplear el equipo y elementos que se les asigne con el debido cuidado y prudencia en el cumplimiento de sus funciones, así como preservarlos y conservarlos y, en su caso, devolverlos en los términos de las disposiciones aplicables, y

XIX. Las demás que se establezcan en las disposiciones legales aplicables.

CAPÍTULO VIII
OBLIGACIONES ESPECIALES PARA PERSONAS AGENTES DE LA POLICÍA FEDERAL MINISTERIAL, PERSONAS PERITAS Y PERSONAS ANALISTAS

Artículo 48. Además de lo señalado en el artículo 47 de esta Ley, las personas agentes de la Policía Federal Ministerial, personas peritas y personas analistas tendrán las obligaciones siguientes:

I. Registrar los datos de las actividades e investigaciones que realicen y rendir los informes señalados en los protocolos de actuación;

II. Remitir a la instancia que corresponda la información recopilada en el cumplimiento de sus funciones o en el desempeño de sus actividades, para su análisis y registro;

III. Apoyar a las autoridades de procuración de justicia cuando se requiera en la investigación y persecución de delitos, de conformidad con lo dispuesto en la presente Ley y demás disposiciones aplicables;

IV. Ejecutar mandamientos judiciales y ministeriales que les sean asignados, así como aquellos de los que tengan conocimiento con motivo de sus funciones y en el marco de sus facultades;

V. Obedecer las órdenes de las personas superiores jerárquicas, o de quienes ejerzan sobre ellos funciones de mando y cumplir con todas sus obligaciones;

VI. Hacer uso de la fuerza en el ejercicio de sus funciones atendiendo a los principios de racionalidad, necesidad, legalidad, oportunidad, proporcionalidad, congruencia, responsabilidad y respeto a los derechos humanos, apegándose a las disposiciones normativas y administrativas aplicables, con el fin de preservar la vida, la integridad, bienes y derechos de las personas, así como mantener y restablecer el orden y la paz pública;

VII. Permanecer en las instalaciones de la Fiscalía General en que se le indique, en cumplimiento del arresto que les sea impuesto de conformidad con las normas aplicables;

VIII. Hacerse responsables, mantener, cuidar y proteger el buen estado del armamento y municiones, así como material y equipo que se le asigne con motivo de sus funciones, haciendo uso racional de ellos sólo en el desempeño del servicio, y

IX. Las demás que establezcan las disposiciones aplicables.

A las personas peritas no les será aplicable el arresto a que refiere la fracción VII del presente artículo.

A las personas peritas y personas analistas no les será conferida la fracción VI del presente artículo.

Artículo 49. El incumplimiento de las obligaciones a que se refieren los artículos 47 y 48 de esta Ley dará lugar al procedimiento y a las sanciones que correspondan.

TÍTULO V
RELACIONES ADMINISTRATIVAS Y LABORALES CON LA FISCALÍA GENERAL

CAPÍTULO ÚNICO
RÉGIMEN DE RELACIONES ADMINISTRATIVAS Y LABORALES DE LAS PERSONAS SERVIDORAS PÚBLICAS

Artículo 50. Las relaciones jurídicas entre la Fiscalía General y su personal se ramificarán de la forma siguiente:

I. Servicio profesional de carrera de la rama sustantiva: Se integrará por personas agentes del Ministerio Público de la Federación, personas agentes de la Policía Federal Ministerial, personas peritas, personas analistas y personas facilitadoras, rigiéndose por lo dispuesto en la fracción XIII, del apartado B, del artículo 123 de la Constitución, en la presente Ley y en las demás disposiciones aplicables en los términos que fije el Estatuto orgánico;

II. Titulares de las Fiscalías Especializadas, fiscalías o unidades administrativas: Serán de libre designación y remoción, salvo aquellas para las que la Constitución establece un procedimiento de nombramiento o remoción.

Para ser persona titular de alguna de las Fiscalías Especializadas se requiere:

a) Contar con ciudadanía mexicana;

b) Tener cuando menos treinta y cinco años cumplidos el día de la designación;

c) Contar, con una antigüedad mínima de diez años, con título profesional de abogada o abogado o licenciada o licenciado en derecho expedido y registrado legalmente, y con la correspondiente cédula profesional;

d) No haber sido condenada o condenado por sentencia ejecutoriada como responsable de un delito doloso o culposo por el que proceda la prisión preventiva oficiosa, y

e) Gozar de buena reputación, a la que se refiere el artículo 102 Constitucional compuesta por dos elementos:

1. El Objetivo que se refiere a la calidad profesional relevante, trayectoria en el servicio público o en ejercicio de la actividad jurídica, y

2. El Subjetivo que se refiere a la honorabilidad, alta calidad técnica, compromiso con valores democráticos, independencia y reconocimiento social.

III. Servicio profesional de carrera de la rama administrativa: Se conformará por las demás personas servidoras públicas de la Fiscalía General, distintas a las señaladas en las fracciones anteriores.

El Estatuto del Servicio Profesional de Carrera señalará las personas servidoras públicas que, de forma temporal, sin tener el nombramiento de personas integrantes del servicio profesional de carrera de la rama sustantiva, podrán ejercer las atribuciones que correspondan a éstas.

TÍTULO VI
SERVICIO PROFESIONAL DE CARRERA

CAPÍTULO I
DISPOSICIONES GENERALES

Artículo 51. La persona titular de la Fiscalía General establecerá en el Estatuto del Servicio Profesional de Carrera las bases y procedimientos para implementar el servicio profesional de carrera, el cual deberá operar con base al principio de mérito, perspectiva y paridad de género e igualdad de oportunidades conforme a las necesidades de la Fiscalía General.

La persona titular de la Fiscalía General emitirá los instrumentos jurídicos necesarios para la organización y funcionamiento del servicio profesional de carrera.

Artículo 52. Formarán parte del servicio profesional de carrera todas las personas servidoras públicas de la Fiscalía General, dividiéndose en dos ramas, la primera de carácter sustantivo y estará integrada por las personas agentes del Ministerio Público de la Federación, personas agentes de la Policía Federal Ministerial, personas peritas, personas analistas y personas facilitadoras; y una segunda de carácter administrativo, con personas encargadas de desempeñar actividades diversas de las sustantivas.

Artículo 53. El servicio profesional de carrera es el sistema integral de regulación del empleo público de toda persona que preste servicios en la Fiscalía General, y tiene por objeto estimular el crecimiento, desarrollo profesional y humano del personal; propiciar la estabilidad basada en el rendimiento y el cumplimiento legal de sus funciones; así como reforzar el compromiso ético, sentido de pertenencia e identidad institucional del personal.

El servicio profesional de carrera comprenderá las etapas siguientes:

I. Ingreso, que abarca los procesos de:

a) Reclutamiento, selección e ingreso;

b) Control de confianza;

c) Capacitación y formación inicial, y

d) Certificación inicial;

II. Desarrollo, que abarca los procesos de:

a) Formación permanente de alta especialización;

b) Evaluación del desempeño, control de confianza y de competencias profesionales;

c) Certificación;

d) Establecimiento de estímulos, promociones y ascensos, y

e) Movimientos y fomento del desarrollo humano;

III. Terminación, por alguna de las causas señaladas en el artículo 61 de esta Ley, y

IV. Sanción.

Para los efectos antes mencionados, el Estatuto del Servicio Profesional de Carrera desarrollará los procesos y los requisitos que deberán reunir tanto las personas aspirantes, como aquellas a las que se les haya reconocido el carácter de integrantes del servicio profesional de carrera, así como el procedimiento para su sanción en los casos de incumplimiento con los procesos de evaluación o los requisitos de permanencia, en los términos de esta Ley y las disposiciones que al efecto se emitan.

El órgano que implemente el servicio profesional de carrera deberá contar con autonomía técnica y de gestión, de acuerdo a las necesidades de la Fiscalía General y de conformidad con el Estatuto orgánico.

La persona titular de la Fiscalía General, en el Estatuto del Servicio Profesional de Carrera, establecerá y regulará los derechos y obligaciones de las personas servidoras públicas de la Fiscalía General; así como todos aquellos procedimientos y órganos necesarios para la organización y funcionamiento del servicio profesional de carrera.

CAPÍTULO II
PROCESOS DE EVALUACIÓN Y CERTIFICACIÓN DE LAS PERSONAS SERVIDORAS PÚBLICAS

Artículo 54. Las personas servidoras públicas de la Fiscalía General deberán someterse y aprobar los procesos periódicos y permanentes de evaluación de control de confianza, de competencias profesionales y del desempeño, para ingresar y permanecer en sus funciones, así como, en su caso, a las evaluaciones para la obtención de la licencia oficial colectiva para la portación de armas de fuego, de conformidad con lo dispuesto en esta Ley, el Estatuto orgánico y demás normas aplicables.

El proceso de evaluación de control de confianza tendrá por objeto comprobar el cumplimiento de los principios establecidos en la Constitución y en esta Ley, y comprenderá los siguientes exámenes:

I. Socioeconómico;

II. Médico;

III. Psicométrico y psicológico;

IV. Poligráfico;

V. Toxicológico, y

VI. Los demás que establezcan las normas aplicables.

El proceso de evaluación de competencias profesionales tiene por objeto determinar que las personas aspirantes y las personas servidoras públicas de la Fiscalía General, para las que se soliciten los procesos de evaluación, de promoción o de evaluación extraordinaria, cuenten con los conocimientos, habilidades, actitudes y aptitudes necesarias para el desempeño del cargo.

El proceso de evaluación del desempeño tiene por objeto valorar el cumplimiento en el ejercicio de las funciones, la actitud en el trabajo y comportamiento en el entorno laboral, y se llevará a cabo en coordinación con la unidad administrativa de adscripción de la persona servidora pública evaluada.

Los datos personales, así como la información y los documentos que conformen el expediente de los procesos de evaluación, tendrán el carácter de confidencial y reservado, según corresponda y su resguardo y custodia, estará a cargo de la unidad administrativa que se determine en el Estatuto orgánico.

En el caso de un procedimiento judicial o administrativo se podrá transferir la información que sea requerida por las autoridades competentes conservando la clasificación que corresponda de conformidad con el artículo 6o. de la Constitución y demás leyes aplicables.

Artículo 55. Las personas aspirantes y las personas servidoras públicas que aprueben las evaluaciones correspondientes contarán con la certificación por la temporalidad que corresponda en cada caso.

La certificación tendrá por objeto acreditar que la persona evaluada cubre con el perfil del puesto y las competencias requeridas para dar cumplimiento a los principios constitucionales y legales.

CAPÍTULO III
REQUISITOS DE INGRESO Y PERMANENCIA

Artículo 56. Para ingresar o permanecer como personal del servicio profesional de carrera en cualquiera de sus ramas, se requerirá cumplir con los requisitos siguientes:

I. Para ingresar:

a) Contar con la ciudadanía mexicana, en pleno ejercicio de sus derechos;

b) Tener acreditado, en su caso, el Servicio Militar Nacional;

c) Contar con el título profesional que corresponda a la función a desempeñar o en su caso, tener los conocimientos y habilidades necesarias para desempeñar las funciones que se le asignen, en caso de que se trate de profesiones que para su ejercicio requieran título en términos de ley, deberán contar con el mismo debidamente registrado y la correspondiente cédula profesional;

d) No encontrarse sujeta o sujeto a proceso penal;

e) Ser de notoria buena conducta y no haber sido condenada o condenado por sentencia ejecutoriada como responsable de un delito doloso o culposo por el que proceda la prisión preventiva oficiosa;

f) No hacer uso ilícito de sustancias psicotrópicas, estupefacientes u otras que produzcan efectos similares, ni padecer alcoholismo;

g) Presentar y aprobar las evaluaciones de control de confianza y de competencias profesionales previstas en las disposiciones aplicables, y

h) Los demás requisitos que establezcan las disposiciones aplicables.

II. Para permanecer:

a) Cumplir los requisitos a que se refiere la fracción I de este artículo durante el servicio;

b) Presentar y aprobar las evaluaciones que prevean las disposiciones legales y normativas correspondientes;

c) Mantener vigente la certificación correspondiente;

d) No ausentarse del servicio sin causa justificada por tres días consecutivos, o cinco discontinuos, dentro de un período de treinta días naturales;

e) Cumplir con las obligaciones que les impongan las leyes respectivas y demás disposiciones aplicables;

f) No incurrir en actos u omisiones que causen la pérdida de confianza o afecten la prestación del servicio, y

g) Los demás requisitos que establezcan las disposiciones aplicables.

CAPÍTULO IV
REQUISITOS DE INGRESO Y PERMANENCIA ESPECIALES PARA PERSONAS AGENTES DEL MINISTERIO PÚBLICO DE LA FEDERACIÓN

Artículo 57. Además de cumplir con los requisitos señalados en el artículo 56 de esta Ley, para ingresar o permanecer como personas agentes del Ministerio Público de la Federación integrantes del servicio profesional de carrera sustantivo, se requerirá cumplir con los siguientes:

I. Para ingresar:

a) Contar con título de abogada o abogado o licenciada o licenciado en derecho expedido y registrado legalmente, y con la correspondiente cédula profesional;

b) Tener por lo menos un año de experiencia profesional contados a partir de la expedición del título profesional al día de la designación;

c) Sustentar y acreditar el examen de oposición, y

d) Los demás requisitos que establezcan las disposiciones aplicables.

II. Para permanecer:

a) Cumplir los requisitos a que se refiere la fracción I de este artículo durante el servicio;

b) Aprobar los programas de formación permanente y, en su caso, especialización, así como las evaluaciones que establezcan las disposiciones aplicables;

c) Mantener vigente la certificación correspondiente;

d) Cumplir las órdenes de comisión, rotación y cambio de adscripción;

e) Cumplir con las obligaciones que les impongan las leyes respectivas y demás disposiciones aplicables, y

f) Los demás requisitos que establezcan las disposiciones aplicables.

CAPÍTULO V
REQUISITOS DE INGRESO Y PERMANENCIA ESPECIALES PARA PERSONAS AGENTES DE LA POLICÍA FEDERAL MINISTERIAL, PERSONAS PERITAS, PERSONAS ANALISTAS Y PERSONAS FACILITADORAS

Artículo 58. Además de cumplir con los requisitos señalados en el artículo 56 de esta Ley, para ingresar o permanecer como personas agentes de la Policía Federal Ministerial, personas peritas, personas analistas y personas facilitadoras sujetas al servicio profesional de carrera sustantivo, se requerirá cumplir con los siguientes:

I. Para ingresar:

a) Tener título legalmente expedido y registrado por la autoridad competente o la carrera terminada;

b) Sustentar y acreditar el examen de oposición;

c) Cursar y aprobar la formación y capacitación inicial;

d) No haber sido sujeto o dado motivo a recomendaciones por parte de organismos públicos de derechos humanos, siempre y cuando exista una imputación personal y directa;

e) Sustentar y acreditar el concurso de ingreso por oposición;

f) Contar con los requisitos de edad y el perfil físico, médico y de personalidad que se requiera en el perfil de puesto o cualquier otro que en su caso se exija;

g) No hacer uso ilícito de sustancias psicotrópicas, estupefacientes u otras que produzcan efectos similares, ni padecer alcoholismo, y

h) Los demás requisitos que establezcan otras disposiciones aplicables.

Para el caso de las personas peritas, personas analistas y personas facilitadoras, el requisito a que se refiere el inciso a), de la fracción I, del presente artículo, se satisface cuando el título a que se hace referencia les faculte para ejercer la ciencia, técnica, arte o disciplina de que se trate, o acreditar plenamente los conocimientos correspondientes a la disciplina sobre la que deba dictaminar o las acciones que realizará, cuando de acuerdo con las normas aplicables no necesiten título o cédula profesional para su ejercicio, en los términos que disponga el Estatuto del Servicio Profesional de Carrera.

I. Para permanecer:

a) Participar en los procesos de promoción o ascenso que se convoquen conforme a las disposiciones aplicables;

b) Cumplir con las órdenes de comisión y rotación, así como los cambios de adscripción, y

c) Los demás requisitos que establezcan las disposiciones aplicables.

CAPÍTULO VI
REQUISITOS DE INGRESO Y PERMANENCIA ESPECIALES PARA PERSONAS SERVIDORAS PÚBLICAS ESPECIALIZADAS, PROFESIONALES, TÉCNICAS Y ADMINISTRATIVAS

Artículo 59. Además de cumplir con los requisitos señalados en el artículo 56 de esta Ley, para ingresar y permanecer como persona servidora pública especializada, profesional, técnica y administrativa del servicio profesional de carrera, se requerirá cumplir con los requisitos siguientes:

I. Presentar y acreditar los procedimientos de reclutamiento, en los términos que señalen las disposiciones aplicables del Estatuto del Servicio Profesional de Carrera;

II. Presentar y aprobar las evaluaciones de control de confianza y de competencias profesionales previstas en las disposiciones aplicables;

III. Mantener vigente la certificación correspondiente, y

IV. Los demás que establezcan las disposiciones aplicables.

CAPÍTULO VII
EXAMEN DE OPOSICIÓN

Artículo 60. El examen de oposición a que se refieren los artículos 57 y 58 de esta Ley, tiene por objeto evaluar si la persona aspirante cuenta con los conocimientos y habilidades necesarias para desempeñar funciones sustantivas, mismo que se conforma por dos etapas, una oral y otra escrita.

El examen de oposición se presentará ante el Instituto Nacional de Ciencias Penales, el cual integrará un sínodo compuesto por:

I. La persona servidora pública con nivel mínimo de jefe de supervisión o equivalente, adscrita a un área diversa a aquélla en la que se incorporará la persona aspirante, quien fungirá como presidente, y

II. Dos personas decanas de la rama sustantiva de que se trate, quienes fungirán como persona secretaria y vocal, respectivamente.

La calificación del examen oral se determinará tomando en consideración el promedio de puntos que cada una de las personas integrantes del sínodo le asigne a la persona sustentante, misma que se basará en una escala de 0 a

10. La calificación del examen escrito se basará en una escala de 0 a 10. Para ambos exámenes, la calificación mínima aprobatoria será de 7.0.

Corresponderá al Instituto Nacional de Ciencias Penales la aprobación en definitiva del examen de oposición y su decisión no admitirá recurso alguno.

CAPÍTULO VIII
TERMINACIÓN DE LAS RELACIONES DE LA FISCALÍA GENERAL CON SU PERSONAL

Artículo 61. Las relaciones jurídicas entre la Fiscalía General y su personal terminarán por las causas siguientes:

I. Renuncia;

II. Incapacidad permanente para el desempeño de sus funciones dictaminada por el Instituto de Seguridad y Servicios Sociales de los Trabajadores del Estado;

III. Destitución, en los términos que señale la Ley General de Responsabilidades Administrativas y la presente Ley;

IV. Inhabilitación;

V. Remoción;

VI. Consecuencia del procedimiento correspondiente;

VII. Por mandamiento judicial que tenga efecto equivalente a lo previsto en las fracciones anteriores;

VIII. Muerte;

IX. Jubilación o retiro, y

X. Cualquier otra causa prevista en las disposiciones legales aplicables.

Artículo 62. Si la separación, remoción, destitución, inhabilitación, cese o cualquier otra forma de terminación del servicio profesional de carrera fuera declarada mediante sentencia definitiva como injustificada, la Fiscalía General sólo estará obligada a pagar la indemnización y demás prestaciones a que se refiere esta Ley y las disposiciones aplicables, sin que en ningún caso proceda su reincorporación.

La indemnización a que se refiere el párrafo anterior consistirá en:

I. Veinte días de salario base por cada uno de los años de servicios prestados, y

II. Tres meses de salario integral.

Artículo 63. Al concluir la relación jurídica que la Fiscalía General sostenga con su personal, éste deberá entregar toda la información, documentación, equipo, materiales, identificaciones, valores u otros recursos que hayan sido puestos bajo su responsabilidad o guarda y custodia.

Las personas servidoras públicas que estén a cargo de administrar o manejar fondos, bienes o valores públicos, las personas titulares de las Fiscalías Especializadas, fiscalías o unidades administrativas de la Institución, así como aquellas que determine su persona superior jerárquica o, en su caso, la persona titular de la Fiscalía General, por la naturaleza e importancia del servicio público que prestan, deberán realizar acta de entrega-recepción. Esta obligación también será aplicable a las personas servidoras públicas que, por comisión, suplencia, encargo o bajo cualquier otra figura, hayan quedado como personas encargadas provisionales de alguna unidad administrativa cuya persona titular deba cumplir con esta obligación.

CAPÍTULO IX
PROCEDIMIENTO DE SEPARACIÓN

Artículo 64. Sin perjuicio del régimen de responsabilidades administrativas de las personas servidoras públicas, el incumplimiento a alguno de los requisitos de permanencia previstos en los artículos 56 al 58 de esta Ley, tendrá como consecuencia la separación del cargo de las personas servidoras públicas involucradas.

El procedimiento será instruido y resuelto por la unidad responsable de la formación, y sus resoluciones serán definitivas.

Artículo 65. Para iniciar el procedimiento de separación, la persona titular de la unidad en que se encuentra adscrito o en donde desarrolle sus funciones la persona servidora pública, en el momento en que se actualice el supuesto incumplimiento a los requisitos de permanencia, deberá presentar queja ante la unidad administrativa que para tal efecto se determine en el Estatuto orgánico, debiendo señalar el requisito incumplido, la redacción clara, precisa y sucinta de los hechos que motiven la separación y adjuntar las pruebas que considere pertinentes.

Artículo 66. Para efectos del artículo anterior, la persona titular de la unidad contará con un plazo máximo de tres meses para presentar la queja, contados a partir del día en que sucedan los hechos o tenga conocimiento del hecho que motiva la queja.

Una vez recibida la queja, la persona servidora pública que designe la persona titular de la unidad administrativa que para tal efecto se determine en el Estatuto orgánico, deberá verificar que no se advierta alguna causal de notoria improcedencia; que se encuentre señalado el requisito de permanencia que presuntamente haya sido incumplido, que se hayan adjuntado los documentos y demás pruebas correspondientes, y además deberá allegarse de los medios probatorios que estime pertinentes.

Si se advierte que la queja carece de los requisitos o pruebas señalados en el párrafo anterior, se desechará de plano.

La persona servidora pública que para tal efecto designe la persona titular de la unidad administrativa que se determine en el Estatuto orgánico, iniciará el procedimiento y a petición de la persona titular de la unidad que haya presentado la queja, solicitará la suspensión de la persona servidora pública presunta responsable, fundando y motivando debidamente su determinación, y deberá dar aviso a la Oficialía Mayor.

Artículo 67. El personal sustantivo que esté sujeto a proceso o vinculado a proceso penal como persona imputada por delito doloso, será suspendida desde que se dicte el auto de formal prisión o de sujeción a proceso en el caso del sistema tradicional; o se emita el auto de vinculación a proceso tratándose del sistema de justicia penal acusatorio y hasta que se emita sentencia ejecutoriada.

En caso de que exista una sentencia condenatoria por la comisión de un delito, dicho personal a que refiere el presente artículo será separado del cargo.

Artículo 68. Salvo por lo previsto en el Estatuto orgánico, serán aplicables en lo conducente de manera supletoria y en el siguiente orden las disposiciones de la Ley Federal de Procedimiento Administrativo y del Código Federal de Procedimientos Civiles.

Artículo 69. Tratándose de la resolución que decrete la separación de la persona servidora pública, se enviará en copia certificada a la Oficialía Mayor, a fin de que ésta, a través de la autoridad competente proceda a su notificación y ejecución inmediata, haciéndolo del conocimiento a la persona titular de la unidad que presentó la queja.

No procederá recurso alguno, en contra de las resoluciones dictadas dentro del procedimiento y aquella que le ponga fin.

TÍTULO VII
RESPONSABILIDADES, FALTAS ADMINISTRATIVAS Y MEDIDAS DISCIPLINARIAS

CAPÍTULO I
RESPONSABILIDADES DE LAS PERSONAS SERVIDORAS PÚBLICAS DE LA FISCALÍA GENERAL

Artículo 70. A la persona titular de la Fiscalía General le serán aplicables los procedimientos de juicio político y declaración de procedencia, en los términos que dispone la Constitución.

La persona titular de la Fiscalía General, así como todas las demás personas servidoras públicas de la Fiscalía General, con independencia de la relación jurídica que sostengan con la misma, estarán sujetas a las responsabilidades administrativas a que se refiere la Ley General de Responsabilidades Administrativas.

CAPÍTULO II
FALTAS ADMINISTRATIVAS Y SUS SANCIONES

Artículo 71. Las personas servidoras públicas de la Fiscalía General estarán sujetas al régimen de responsabilidades de la Ley General de Responsabilidades Administrativas y a las disposiciones especiales que establece esta Ley.

La persona servidora pública que forme parte del servicio profesional de carrera cuando incumpla o transgreda el contenido de las obligaciones previstas en los artículos 47 y 48, de este ordenamiento, incurrirá en faltas administrativas por lo que serán causas de responsabilidad administrativa, sin perjuicio de cualquier otra responsabilidad y sanción a que haya lugar, prevista en las disposiciones normativas y administrativas aplicables.

Artículo 72. La persona servidora pública que forme parte del servicio profesional de carrera de la rama sustantiva e incurra en faltas administrativas por incumplimiento o transgresión al contenido de las obligaciones previstas en los artículos 47 y 48, se le sancionará, según la gravedad de la infracción, con:

I. Amonestación privada;

II. Amonestación pública;

III. Suspensión de empleo cargo o comisión hasta por 90 días sin goce de sueldo, o

IV. Remoción.

Lo anterior, sin perjuicio de cualquier otra responsabilidad y sanción a que haya lugar, previstas en las disposiciones legales aplicables.

Artículo 73. A la persona que incurra en las faltas administrativas señaladas en el artículo anterior, se le impondrá la remoción en los casos de incumplimiento de las obligaciones establecidas en las fracciones I, cuando tenga como consecuencia violaciones graves a los derechos humanos IV, VII, VIII incisos a), b), c), d), e), f), g), h), i), j), X, XII, del artículo 47, y las fracciones IV, VI y VII del artículo 48 de esta Ley.

Artículo 74. En los casos de reincidencia, además de las sanciones que correspondan de conformidad con el artículo 73 de esta Ley, se impondrá multa de cincuenta a mil veces la Unidad de Medida y Actualización vigente.

Para los efectos de esta Ley se considerará reincidente a la persona servidora pública que habiendo sido declarada responsable, mediante resolución administrativa firme, dentro del plazo de cinco años contados a partir de la fecha de dicha resolución, vuelva a realizar la misma conducta u otra que merezca sanción por responsabilidad administrativa.

Artículo 75. Las sanciones por faltas administrativas del personal de la Fiscalía General que forme parte del servicio profesional de carrera de la rama administrativa, por el incumplimiento de las obligaciones a que refiere el artículo 47 de esta Ley, serán impuestas por el Órgano Interno de Control conforme a la competencia y procedimiento previsto por la Ley General de Responsabilidades Administrativas.

Lo anterior, sin perjuicio de cualquier otra responsabilidad y sanción a que haya lugar, previstas en las disposiciones legales aplicables.

Artículo 76. Para la imposición de las sanciones administrativas serán tomados en consideración los elementos siguientes:

I. La gravedad de la conducta que se atribuya a la persona servidora pública;

II. La necesidad de suprimir conductas y/o prácticas que afecten la imagen y el debido funcionamiento de la Fiscalía General;

III. La reincidencia de la persona responsable;

IV. El nivel jerárquico, el grado académico y la antigüedad en el servicio;

V. Las circunstancias y medios de ejecución;

VI. Las circunstancias socioeconómicas de la persona servidora pública, y

VII. En su caso, el monto del beneficio obtenido a raíz de la conducta sancionada; o bien, el daño o perjuicio económico ocasionado con el incumplimiento de las obligaciones.

Artículo 77. El Órgano Interno de Control impondrá la sanción que corresponda en los casos de los artículos 72, 73 y 74 de esta Ley, conforme al procedimiento siguiente:

I. Se iniciará de oficio o, por queja presentada ante el Órgano Interno de Control, por las personas titulares de las Fiscalías Especializadas, fiscalías o unidades administrativas o la Fiscalía Especializada de Asuntos Internos, o por vista que realicen las personas servidoras públicas adscritas a las unidades administrativas, en el ejercicio de sus atribuciones, previo desahogo de las diligencias de investigación que estimen pertinentes y que permitan advertir la existencia de la falta administrativa y la probabilidad de que la persona servidora pública participó en su comisión;

II. Las quejas o vistas que se formulen deberán estar apoyadas en los elementos de prueba suficientes para advertir las circunstancias de tiempo, modo, lugar y ocasión en que pudo haber ocurrido el incumplimiento de las obligaciones a cargo del personal sustantivo de la Institución;

III. Con una copia de la queja o de la vista y sus anexos, o bien, con los registros electrónicos de los mismos, se correrá traslado a la persona servidora pública, para que en un término de quince días hábiles formule un informe sobre los hechos y rinda las pruebas correspondientes. El informe deberá referirse a todos y cada uno de los hechos comprendidos en la queja o en la vista, afirmándolos, negándolos, expresando los que ignore por no ser propios, o refiriéndolos como crea que tuvieron lugar;

IV. Al momento de correrle traslado, se le hará saber su derecho a no declarar en su contra, ni a declararse culpable; así como para defenderse personalmente o ser asistido por una persona defensora perita en la materia. En caso de que no cuente con una persona defensora, le será asignado una persona defensora de oficio;

V. De igual forma, se citará a la persona servidora pública a una audiencia, misma que deberá celebrarse en un plazo no menor de veinte ni mayor de treinta días posteriores a la fecha de la citación, en la que se desahogarán las pruebas respectivas si las hubiere, y se recibirán sus alegatos, por sí o por medio de su persona defensora.

Una vez verificada la audiencia y desahogadas las pruebas, el Órgano Interno de Control, dentro de los cuarenta días hábiles siguientes, emitirá la determinación sobre la existencia o no de la responsabilidad, y en su caso impondrá a la persona responsable la sanción correspondiente;

VI. Si del resultado de la audiencia no se desprenden elementos suficientes para resolver o se advierten otros que impliquen nueva responsabilidad a cargo de la persona presunta responsable o de otras, se podrá disponer la práctica de investigaciones y acordar la celebración de otra u otras audiencias, y

VII. En cualquier momento, previo o posterior a la celebración de la audiencia, el Órgano Interno de Control, podrá determinar la suspensión temporal de la persona sujeta al procedimiento, como medida cautelar, siempre que a su juicio así convenga para la conducción o continuación de las investigaciones, la cual cesará si así lo resuelve, el Órgano Interno de Control, independientemente de la iniciación, continuación o conclusión del procedimiento a que se refiere este artículo.

La suspensión no prejuzga sobre la responsabilidad que se impute, lo cual se hará constar expresamente en la determinación de la misma. Mientras dure la suspensión temporal se deberán decretar, al mismo tiempo, las medidas necesarias que le garanticen a la persona presunta responsable mantener su mínimo vital y de sus dependientes económicos, la cual deberá ser equivalente al treinta por ciento de sus percepciones netas y nunca inferior al salario tabular más bajo que se cubra en la Institución.

Si la persona servidora pública suspendida conforme a esta fracción no resultare responsable será restituida en el goce de sus derechos.

Artículo 78. La resolución que se emita en el procedimiento a que refiere el artículo 77 de esta Ley, será notificada a todas las partes.

Artículo 79. Para todo lo no dispuesto en el presente Capítulo, serán aplicables supletoriamente las disposiciones de la Ley General de Responsabilidades Administrativas y en el procedimiento de responsabilidad administrativa, será lo dispuesto en la Ley Federal de Procedimiento Contencioso Administrativo.

CAPÍTULO III
MEDIDAS DISCIPLINARIAS PARA PERSONAS AGENTES DE LA POLICÍA FEDERAL MINISTERIAL Y PERSONAS ANALISTAS

Artículo 80. Sin perjuicio de otras sanciones en las cuales pudiesen incurrir las personas agentes de la Policía Federal Ministerial y las personas analistas que falten a la línea de mando o no ejecuten las órdenes directas que reciban, se harán acreedoras, en su caso, a un correctivo disciplinario, consistente en:

I. Amonestación pública o privada;

II. Arresto hasta por veinticuatro horas, o

III. Suspensión temporal, sin derecho a goce de sueldo hasta por tres días.

Artículo 81. Para efectos de este Capítulo, el arresto consiste en el confinamiento en espacios especiales destinado a ese fin; la amonestación, es el acto mediante el cual se le llama la atención a la persona servidora pública y la conmina a rectificar su conducta.

Quien amoneste lo hará de manera que ninguna persona de menor jerarquía a la persona amonestada, conozca de la aplicación de la medida y observará la discreción que exige la disciplina.

Artículo 82. Las medidas disciplinarias a que refiere el artículo 80 de esta Ley se impondrán de conformidad con las reglas siguientes:

I. Las personas superiores jerárquicas o de cargo impondrán las medidas disciplinarias a las personas subordinadas;

II. La persona titular de la Unidad encargada de la Policía Federal Ministerial tendrá la facultad para graduar las medidas disciplinarias; teniendo en consideración la jerarquía de quien lo impuso, la falta cometida y los antecedentes de la persona subordinada, y

III. Toda orden de arresto deberá darse por escrito y estar debidamente fundada y motivada.

La persona que impida el cumplimiento de un arresto, permita que se quebrante o no lo cumpla, será sancionada conforme a una falta considerada como grave. La reincidencia significará en cualquier caso la aplicación de la sanción establecida en la fracción III del artículo 72 de esta Ley, y sustanciado el procedimiento correspondiente y determinada su responsabilidad implicará la separación en términos del Capítulo IX, del Título VI de esta Ley.

TÍTULO VIII
PATRIMONIO Y PRESUPUESTO DE LA FISCALÍA GENERAL

CAPÍTULO I
PATRIMONIO

Artículo 83. Para la realización de sus funciones, el patrimonio de la Fiscalía General estará constituido por los bienes y recursos que a continuación se enumeran:

I. Los que anualmente apruebe para la Fiscalía General la Cámara de Diputados del Congreso de la Unión en el Presupuesto de Egresos de la Federación;

II. Los bienes muebles o inmuebles con los que cuente, así como los que adquiera y los que la Federación destine para el cumplimiento de sus funciones;

III. Los bienes que le sean transferidos para el cumplimiento de sus funciones constitucionales y legales;

IV. Los derechos de los fideicomisos o fondos destinados al cumplimiento de las funciones de la Fiscalía General;

V. Las utilidades, intereses, dividendos, rentas y aprovechamientos de sus bienes muebles e inmuebles;

VI. Los que reciba por concepto de los bienes o productos que enajene, y los trámites y servicios que preste, así como de otras actividades que redunden en un ingreso propio;

VII. Los servicios de capacitación o adiestramiento que proporcione, así como de otras actividades que redunden en un ingreso propio;

VIII. Las sanciones económicas impuestas por las autoridades competentes de la Fiscalía General de conformidad con ésta u otras leyes, mismas que tendrán la naturaleza de créditos fiscales y serán enviadas para su cobro a la Tesorería de la Federación, la cual, una vez efectuado el mismo entregará las cantidades respectivas a la Fiscalía General;

IX. Los bienes que le correspondan de conformidad con la legislación aplicable, y

X. Los demás que determinen las disposiciones aplicables.

El patrimonio de la Fiscalía General es inembargable e imprescriptible, no será susceptible de ejecución judicial o administrativa.

Artículo 84. La Fiscalía General contará con el Fondo para el Mejoramiento de la Procuración de Justicia, que permita el adecuado cumplimiento de sus actividades en aquellas situaciones extraordinarias que se presenten durante el ejercicio de sus atribuciones legales y constitucionales.

Para administrar los recursos de este Fondo se constituirá un Fideicomiso denominado «Fondo para el Mejoramiento de la Procuración de Justicia». La integración, administración y operación de los recursos del Fideicomiso o Mandato se determinarán en las disposiciones que al efecto emita la persona titular de la Fiscalía General, mismas que deberán publicarse en el Diario Oficial de la Federación.

El destino de los recursos del Fideicomiso o Mandato serán orientados a programas de fortalecimiento de las capacidades institucionales para la investigación de delitos.

CAPÍTULO II
CONTRATACIONES PÚBLICAS

Artículo 85. Las contrataciones públicas que lleve a cabo la Fiscalía General se sujetarán en lo que resulte conducente y conforme a su autonomía constitucional, a la Ley de Adquisiciones, Arrendamientos y Servicios del Sector Público y la Ley de Obras Públicas y Servicios Relacionados con las Mismas, sin perjuicio de la facultad de la persona titular de la Fiscalía General para emitir normas particulares previa opinión no vinculante con la persona titular del Órgano Interno de Control.

CAPÍTULO III
PRESUPUESTO

Artículo 86. La Fiscalía General elaborará su anteproyecto de presupuesto anual de egresos, el cual será remitido a la Secretaría de Hacienda y Crédito Público, para su incorporación en el proyecto de Presupuesto de Egresos de la Federación que se remita a la Cámara de Diputados.

En todo caso deberá garantizarse la autonomía e independencia funcional y financiera.

Artículo 87. El presupuesto de la Fiscalía General se ejercerá en términos de la Ley Federal de Presupuesto y Responsabilidad Hacendaria y demás disposiciones que para tal efecto emita la persona titular de la Fiscalía General.

La Fiscalía General goza de autonomía presupuestaria respecto de la asignación, reparto, distribución, manejo, seguimiento y control de su presupuesto anual.

TÍTULO IX
PLAN ESTRATÉGICO DE PROCURACIÓN DE JUSTICIA

CAPÍTULO ÚNICO
PLAN ESTRATÉGICO

Artículo 88. La Fiscalía General deberá publicar cada tres años el Plan Estratégico de Procuración de Justicia. En dicho instrumento programático se determinarán las estrategias institucionales, objetivos, metas medibles a corto, mediano y largo plazo, así como las prioridades de investigación para la eficiencia y eficacia de la persecución penal, partiendo del análisis y determinación del capital humano y los recursos financieros disponibles para el adecuado desempeño de la función sustantiva; deberá estructurar las funciones y establecerá los principios que regirán a la Institución, a partir de una política criminal basada en el conocimiento profundo del fenómeno delictivo para focalizar sus esfuerzos y recursos en dar respuesta al conflicto penal, la adecuada atención a la víctima y mejorar el acceso a la justicia.

En este sentido, para la construcción del Plan Estratégico de Procuración de Justicia se podrá considerar, la siguiente información:

I. Los distintos análisis de la incidencia delictiva;

II. Los diagnósticos situacionales;

III. Los informes sobre la situación de las personas víctimas del delito;

IV. Los informes sobre violaciones a los derechos humanos;

V. Los diagnósticos que presente cualquier persona de ciudadanía mexicana que contenga la metodología y los datos en su elaboración;

VI. Las estadísticas oficiales de percepción de la violencia de la ciudadanía;

VII. La opinión que emita el Consejo ciudadano, así como las observaciones de las instituciones de procuración de justicia y de seguridad pública, previa solicitud hecha por la persona titular de la Fiscalía General;

VIII. La información institucional respecto a los indicadores de desempeño, productos estadísticos y reportes de información relativa al fenómeno de la delincuencia nacional e internacional, que generen las distintas áreas de la Fiscalía General, y

IX. Los demás instrumentos, reportes e informes que sean fuente certera de información relacionada.

La persona titular de la Fiscalía General presentará, al inicio de su gestión, ante el Senado de la República, el Plan Estratégico de Procuración de Justicia.

El Senado de la República tendrá máximo sesenta días naturales para la emisión del dictamen respecto del Plan Estratégico de Procuración de Justicia, en caso de que esto no suceda en el plazo estipulado, se enlistará para su presentación y votación en el pleno en la primera sesión.

El Plan deberá ser presentado a la persona titular del Poder Ejecutivo Federal, para su conocimiento.

En el informe anual que presente la persona titular de la Fiscalía General, deberá contenerse un apartado respecto de las modificaciones que haya tenido y sus resultados.

TÍTULO X
ÓRGANO INTERNO DE CONTROL

CAPÍTULO I
ÓRGANO INTERNO DE CONTROL

Artículo 89. El Órgano Interno de Control es aquella unidad dotada de autonomía técnica y de gestión por lo que refiere a su régimen interior, pero sujeta en todo momento en su estructura orgánica a la jerarquía institucional y facultades legales y normativas de cada unidad de la Fiscalía General, por lo que deberá ajustarse a todas y cada una de las obligaciones de las personas servidoras públicas de la Fiscalía General sin excepción, de conformidad con lo previsto en el artículo 47 de esta Ley y demás disposiciones aplicables.

Artículo 90. El Órgano Interno de Control tendrá a su cargo prevenir, corregir, investigar y calificar actos u omisiones que pudieran constituir responsabilidades administrativas de las personas servidoras públicas de la Fiscalía General y de las personas particulares vinculadas con faltas graves, así como de los órganos que se encuentren dentro del ámbito de la Fiscalía General; para sancionar aquellas distintas a las que son competencia del Tribunal Federal de Justicia Administrativa; revisar el ingreso, egreso, manejo, custodia, aplicación de recursos públicos federales; así mismo estará obligado a presentar las denuncias por hechos u omisiones que pudieran ser constitutivos de delito ante la Fiscalía Especializada de Asuntos Internos.

Artículo 91. El Órgano Interno de Control, la persona titular y las personas adscritas al mismo, estarán impedidos de intervenir o interferir en forma alguna en el desempeño de las facultades y ejercicio de la Fiscalía General.

CAPÍTULO II
ESTRUCTURA DEL ÓRGANO INTERNO DE CONTROL

Artículo 92. Para el ejercicio de sus facultades y atribuciones, así como para lograr la mayor eficacia en la aplicación de las disposiciones administrativas y la eficacia en el desarrollo de las funciones que tienen encomendadas, el Órgano Interno de Control contará con las unidades que al efecto se establezcan en el Estatuto orgánico. En este entendido, la persona titular del Órgano Interno de Control conforme su autonomía técnica y de gestión, podrá delegar o distribuir aquellas sin perjuicio de su ejercicio directo, a través de los acuerdos que emita, los cuales se publicarán en el Diario Oficial de la Federación.

CAPÍTULO III
FACULTADES DEL ÓRGANO INTERNO DE CONTROL

Artículo 93. Serán facultades del Órgano Interno de Control las siguientes:

I. Las que contempla la Ley General de Responsabilidades Administrativas y la Ley General del Sistema Nacional Anticorrupción, dentro de las que se encuentran las relativas a inscribir y mantener actualizada la información correspondiente del Sistema de evolución patrimonial, de declaración de intereses y constancia de presentación de declaración fiscal, de todas las personas servidoras públicas de la Fiscalía General;

II. Emitir, de conformidad con los objetivos, estrategias y prioridades, su Programa Anual de Trabajo;

III. Verificar que el ejercicio de gasto de la Fiscalía General se realice conforme a la normatividad aplicable, los programas aprobados y montos autorizados;

IV. Realizar auditorías, revisiones y evaluaciones y presentar a la persona titular de la Fiscalía General, los informes correspondientes con el objeto de examinar, fiscalizar y promover la eficiencia, eficacia y legalidad en su gestión y encargo, así como emitir recomendaciones;

V. Revisar que las operaciones presupuestales que realice la Fiscalía General se hagan con apego a las disposiciones legales y administrativas aplicables y, en su caso, determinar las desviaciones de las mismas y las causas que les dieron origen;

VI. Promover ante las instancias correspondientes, las acciones administrativas y legales que se deriven de los resultados de las auditorías;

VII. Investigar, en el ámbito de su competencia, los actos u omisiones que impliquen alguna irregularidad o conducta ilícita en el ingreso, egreso, manejo, custodia y aplicación de fondos y recursos de la Fiscalía General;

VIII. Evaluar el cumplimiento de los objetivos y metas fijadas en los programas de naturaleza administrativa contenidos en el presupuesto de egresos de la Fiscalía General, empleando la metodología que determine;

IX. Recibir quejas y denuncias conforme a las leyes aplicables;

X. Solicitar la información y efectuar visitas a las áreas de la Fiscalía General para el cumplimento de sus funciones;

XI. Ejercer en el ámbito de la Fiscalía General, en lo que resulte conducente, las facultades que la Ley de Adquisiciones, Arrendamientos y Servicios del Sector Público, la Ley de Obras Públicas y Servicios Relacionados con las Mismas y la Ley de Asociaciones Público Privadas, prevén para la Secretaría de Hacienda y Crédito Público y la Secretaría de la Función Pública;

XII. Intervenir en los actos de entrega-recepción de las personas servidoras públicas de la Fiscalía General en los términos de la normatividad aplicable;

XIII. Participar, conforme a las disposiciones vigentes, en los comités y subcomités de los que el Órgano Interno de Control forme parte, e intervenir en los actos que se deriven de los mismos;

XIV. Formular el anteproyecto de presupuesto del Órgano Interno de Control;

XV. Presentar a la persona titular de la Fiscalía General los informes, previo y anual, de resultados de su gestión; el informe previo abarcará los periodos de enero a junio entregándose en el mes de julio y de julio a diciembre entregándose en el mes de enero, y el informe anual se entregará en el mes de febrero;

XVI. Presentar al Fiscal General los informes respecto de los expedientes relativos a las faltas administrativas y, en su caso, sobre la imposición de sanciones en materia de responsabilidades administrativas, estos informes se contemplan en el informe previo y anual señalados en la fracción anterior;

XVII. Emitir el Código de Ética de las personas servidoras públicas de la Fiscalía General y las Reglas de Integridad para el ejercicio de la procuración de justicia;

XVIII. Establecer en coordinación con la Oficialía Mayor, mecanismos que prevengan actos u omisiones que pudieran constituir responsabilidades administrativas;

XIX. Vigilar, en colaboración con las autoridades competentes, el cumplimiento de las normas de control interno, fiscalización, integridad, transparencia, rendición de cuentas, acceso a la información y combate a la corrupción en la Fiscalía General;

XX. Nombrar y remover libremente a las personas titulares de las unidades adscritas al Órgano Interno de Control, cumpliendo con todos los requisitos señalados para las personas servidoras públicas de la Fiscalía General;

XXI. Suscribir los convenios que requiera para el ejercicio de sus facultades, en términos del Estatuto orgánico;

XXII. Certificar las copias de documentos que se encuentren en los archivos del Órgano Interno de Control;

XXIII. Definir las políticas y la estrategia para tramitar, instruir y resolver, los procedimientos por responsabilidades administrativas de las personas servidoras públicas de la Fiscalía General;

XXIV. Ejercer las facultades previstas en esta Ley respecto de los órganos que se encuentren dentro del ámbito de la Fiscalía General, y

XXV. Las demás que señalen las leyes y disposiciones aplicables.

CAPÍTULO IV
DESIGNACIÓN, DURACIÓN, REQUISITOS Y RESPONSABILIDADES DE LA PERSONA TITULAR DEL ÓRGANO INTERNO DE CONTROL

Artículo 94. La persona titular del Órgano Interno de Control será designada por la Cámara de Diputados del Congreso de la Unión, con el voto de las dos terceras partes de las personas integrantes presentes, conforme al procedimiento establecido en la Ley Orgánica del Congreso General de los Estados Unidos Mexicanos.

La persona titular del Órgano Interno de Control deberá reunir los siguientes requisitos:

I. Contar con la ciudadanía mexicana en pleno goce de sus derechos civiles y políticos, y tener cuando menos treinta y cinco años cumplidos a la designación del cargo;

II. Gozar de buena reputación y no haber sido condenado por delito doloso que amerite pena de prisión por más de un año;

III. Contar al momento de su designación con una experiencia de al menos cinco años en el control, manejo o fiscalización de recursos, responsabilidades administrativas, contabilidad gubernamental, auditoría gubernamental, obra pública, adquisiciones, arrendamientos y servicios del sector público;

IV. Contar al día de su designación, con antigüedad mínima de cinco años, con título y cédula profesional relacionado con las actividades a que se refiere la fracción anterior, expedidos de conformidad con las disposiciones legales aplicables;

V. No pertenecer o haber pertenecido en los cuatro años anteriores a su designación, a despachos de consultoría o auditoría que hubieren prestado sus servicios a la Fiscalía General, o haber fungido como persona consultora o auditora externa de la Fiscalía General en lo individual durante ese periodo;

VI. No ser persona inhabilitada para desempeñar un empleo, cargo o comisión en el servicio público, y

VII. No haber ocupado la titularidad de una Secretaría de Estado, Senaduría, Diputación Federal, del poder Ejecutivo de alguna entidad federativa, no haber sido persona miembro de órgano rector, alto ejecutivo o responsable del manejo de los recursos públicos de algún partido político, ni haber sido postulada para cargo de elección popular en los cuatro años anteriores a la propia designación.

Artículo 95. La persona titular del Órgano Interno de Control durará en su encargo cuatro años y podrá ser designada por un periodo inmediato posterior al que se haya desempeñado, previa postulación y cumpliendo los requisitos previstos en esta Ley y el procedimiento establecido en la Ley Orgánica del Congreso General de los Estados Unidos Mexicanos. Tendrá un nivel jerárquico igual al de una plaza de persona Fiscal Especializada o su equivalente en la estructura orgánica de la Fiscalía General, y mantendrá la coordinación técnica necesaria con la Entidad de Fiscalización Superior de la Federación a que se refiere el artículo 79 de la Constitución. La persona titular del Órgano Interno de Control deberá rendir informe semestral y anual de actividades a la persona titular de la Fiscalía General, del cual marcará copia a la Cámara de Diputados.

Artículo 96. La persona titular del Órgano Interno de Control de la Fiscalía General será sujeto de responsabilidad en términos de la Ley General de Responsabilidades Administrativas y podrá ser sancionado de conformidad con el procedimiento previsto en dicha Ley, el cual será tramitado y resuelto por la persona titular de la Fiscalía Especializada en materia de Combate a la Corrupción.

Tratándose de las demás personas servidoras públicas adscritas al Órgano Interno de Control, serán sancionadas por su persona titular o por la persona servidora pública en quien delegue la facultad, en términos de la Ley General de Responsabilidades Administrativas.

Las personas servidoras públicas adscritas al Órgano Interno de Control deberán cumplir con los mismos requisitos de ingreso y permanencia dispuestos para el personal de la Fiscalía General, previstos en el Capítulo III, del Título VI, de la presente Ley.

TÍTULO XI
TRANSPARENCIA Y PROTECCIÓN DE DATOS PERSONALES

CAPÍTULO ÚNICO
TRANSPARENCIA DE LA INFORMACIÓN

Artículo 97. Las bases de datos, sistemas, registros o archivos previstos en la presente Ley que contengan información relacionada con datos personales o datos provenientes de actos de investigación, recabados como consecuencia del ejercicio de las atribuciones de las personas servidoras públicas de la Fiscalía General o por intercambio de información con otros entes públicos, nacionales o internacionales, podrán tener la calidad de información reservada o confidencial, en términos de lo dispuesto por la Ley General de Transparencia y Acceso a la Información Pública o la Ley Federal de Transparencia y Acceso a la Información Pública, en cuyo caso únicamente podrán ser consultadas, revisadas o transmitidas para los fines y propósitos del ejercicio de las facultades constitucionales de la Fiscalía General, por las personas servidoras públicas previamente facultadas, salvo por aquella de carácter estadístico que será pública.

TÍTULO XII
CONSEJO CIUDADANO

CAPÍTULO ÚNICO
INTEGRACIÓN Y FUNCIONAMIENTO DEL CONSEJO CIUDADANO

Artículo 98. El Consejo Ciudadano de la Fiscalía General será un órgano especializado de consulta, de carácter honorífico, que ejercerá las funciones establecidas en la presente Ley. Estará integrado por cinco personas de ciudadanía mexicana, de probidad y prestigio, que se hayan destacado por su contribución en materia de procuración e impartición de justicia, investigación criminal y derechos humanos. Sesionará al menos una vez al mes o cuando deba conocer de un tema para su opinión y visto bueno y estará presidido por una persona de entre los integrantes, de acuerdo con el Estatuto orgánico de esta Ley.

Las personas integrantes del Consejo Ciudadano durarán en su encargo cinco años improrrogables y serán renovados de manera escalonada. Sólo podrán ser removidas por inasistencias reiteradas a las sesiones del Consejo, por divulgar información reservada o confidencial o por alguna de las causas establecidas en la normatividad relativa a los actos de particulares vinculados con faltas administrativas graves.

Las personas integrantes del Consejo Ciudadano tendrán obligación de guardar confidencialidad cuando por razón de su función tuvieren acceso a información confidencial o reservada.

Las personas titulares de la Fiscalía General y de las Fiscalías Especializadas podrán asistir a las reuniones con voz, pero sin voto.

Artículo 99. El Senado de la República nombrará una Comisión de selección, integrada por cinco personas de ciudadanía mexicana, de reconocida honorabilidad y trayectoria, debiendo justificar las razones de la selección. La citada Comisión abrirá una convocatoria pública por un plazo de quince días para recibir propuestas para ocupar el cargo de persona consejera ciudadana. Posteriormente, el Senado de la República elegirá entre las personas candidatas a cinco de éstas.

Esta lista será dada a conocer por diez días para que la sociedad se pronuncie y, en su caso, presente sus objeciones, que serán tomadas en cuenta para motivar la elección. Una vez concluido este proceso, el Senado de la República hará público el nombre de las personas seleccionadas.

Artículo 100. El Consejo Ciudadano tendrá las siguientes facultades:

I. Opinar, dar seguimiento y emitir recomendaciones públicas sobre el contenido e implementación del Plan Estratégico de Procuración de Justicia que presente la persona titular de la Fiscalía General, así como los programas anuales de trabajo y su implementación;

II. Opinar sobre la creación de nuevas estructuras propuestas por la persona titular de la Fiscalía General;

III. Hacer del conocimiento del Órgano Interno de Control cuando advierta una probable responsabilidad administrativa;

IV. Dar opiniones para fortalecer el presupuesto de la Institución;

V. Opinar sobre la normatividad interna de la Fiscalía General;

VI. Opinar sobre las propuestas y planes del servicio profesional de carrera;

VII. Establecer sus reglas operativas;

VIII. Emitir opiniones y recomendaciones sobre el desempeño de la Fiscalía General y sus áreas;

IX. Invitar a personas expertas, nacionales e internacionales, para un mejor desarrollo de sus funciones, y

X. Las demás que establezcan esta Ley y el Estatuto orgánico.

Las opiniones y recomendaciones emitidas por el Consejo Ciudadano no son vinculantes. La Fiscalía General y las áreas a las que vayan dirigidas las recomendaciones deberán fundar y motivar las razones por las cuales se acepta o rechaza la recomendación. Siempre serán de carácter público.

Cualquier intromisión en aspectos sustantivos de la función fiscal tendrá como sanción la remoción de la persona consejera respectiva, por parte de la persona titular de la Fiscalía General.

Artículo 101. Para el ejercicio de sus funciones, las personas integrantes del Consejo Ciudadano se auxiliarán con una persona Secretaria Técnica, así como con el personal que se requiera para el desempeño de sus funciones. Las personas integrantes de la Secretaría Técnica se seleccionarán por el Consejo Ciudadano, de conformidad con lo dispuesto por el Estatuto orgánico.

TRANSITORIOS

Primero. El presente Decreto entrará en vigor al día siguiente de su publicación en el Diario Oficial de la Federación y se expide en cumplimento al artículo Décimo Tercero transitorio del Decreto por el que se expidió la Ley Orgánica de la Fiscalía General de la República.

Segundo. Se abroga la Ley Orgánica de la Fiscalía General de la República.

Todas las referencias normativas a la Procuraduría General de la República o del Procurador General de la República, se entenderán referidas a la Fiscalía General de la República o a su persona titular, respectivamente, en los términos de sus funciones constitucionales vigentes.

Tercero. Las designaciones, nombramientos y procesos en curso para designación, realizados de conformidad con las disposiciones constitucionales y legales, relativos a la persona titular de la Fiscalía General de la República, las Fiscalías Especializadas, el Órgano Interno de Control y las demás personas titulares de las unidades administrativas, órganos desconcentrados y órganos que se encuentren en el ámbito de la Fiscalía General de la República, así como de las personas integrantes del Consejo Ciudadano de la Fiscalía General de la República, continuarán vigentes por el periodo para el cual fueron designados o hasta la conclusión en el ejercicio de la función o, en su caso, hasta la terminación del proceso pendiente.

Cuarto. La persona titular de la Fiscalía General de la República contará con un término de noventa días naturales siguientes a la entrada en vigor del presente Decreto, para expedir el Estatuto orgánico de la Fiscalía General de la República y de ciento ochenta días naturales, contados a partir de la expedición de éste, para expedir el Estatuto del Servicio Profesional de Carrera.

En tanto se expiden los Estatutos y normatividad, continuarán aplicándose las normas y actos jurídicos que se han venido aplicando, en lo que no se opongan al presente Decreto.

Los instrumentos jurídicos, convenios, acuerdos interinstitucionales, contratos o actos equivalentes, celebrados o emitidos por la Procuraduría General de la República o la Fiscalía General de la República se entenderán como vigentes y obligarán en sus términos a la Institución, en lo que no se opongan al presente Decreto, sin perjuicio del derecho de las partes a ratificarlos, modificarlos o rescindirlos posteriormente o, en su caso, de ser derogados o abrogados.

Quinto. A partir de la entrada en vigor de este Decreto quedará desincorporado de la Administración Pública Federal el organismo descentralizado denominado Instituto Nacional de Ciencias Penales que pasará a ser un órgano con personalidad jurídica y patrimonio propio, que gozará de autonomía técnica y de gestión, dentro del ámbito de la Fiscalía General de la República.

Las personas servidoras públicas que en ese momento se encuentren prestando sus servicios para el Instituto Nacional de Ciencias Penales tendrán derecho a participar en el proceso de evaluación para transitar al servicio profesional de carrera.

Para acceder al servicio profesional de carrera, el personal que deseé continuar prestando sus servicios al Instituto Nacional de Ciencias Penales deberá sujetarse al proceso de evaluación según disponga el Estatuto del Servicio Profesional de Carrera, dándose por terminada aquella relación con aquellos servidores públicos que no se sometan o no acrediten el proceso de evaluación.

El Instituto Nacional de Ciencias Penales deberá terminar sus relaciones laborales con sus personas trabajadoras una vez que se instale el servicio profesional de carrera, conforme al programa de liquidación del personal que autorice la Junta de Gobierno, hasta que esto no suceda, las relaciones laborales subsistirán.

A la entrada en vigor de este Decreto, las personas integrantes de la Junta de Gobierno del Instituto Nacional de Ciencias Penales pertenecientes a la Administración Pública Federal dejarán el cargo, y sus lugares serán ocupados por las personas que determine la persona titular de la Fiscalía General de la República.

Dentro de los sesenta días naturales siguientes a la entrada en vigor de este Decreto, la Junta de Gobierno emitirá un nuevo Estatuto orgánico y establecerá un servicio profesional de carrera, así como un programa de liquidación del personal que, por cualquier causa, no transite al servicio profesional de carrera que se instale.

Los recursos materiales, financieros y presupuestales, incluyendo los bienes muebles, con los que cuente el Instituto a la entrada en vigor del presente Decreto, pasarán al Instituto Nacional de Ciencias Penales de la Fiscalía General de la República conforme al Décimo Primero Transitorio del presente Decreto.

Sexto. El conocimiento y resolución de los asuntos que se encuentren en trámite a la entrada en vigor del presente Decreto o que se inicien con posterioridad a éste, corresponderá a las unidades competentes, en términos de la normatividad aplicable o a aquellas que de conformidad con las atribuciones que les otorga el presente Decreto, asuman su conocimiento, hasta en tanto se expiden los Estatutos y demás normatividad derivada del presente Decreto.

Séptimo. El personal que a la fecha de entrada en vigor del presente Decreto tenga nombramiento o Formato Único de Personal expedido por la entonces Procuraduría General de la República, conservará los derechos que haya adquirido en virtud de su calidad de persona servidora pública, con independencia de la denominación que corresponda a sus actividades o naturaleza de la plaza que ocupe. Para acceder al servicio profesional de carrera el personal que deseé continuar prestando sus servicios con la Fiscalía General de la República deberá sujetarse al proceso de evaluación según disponga el Estatuto del servicio profesional de carrera. Se dará por terminada aquella relación con aquellas personas servidoras públicas que no se sometan o no acrediten el proceso de evaluación.

El personal contratado por la Fiscalía General de la República se sujetará a la vigencia de su nombramiento, de conformidad con los Lineamientos L/001/19 y L/003/19, por los que se regula la contratación del personal de transición, así como al personal adscrito a la entonces Procuraduría General de la República que continúa en la Fiscalía General de la República, así como para el personal de transición.

Octavo. Las personas servidoras públicas que cuenten con nombramiento o Formato Único de Personal expedido por la entonces Procuraduría General de la República a la fecha de entrada en vigor de este Decreto y que, por cualquier causa, no transiten al servicio profesional de carrera deberán adherirse a los programas de liquidación que para tales efectos se expidan.

Noveno. La persona titular de la Oficialía Mayor contará con el plazo de noventa días naturales para constituir el Fideicomiso denominado "Fondo para el Mejoramiento de la Procuración de Justicia" o modificar el objeto de cualquier instrumento jurídico ya existente de naturaleza igual, similar o análoga.

Décimo. La persona titular de la Oficialía Mayor emitirá los lineamientos para la transferencia de recursos humanos, materiales, financieros o presupuestales, incluyendo los muebles, con los que cuente la Fiscalía General de la República en el momento de la entrada en vigor de este Decreto, así como para la liquidación de pasivos y demás obligaciones que se encuentren pendientes respecto de la extinción de la Procuraduría General de la República.

Queda sin efectos el Plan Estratégico de Transición establecido en el artículo Noveno transitorio de la Ley Orgánica de la Fiscalía General de la República que se abroga a través del presente Decreto.

Décimo Primero. Los bienes inmuebles que sean propiedad de la Fiscalía General de la República, o de los órganos que se encuentren dentro su ámbito o de la Federación que, a la fecha de entrada en vigor del presente Decreto se encuentren dados en asignación o destino a la Fiscalía General de la República, pasarán a formar parte de su patrimonio.

Los bienes muebles y demás recursos materiales, financieros o presupuestales, que hayan sido asignados o destinados, a la Fiscalía General de la República pasarán a formar parte de su patrimonio a la entrada en vigor del presente Decreto.

Décimo Segundo. La persona titular de la Fiscalía General de la República contará con un plazo de un año a partir de la publicación del presente Decreto para emitir el Plan Estratégico de Procuración de Justicia de la Fiscalía General de la República, con el que se conducirá la labor sustantiva de la Institución conforme a la obligación a que refiere el artículo 88 del presente Decreto. Mismo que deberá ser presentado por la persona titular de la Fiscalía General de la República en términos del párrafo tercero del artículo 88 del presente Decreto.

El Plan Estratégico de Procuración de Justicia se presentará ante el Senado de la República, durante el segundo periodo ordinario de sesiones, en su caso, seis meses después de la entrada en vigor del presente Decreto.

Para la emisión del Plan Estratégico de Procuración de Justicia, la Fiscalía General de la República contará con la opinión del Consejo Ciudadano. La falta de instalación de dicho Consejo Ciudadano no impedirá la presentación del Plan Estratégico de Procuración de Justicia.

Décimo Tercero. Las unidades administrativas de la Fiscalía General de la República que a la fecha de entrada en vigor del presente Decreto se encargan de los procedimientos relativos a las responsabilidades administrativas de las personas servidoras públicas de la Fiscalía General de la República, tendrán el plazo de noventa días naturales para remitirlos al Órgano Interno de Control, para que se encargue de su conocimiento y resolución, atendiendo a la competencia que se prevé en el presente Decreto.

Décimo Cuarto. Por lo que hace a la fiscalización del Instituto Nacional de Ciencias Penales, corresponderá al Órgano Interno de Control de la Fiscalía General de la República, a la entrada en vigor del presente Decreto, sin perjuicio de las atribuciones que correspondan a la Auditoría Superior de la Federación.

Los expedientes iniciados y pendientes de trámite a la entrada en vigor del presente Decreto, serán resueltos por la Secretaría de la Función Pública.

Por cuanto hace a la estructura orgánica, así como a los recursos materiales, financieros o presupuestales del Órgano Interno de Control en el Instituto Nacional de Ciencias Penales, pasarán al Órgano Interno de Control de la Fiscalía General de la República.

Décimo Quinto. Los bienes que hayan sido asegurados por la Procuraduría General de la República o Fiscalía General de la República, con anterioridad a la entrada en vigor de este Decreto, que sean susceptibles de administración o se determine su destino legal, se pondrán a disposición del Instituto para Devolver al Pueblo lo Robado, conforme a la legislación aplicable.

Décimo Sexto. Quedan derogadas todas las disposiciones que se opongan a este Decreto.

Ciudad de México, a 29 de abril de 2021.- Dip. **Dulce María Sauri Riancho**, Presidenta.- Sen. **Oscar Eduardo Ramírez Aguilar**, Presidente.- Dip. **Lizbeth Mata Lozano**, Secretaria.- Sen. **María Merced González González**, Secretaria.- Rúbricas.

En cumplimiento de lo dispuesto por la fracción I del Artículo 89 de la Constitución Política de los Estados Unidos Mexicanos, y para su debida publicación y observancia, expido el presente Decreto en la Residencia del Poder Ejecutivo Federal, en la Ciudad de México, a 18 de mayo de 2021.- **Andrés Manuel López Obrador**.- Rúbrica.- La Secretaria de Gobernación, Dra. **Olga María del Carmen Sánchez Cordero Dávila**.- Rúbrica.